Papa, maman, le juge et moi

sur le champ

Collection dirigée par Catherine Dolto

GEORGES JUTTNER

Papa, maman, le juge et moi

Le travail d'un pédopsychiatre,
expert auprès des tribunaux

nrf

GALLIMARD

À Françoise,

À Félicien, Victor et Valentine,

À mes parents, qui m'ont donné la vie et qui m'ont fait rencontrer, dès mon plus jeune âge, les joies des procédures.

À tous les miens.

À Catherine Dolto, Colette Percheminier, Arnaud de Mezamat, Colline Faure-Poirée, Annie Trassaert, Catherine Schram et Catherine Picard, sans lesquels ce livre n'aurait pas vu le jour.

Au monde de la justice, aux enfants et aux familles qui m'ont apporté tout le matériau de réflexion à l'origine de cet ouvrage.

À mon sens, depuis que Freud a nommé Inconscient cette source de la force désirante qui anime tout être humain, la psychanalyse s'est constituée en pratique qui débouche non pas sur des conclusions ou des savoirs figés, mais sur un certain type de questionnements, de critiques et de protocoles.

Françoise Dolto, *La Difficulté de vivre*, Gallimard, 1995

J'aime les gens qui doutent
Mais voudraient qu'on leur foute
La paix de temps en temps [...]
[...] J'aime les gens qui tremblent
Que parfois ils ne semblent
Capables de juger [...]
[...] Ceux qui veulent bien n'être
Qu'une simple fenêtre
Pour les yeux des enfants [...]

Anne Sylvestre

Deuxième partie
La parole défendue : l'enfant en questions

Un petit mot d'histoire

Ma rencontre avec la pratique de l'expertise en psychiatrie infanto-juvénile et, en général, avec le monde de la justice s'est produite de manière quasi inopinée, voire naïve.

J'évoquais, au cours d'une discussion avec des amis magistrats, mon effarement à la lecture d'expertises que ma pratique m'avait conduit occasionnellement à consulter.

J'étais alors un tout jeune pédopsychiatre et un psychanalyste plus jeune encore.

Ces magistrats, aussi fougueux que moi, m'ont répliqué : « Tu as le beau rôle de critiquer de l'extérieur ; viens donc voir comment ça se passe réellement et, si tu y arrives, essaie de modifier les choses ! » Cette remarque frappa juste et, peu de temps après, j'acceptai quelques missions d'expertise.

J'y trouvai vraiment de l'intérêt, sans toutefois jamais perdre de vue ce qu'était pour moi le fondement de l'exercice de la pédopsychiatrie et de la psychanalyse d'enfant : la position éthique. Cet appel vers la position de l'expert ne devait, en aucune manière, modifier ma position de praticien. Je me souciais peu de la transcription de mes propos dans le langage juridique ou judiciaire, même si je faisais l'effort d'être constamment clair et compréhensible, c'est-à-dire jargonnant le moins possible.

Il semblerait que cette forme de travail ait porté ses fruits, à tel point que, un an ou deux plus tard, les magistrats me demandèrent de présenter ma candidature sur la liste des experts en psychiatrie infanto-juvénile auprès de la cour d'appel d'Aix-en-Provence. (Précisons que l'expert inscrit sur une liste officielle — et ensuite désigné régulièrement — prête serment une fois, le jour de son inscription, tandis que l'expert non inscrit prête serment à chaque mission qui lui est confiée.)

Je présentai donc ma candidature. Il m'avait été expliqué que la démarche n'aboutissait jamais à la première demande et qu'il fallait la réitérer deux ou trois années d'affilée avant d'être retenu.

C'est donc relativement tranquille que, le jour de la date de clôture, je déposai mon dossier. J'ignorais que, à cette époque, la cour d'appel se trouvait dans un réel état de pénurie concernant certaines spécialités. Ainsi, la liste des experts en psychiatrie infanto-juvénile était vraiment réduite, principalement parce que cette spécialité était alors à peine répertoriée.

Je reçus donc quelques semaines plus tard la notification de mon inscription officielle.

C'était en 1982.

Parallèlement, comme de nombreux psychiatres exerçant leurs fonctions dans le cadre du service public, j'effectuais des expertises à la demande de la DDASS (Direction départementale des affaires sanitaires et sociales) portant sur l'agrément des assistantes maternelles, des dossiers d'adoption et des placements autoritaires d'adultes en hôpital psychiatrique.

Depuis lors, dans le domaine judiciaire, entre quatre-vingts et cent missions d'expertise infanto-juvénile me sont confiées chaque année. En une trentaine d'années, j'ai ainsi effectué plus de deux mille missions, une expérience qui m'autorise aujourd'hui à présenter mes conclusions et mes questionnements sur cette pratique.

Il me paraît également utile à mon tour d'interpeller, comme je l'ai été moi-même, les nombreux pédopsychiatres ou psychologues, psychanalystes d'enfant : « Venez donc voir à l'intérieur comment ça se passe. »

À l'occasion de discussions avec certains collègues, j'entends très fréquemment des avis qui ne sont pas fondés sur une expérience directe. Il s'agit bien souvent de jugements rapides et à l'emporte-

pièce, qui expriment plus un rejet de l'expertise qu'une tentative de compréhension ou d'élaboration en commun. L'expertise peut en effet faire l'objet de critiques énoncées plus ou moins clairement, de reproches implicites comme celui de « prêter la main à la justice ».
Ces avis sont irrecevables dès lors qu'ils émanent des professionnels de l'enfance. Se tenir à l'écart de la scène judiciaire revient à faire le choix d'être absent des lieux où se jouent les décisions importantes qui risquent de modifier la vie de l'enfant. L'expert doit y être présent pour rappeler constamment les fondements non seulement de la défense de l'enfant, mais encore du respect de l'identité et de la trajectoire de chaque sujet.
Ce n'est pas à l'intérieur de nos cabinets que nous participerons au combat, que nous croyons légitime, pour le sort de citoyens en devenir. L'affirmation de nos points de vue doit se déclarer haut et fort sur la scène sociale et publique.
Certes, prendre position publiquement expose à des critiques ; certaines, constructives et bien posées, aident à progresser ; d'autres sont le fruit de la méconnaissance de la pratique de l'expertise et, parfois, de la crainte d'avoir à se confronter à un monde inconnu, le monde judiciaire, perçu comme dangereux.
Ces critiques sont le plus souvent des sortes de reproches concernant le détournement de la technique pédopsychiatrique à des fins autres que thérapeutiques.
Notre parole et celle de l'enfant doivent pourtant se faire entendre dans le monde juridique. Et cela au risque d'une confrontation permanente, pour ne pas dire d'une opposition, entre ces deux mondes : le pédopsychiatrique et le judiciaire. Mais les habitudes et les modes de travail ne pourront progresser qu'au prix d'échanges constants entre le discours juridique et le discours pédopsychiatrique. C'est à cette condition que de nouvelles avancées se feront, venant s'ajouter à celles réalisées depuis trois décennies.

Introduction

Lorsqu'on lit la presse, lorsqu'on écoute les informations, on est souvent amenés à entendre des histoires de vie qui nous bouleversent, nous paraissent incompréhensibles. Quels sont les ravages de la machine judiciaire ? Comment fonctionne-t-elle ? Au nom de quoi, de quelles règles, les juges prennent-ils leurs décisions ? Quelle est la place de l'expert ? Comment comprendre ces faits divers qui nous paraissent faire fi de la place de l'enfant ? Autant d'interrogations auxquelles je vais tenter, à travers ce livre, d'indiquer des voies de réflexion.
L'expertise en pédopsychiatrie est une affaire humaine. Elle renvoie toujours à des situations conflictuelles dans lesquelles les « acteurs » n'ont pas su trouver une solution adéquate à l'apaisement de leurs tensions internes. Leurs difficultés vont se jouer sur la scène judiciaire devant le juge aux affaires familiales, le juge des enfants ou le juge d'instruction. Ces magistrats choisissent souvent de faire intervenir l'expert, soit pour temporiser ces attaques des uns contre les autres, soit pour faire émerger une parole plus libre. Parfois, leurs investigations nécessitent un diagnostic psychiatrique.
Les paroles qui émergent au cours de ces expertises font toutes état de la souffrance psychique née dans ces moments de crise : les enfants sont perdus.

Bruno [tous les prénoms et les noms de lieux utilisés dans cet ouvrage sont, bien sûr, fictifs] répète innocemment le

discours de sa mère, si souvent entendu : « C'est pas pardonnable, ce qu'il a fait : harceler ma mère. Il la suivait dans les parkings. Il la "traitait". Il disait qu'elle le trompait. » Je lui demande alors : « Et c'était vrai ? » Sans hésiter, Bruno répond : « Ça, je ne sais pas. »
Il ne s'agissait pas du discours de l'enfant, mais de celui de sa mère.

Ou encore cette phrase d'une mère désespérée d'être rejetée, selon elle depuis longtemps, par son enfant : « Quand le petit a eu quatre ans, il [son père] commençait à le monter contre moi. »

D'autres enfants expriment plutôt leur tristesse : « J'ai un téléphone et elle veut même pas que je téléphone à papa. Elle me le cache et, en plus, j'ai la photo de papa dessus. »

Certains parents n'hésitent pas à parler à la place de l'enfant. Ainsi cette mère qui explique : « Elle ne veut pas y aller. » La fillette l'interrompt : « C'est maman qui ne veut pas. »
Ce jour-là, l'enfant a pu trouver sa liberté de parole.

Il en va de même dans les expertises de jeunes délinquants. « Quand j'étais petit, je voyais tout beau, la vie c'était un rêve », dit Kevin. Il regrette tellement ce rêve qu'il ajoute : « Si je pouvais faire le pire truc pour retourner à l'enfance, je le ferais. » Se rend-il compte qu'il a déjà fait « le pire truc », celui qui l'a amené devant un juge ?

La plupart du temps, les enfants prennent bien la mesure de la détresse de leurs parents : « Un jour, pendant le divorce, j'ai vu mon père pleurer. »

Il est parfois difficile d'entendre des paroles sincères au cours d'une expertise car elles risquent de révéler, à l'insu du sujet, des violences conjugales. Ce père décrit une fête de famille au cours de laquelle il y aurait eu un malentendu entre son épouse et lui, puisqu'ils quittent la soirée séparément et se cherchent assez longuement : « Quand je l'ai retrouvée, j'étais très en colère. Je l'ai repoussée et frappée. »

Une séparation parentale change tous les repères. Beaucoup d'enfants finissent par confondre lieu d'habitation et origine de cette nouvelle situation. Quand je demande à Didier : « Tu habites où ? », il explique : « Avec maman, parce que papa, il est séparé. » Il réfléchit et ajoute : « Non ! C'est maman qui s'est séparée parce que papa buvait trop de bière. »

Cette fille aînée prend fait et cause pour sa mère à laquelle elle s'est entièrement identifiée. Elle dit : « On veut pas le voir parce qu'on a un mauvais souvenir de lui. On veut refaire une nouvelle vie sans lui. On en a marre de lui. »

Cette autre petite fille insiste quant à son lieu d'habitation chez son père : « Moi, je voudrais habiter chez papa... et un peu chez maman. » Elle conclut très énergiquement : « Il faut que tu dises au juge que je veux habiter chez papa. »

Ce sont ces paroles d'enfants, et celles de leur famille, que j'ai eu l'occasion de rencontrer en expertise. Tous ces cas m'ont incité à tenter une mise en ordre et un essai de théorisation. Mon objectif est de présenter les conclusions nées de ma seule expérience.
Cette expérience est double et comporte certains éléments contradictoires en apparence. Il s'agit, d'une part, de mon expérience d'expert auprès de la cour d'appel. C'est principalement à partir de ce travail que la plupart de mes réflexions ont trouvé leur origine. D'autre part, de ma formation et de ma pratique de psychanalyste d'adulte et d'enfant, puisqu'il ne peut être question, lorsqu'on est psychanalyste, de distinguer les différents états ou étapes qu'un sujet est amené à traverser au cours de sa vie.
On peut réellement parler de contradiction existant entre ces deux pratiques.
L'expertise est une technique incisive et directive. L'expert peut être amené à poser des questions directes, précises. Le flou dans les

réponses, les incongruités, les non-dits clairement repérables peuvent être des signes qui ne manqueraient pas, à l'interprétation, d'être défavorables au sujet. La durée de l'expertise est limitée et risque de ne pas tenir compte du temps nécessaire à chacun.

> Ainsi, il m'est arrivé de demander à un jeune délinquant de répondre aux questions qui sont posées à l'expert. Concernant une éventuelle pathologie mentale, Stéphane répond très spontanément qu'il n'en a pas. Sur sa dangerosité, il n'hésite pas non plus : « Pour l'instant : oui », faisant clairement référence aux actes qu'il a commis. Il se sait passible d'une sanction pénale. À la question de sa curabilité, il me demande : « Curable, ça veut dire quoi ? » Je lui explique le sens de ce mot, « celui qui peut être soigné », et il me répond : « Non, puisque je ne suis pas malade. » Ses paroles sont transcrites telles quelles.

Des conclusions et propositions claires sont, la plupart du temps, écrites pour servir de point d'appui à une discussion judiciaire.
Quasiment à l'opposé, la technique psychanalytique, dans son cadre thérapeutique, est non directive, constamment empreinte d'une absence totale de jugement. Respectueuse des difficultés du sujet, elle lui laisse le temps de repérer ses impasses, ses errances et ses désirs. Le psychanalyste s'engage à la confidentialité absolue et ne produit aucun écrit.
Les contradictions apparentes de ces deux formes de pratique disparaissent quand on leur oppose l'intérêt de l'enfant. C'est donc bien de la confrontation et de la complémentarité possibles entre l'expertise en psychiatrie infanto-juvénile et la conceptualisation psychanalytique qu'il va être question ici.
Le travail d'expertise m'a conduit, en toute logique, à réfléchir aux droits de l'enfant (voir annexe I) et à m'impliquer sur la scène sociale où ces droits sont discutés. La notion de droits de l'enfant est entourée d'un malentendu. Au reste, l'utilisation du pluriel dans cette expression souligne qu'on sort du strict domaine juridique ou judiciaire que suggère *le* « droit de l'enfant ».

Les droits de l'enfant et leur évolution reflètent ce que l'état d'une culture élabore à propos du statut de l'enfant et de l'enfance en général. Le discours sur l'humain, donc sur l'enfant, est un concept à facettes multiples. On y trouvera des domaines aussi différents que le droit lui-même, la sociologie, la psychiatrie, la psychologie, la psychanalyse, sans oublier l'histoire, l'anthropologie, la philosophie, l'épistémologie et le politique. Toutes spécialités qui finissent par s'enrichir et être interdépendantes.

Dans l'exercice pédopsychiatrique actuel, il est tentant de faire de l'opposition existant entre le discours comportementaliste et le discours psychanalytique un combat qui serait de l'ordre de la Querelle des Anciens et des Modernes. Les détracteurs de la psychanalyse lui font souvent le reproche d'être passéiste, trop attentiste dans sa pratique, voire inefficace. Nous verrons qu'il n'en est rien.

Il est aisé de démontrer comment c'est bien le discours psychanalytique et ses applications cliniques qui sont porteurs de dynamisme et de modernité. C'est de cette dynamique psychique que l'enfant a besoin pour être accompagné et avoir la garantie de toute la liberté nécessaire à sa construction. Il n'a certainement pas besoin de techniques rééducatives contraignantes où il est traité plus comme un objet que comme un sujet. Il en va de même sur la scène judiciaire : l'apport théorique, pratique et éthique de la conceptualisation psychanalytique à l'expertise s'inscrit dans cette démarche d'accompagnement et de respect exigible pour chacun, quel que soit son âge.

PREMIÈRE PARTIE

L'EXPERT ET LE JUGE : CONVERGENCE ET DIVERGENCE

L'expertise

Il est capital de présenter le cadre précis de l'expertise judiciaire. La simple description de ce cadre ainsi que de ses contraintes amène à se rendre compte de l'écart qui peut exister entre le discours judiciaire et le discours pédopsychiatrique.

C'est toujours la définition du cadre d'un exercice qui, en en dessinant les contours et les limites, en impose le déroulement et le processus.

Afin de mieux comprendre, et d'introduire, le rôle et le travail de l'expert en pédopsychiatrie, voici deux cas représentatifs de ceux qu'un expert rencontre couramment dans sa pratique. Son rôle y apparaît pleinement : aider le juge à comprendre les situations et leurs aspects pédopsychiatriques. Les chapitres suivants nous permettront de mieux préciser et cerner les questions qui se posent à l'expert, le vocabulaire qu'il utilise et les différences qui se présentent avec le vocabulaire juridique, les questions d'éthique et d'intérêt supérieur de l'enfant.

N.B. : Les rapports d'expertise sont reproduits ici à l'identique de ce qui a été déposé au tribunal.

Cas 1 : auprès du juge aux affaires familiales

Le juge a demandé une expertise au sujet de la situation de Mathias, neuf ans. Depuis les vacances de février, son père l'a gardé auprès de lui et sa mère a du mal à le voir. L'expert est mandaté pour savoir où se situe l'intérêt de l'enfant.

RAPPORT D'EXPERTISE

Je soussigné, expert en psychiatrie infanto-juvénile près les tribunaux, nommé par le juge aux affaires familiales du tribunal de grande instance, certifie avoir procédé à l'expertise de l'enfant :

Mathias

ainsi qu'entendu :

— sa mère : Mme X.
— son père : M. Y.

De mes observations, a été établi le présent rapport dont j'affirme le contenu sincère et véritable, et dont un exemplaire a été remis à chacune des parties.

Avec pour mission

— Procéder à l'examen de l'enfant et de chacun des parents.
— Préciser si cet examen révèle chez les parents, chez l'un d'eux ou chez l'enfant, des anomalies psychiques ou mentales ou des comportements anormaux.
— Indiquer la nature des difficultés qui apparaissent dans les relations entre l'enfant et ses parents et le cas échéant leur partenaire ou conjoint respectif.
— Donner un avis sur les mesures à prendre pour favoriser une reprise normale des relations familiales.
— Fournir au tribunal tous éléments d'appréciation de nature à permettre de déterminer :

- le lieu de résidence le plus approprié de l'enfant et préciser en cas de proposition de modification de la résidence si celle-ci doit intervenir immédiatement ou à la fin de l'année scolaire ;
- les modalités de droit de visite et d'hébergement.

I. Préambule

Les rendez-vous prévus pour répondre à notre mission ont eu lieu le […] en notre cabinet.
Nous avons réalisé les entretiens suivants :

— un entretien individuel pour Mathias ;
— un entretien le réunissant à son père ;
— un entretien le réunissant à sa mère.

Ainsi que le juge aux affaires familiales du tribunal de grande instance le fait remarquer dans l'ordonnance nous missionnant :

> *Il semble que le problème ne se situe pas au niveau des conditions matérielles et même affectives des parents qui ne sont pas contestées.*

et ajoute dans le paragraphe suivant :

> *Il s'agit de savoir où est l'intérêt de l'enfant en sachant qu'eu égard à son jeune âge il présente encore un attachement maternel important*, même si le juge ajoute : *Mais qu'en revanche la mère n'a pas dans un premier temps agi dans son intérêt, n'hésitant pas à le changer plusieurs fois d'école…*

C'est donc dans ce sens-là que nous avons travaillé afin de faire ressortir les éléments d'une compréhension en profondeur.

II. Entretien individuel avec Mathias

Il est âgé de neuf ans lors de cet entretien.
Il se présente dans l'ensemble comme un grand bonhomme qui semble présenter des capacités de compréhension et d'élaboration suffisantes à son âge.
En effet, on ne constate aucun trouble du langage, que ce soit sur le versant du vocabulaire ou sur celui de la syntaxe.
À l'opposé, la plupart de ses réponses seront entourées d'un grand flou.
D'ailleurs, nous pourrons noter qu'à de nombreuses reprises sa réponse préférée sera : *« Je ne sais pas. »*
Il s'agit, le plus souvent, de la réponse défensive qu'un enfant présente lorsque soit il ne désire pas livrer son propre sentiment en

profondeur, soit il ne souhaite pas exprimer un avis où une quelconque préférence affective en faveur de l'un ou l'autre de ses parents serait décelable.

Précisons malgré tout que l'on peut considérer cette position de repli comme fréquente chez les enfants de parents séparés qui désirent maintenir un lien affectif réel et profond avec chacun de leurs deux parents.

Pour donner un exemple de cette hésitation, alors qu'il nous explique très facilement être *« en classe de CE2 »*, comme nous lui demandons : *« Quels sont tes résultats ? »* il répond : *« Je ne sais pas. »*

Évoquant les bulletins scolaires, nous lui demandons les commentaires qui y sont écrits à son sujet. Il répond fièrement : *« Bravo, Mathias »*, nous laissant dès lors entendre qu'il a un bon niveau scolaire.

Il est d'ailleurs intéressant de noter qu'il ne parle pas de ce niveau de manière spontanée, n'osant peut-être pas ainsi se mettre en avant, ce qui renforce la position d'inhibition et de réserve que nous signalions.

Il semble relativement au courant des motivations de la présente expertise, puisqu'il nous explique : *« Il faut aller ici pour que je dise ce que j'en pense. »*

Il ne définit pas d'ailleurs plus clairement l'expression *« ce que j'en pense »*.

Naturellement, nous lui emboîtons le pas en lui disant : *« Et justement, dis-le. »*

Il répond : *« J'aimerais bien rester à A. »* (comprendre : dans la maison paternelle), mais annule presque cette proposition en nous disant : *« Mais voir ma mère un peu plus souvent. »*

Nous comprendrons par la suite à quel type de difficulté se heurte ce projet, où d'emblée, comme nous le disions plus haut, il met en parallèle l'affection qu'il éprouve pour chacun de ses deux parents.

Sur le plan de sa biographie, il sait malgré tout nous expliquer clairement : *« Mes parents sont séparés depuis que j'ai un an et demi… »*, et il ajoute même : *« Je n'ai jamais quitté A. »* (nous verrons par la suite que cette déclaration est en fait inexacte eu égard à certains éléments de la biographie maternelle et donc de la sienne).

Nous lui demandons s'il sait pourquoi sa mère est installée désormais à B.

Il nous propose la réponse suivante : *« Elle a trouvé que c'était trop cher ici. »*

Nous pensons par-devers nous que cette explication est un peu trop vague, mais corrigerons cette appréciation en écoutant la mère qui nous donne le même type d'explication.

Il n'exprime aucune doléance quant aux vacances qu'il passe chez elle et sait nous expliquer : *« Deux semaines à Noël et une semaine en février. »*
Nous voulons nous rendre compte de l'environnement affectif éventuel de la mère, nous lui demandons donc si elle habite seule.
De manière un peu immature, Mathias nous répond : *« Seule, avec la lapine. »*
Il précisera même le nom de l'animal : *« Plume »*, et ajoute cependant : *« C'est le cadeau d'anniversaire de mes sept ans. »*
Pour évoquer également son environnement dans la maison de A., restant sur l'idée des animaux, il dira : *« Il y a quatre animaux... un chat, un chien et deux lapins... »*, sans évoquer les humains de cet environnement, sauf sur notre sollicitation directe.
C'est ainsi qu'il parlera de *« Z »* (nouvelle femme du père) et de *« W, c'est mon petit frère, il a deux mois »*.
Il semble bien se repérer dans la généalogie de cette famille, puisque grâce à notre questionnement il évoquera :

— d'une part les grands-parents maternels dont il dira : *« Ils sont gentils... ils habitent à C. mais font construire une maison à D. »* ;
— et d'autre part les grands-parents paternels qui *« habitent E. »*.

Pour essayer de continuer à apprécier sa perception de la réalité, nous l'interrogeons sur les activités professionnelles des parents.
Nous notons ses deux réponses :

— du côté du père : *« Je crois qu'il dit si les voitures c'est pour aller à la casse. »* On se rendra compte de la formulation extrêmement infantile et imprécise de cette appréciation ;
— du côté de la mère, il sera beaucoup plus net : *« Elle travaille dans un collège. »*

Nous avons à préciser en fait que nous avons été obligés de beaucoup soutenir cet enfant dans un jeu de questions-réponses un peu difficultueux pour lui.
Sa réponse spontanée est le plus souvent, comme nous l'avons déjà signalé : *« Je ne sais pas. »*
De manière générale, il est possible de dire que la structuration d'ensemble de sa personnalité est tout à fait satisfaisante, que ce soit au plan psychoaffectif ou cognitif.
Il nous paraît lors de cette évaluation qu'il essaie de ne jamais donner de réponse propre à manifester un quelconque privilège affectif envers l'un ou l'autre de ses deux parents.

En ce qui concerne son lieu de résidence, il nous paraît également qu'il donne une réponse soit ambivalente, soit pour maintenir cette équivalente affection pour les deux parents, puisqu'il formule dans un premier temps : *« Habiter à A. »*, mais ajoute : *« Voir maman plus souvent. »*

III. Entretien réunissant Mathias et son père

M. Y se montrera extrêmement coopérant aux conditions de l'entretien.

Nous aurons malgré tout à relever chez lui une sorte de réserve et d'inhibition ; cette présentation évoquera dans l'ensemble les marques d'une certaine anxiété, à d'autres moments, nous pourrons même avoir l'impression d'une inhibition et d'une réserve somme toute assez proches de celles que nous avions constatées chez son fils.

On pourra noter également chez lui des signes évidents de ce que l'on appelle habituellement *« immaturité affective »*.

En effet, c'est plutôt avec fierté qu'il décrit sa dépendance affective et sa grande proximité avec sa famille d'origine.

Malgré son âge de quarante-cinq ans, il continue à parler de ses parents en disant *« Mon papa »* et *« ma maman »*, comme le font les jeunes enfants.

Il ne nous cachera d'ailleurs pas cette proximité géographique et affective et parlera avec un grand plaisir des réunions dominicales qui regroupent l'ensemble de la descendance des grands-parents paternels.

Effectivement, M. Y ne cache pas que ce mode de vie est celui qui lui convient et ce d'autant plus qu'il a désormais fondé une nouvelle famille, toujours aussi dépendante de sa famille d'origine.

Il nous semble qu'il manifestera une certaine ambivalence vis-à-vis de la mère de son enfant, dans la mesure où il ne sera pas d'une agressivité directe, même s'il n'omet jamais d'émettre des critiques quant au mode de vie qu'elle a choisi.

Précisons, selon ses propres termes, qu'ils se sont connus extrêmement jeunes : *« C'était une copine de collège à C., on s'est retrouvés à l'âge adulte. »*

Le couple s'est séparé il y a assez longtemps puisque : *« Mathias avait dix-huit mois. »*

Il mettra beaucoup l'accent sur ce qu'il interprète comme l'instabilité de la mère et les nombreux changements que sa propre histoire l'a amenée à organiser et donc à faire subir à Mathias.

Nous notons plusieurs phases :

— après la séparation, la mère et Mathias retournent à B. durant un an ;

— en 20[...], elle se réinstalle en fait sur la Côte d'Azur mais *« laisse l'enfant pendant les trois années de l'école maternelle à l'école de A. »*. Reprécisons qu'il s'agit de l'école proche du domicile des grands-parents paternels ;

— à l'entrée au cours préparatoire, elle l'inscrit à l'école de B., puisque c'est sa ville de résidence. Il émet là aussi une critique : *« C'était plus confortable pour elle »*, sous-entendant que ce choix maternel entraînait un déséquilibre chez l'enfant ;

— par la suite, la mère suit le compagnon qu'elle avait alors, lequel s'installe à D. ; il nous précisera que ce compagnon avait lui-même ses enfants en hébergement alterné et qu'il était aussi plus facile d'inscrire Mathias à l'école de B. ;

— elle fait en 2005 le projet de s'installer à B. ;

— c'est là que M. Y décide de saisir le juge aux affaires familiales. Nous reviendrons plus bas sur les conditions exactes de cette saisine puisque lui-même ne nous en fait pas d'autre commentaire.

En ce qui le concerne directement, M. Y fait état de son trajet professionnel qui l'a amené :

— dans un premier temps à obtenir un poste de responsable technique de laboratoire ;

— malgré tout il rejoint un projet plus ancien et, dans le cadre d'une formation pour adulte, obtient un BTS de maintenance et de vente automobile ; son projet était de devenir expert automobile comme son père (il s'agit donc de la profession décrite maladroitement par Mathias dans les propos qu'il nous avait tenus) ;

— mais il se rend compte que ce métier ne lui convient pas et rejoint son choix initial. Il est désormais agent technique dans une entreprise de transport, espérant d'ailleurs une promotion prochaine.

De manière générale, on peut dire que M. Y se présente comme un père attentif et comme un homme gentil, un peu timide et un peu immature. Il essaie de nous faire entendre qu'il n'a fait que répondre aux demandes exprimées par Mathias : *« Il m'a dit qu'il voulait rester chez moi. »*

Il évoquera ainsi le certificat d'une psychologue privée, attestant de ce désir.

Durant tout cet entretien, Mathias s'occupe très peu du dialogue qui

se tient devant lui entre les adultes, malgré le fait que nous essayons à quelques reprises de l'introduire dans le dialogue.
Il est ainsi occupé à faire son dessin et manifeste de toute évidence la relation sereine et tranquille qui le lie à son père.

IV. Entretien réunissant Mathias et sa mère

De toute évidence, le contraste est repérable entre la présentation respective de chacun des deux parents de Mathias.
En effet, la mère se présente comme une femme vive, autonome, désirant organiser sa propre vie.
Il émane d'elle une assurance et une impression de maturité nettement repérables par rapport à l'attitude que nous avions constatée chez le père de Mathias.
Nous noterons malgré tout que cette clarté et cette vivacité l'empêchent peut-être de formuler des autocritiques puisque tout aussi bien ce sont ses choix personnels qui ont été à l'origine, d'une part, de ses changements de lieu de résidence et, d'autre part, en conséquence directe, des motivations de la procédure judiciaire actuelle diligentée par le père.
Elle ne cherchera pas à minimiser les difficultés qu'elle ressent du fait de la séparation entre son fils et elle depuis la dernière ordonnance rendue par le juge aux affaires familiales du tribunal de grande instance : *« Pour moi, c'est difficile... Mathias vivait avec moi depuis la séparation d'avec son père. »*
C'est là qu'elle nous expliquera que les difficultés sont survenues *« pour les vacances de février 2005 »* puisqu'elle explique : *« Son père ne me l'a pas rendu à la fin des vacances, et je suis même restée un mois et demi sans avoir de nouvelles de lui. »*
Nous pourrons remarquer que Mathias est passé d'un parent à l'autre sans manifester une quelconque modification comportementale ou émotionnelle.
Il continuera, en présence de sa mère, à terminer le dessin qu'il avait commencé en présence de son père.
Nous essayons également de l'introduire dans le dialogue en l'invitant à formuler devant sa mère ce qu'il avait dit dans le cadre de l'entretien individuel.
Après moult hésitations, il finit par dire : *« Habiter chez papa. »*
Après un silence, comme il l'avait fait dans l'entretien individuel, il ajoute : *« Je vous ai dit aussi : voir maman plus. »*

Nous confirmons l'exactitude de cette déclaration.

Nous notons qu'il choisit là une formulation beaucoup plus mature et affirmée que lors de ses propos précédents.

En ce qui concerne le choix de résider à B., Mme X explique tout simplement, comme nous l'avait dit son fils, que ce sont des raisons financières qui l'avaient amenée à quitter la Côte d'Azur, où les loyers sont trop élevés selon elle.

Elle a effectivement trouvé un travail d'aide-documentaliste actuellement *« en CAE »*, c'est-à-dire en contrat transitoire, qu'elle espère transformer en contrat définitif.

Elle est pleinement satisfaite de son installation à B. : *« Au niveau professionnel, ça ne m'a apporté que du plus »*, nous déclare-t-elle, et elle s'empresse d'ajouter : *« Mais de toutes les façons, je ne peux pas dire que je suis heureuse parce que je n'ai pas mon fils. »*

Elle aussi voudra jeter le discrédit sur le fonctionnement du père de Mathias, à qui elle reproche : *« Il pourra devenir méchant ou manipulateur »*, ou alors : *« Il peut se servir de Mathias pour justifier tous ses actes. »*

Elle nous expliquera qu'en fait, selon son interprétation, elle croit comprendre qu'il cherche depuis longtemps à la mettre à l'écart.

Elle prend pour exemple la question du patronyme : *« Je voulais qu'on rajoute mon nom à son nom, puisque la loi m'y autorise. »*

À ce moment-là, Mathias intervient volontairement et fermement (ce qui fait une nouvelle fois contraste avec son fonctionnement d'ensemble) et déclare : *« Mais, je veux bien moi. »*

À propos de cette mise à l'écart voulue par le père, elle évoquera également l'exercice conjoint de l'autorité parentale, avec par exemple : *« Il l'a changé d'école sans même me le dire. »*

Elle ajoutera même une particularité de l'école choisie qui complique d'autant plus l'effectivité de ses droits de visite et d'hébergement ; en effet, nous comprenons que l'école où Mathias est désormais inscrit a choisi ce que l'on appelle « la semaine de quatre jours ».

Il convient de savoir que les écoles qui ont fait ce choix de travail scolaire sur quatre jours diminuent de manière notable le temps des petites vacances et même le temps des vacances d'été en y adjoignant par compensation quelques jours d'ouverture scolaire en plus. Ainsi, les vacances scolaires de février du jeune Mathias ne commenceront pas, à l'instar de la plupart de ses congénères, le samedi 11 février, mais le jeudi 16 février.

Mme X nous explique d'ailleurs : *« Le père a même pas voulu que Mathias manque trois jours d'école pour revenir avec moi à B. puisque je venais à votre rendez-vous aujourd'hui* » (cf. plus bas nos commentaires).

Nous demandons à Mme X de formuler clairement sa demande actuelle auprès du juge aux affaires familiales : « *Que Mathias revienne habiter chez moi* », et reprenant, par symétrie, les critiques qu'elle adresse au père de Mathias : « *Je suis le parent le plus apte à respecter la relation qu'il peut avoir avec son père* », nous disant ainsi clairement qu'elle estime que la relation entre Mathias et sa mère n'est pas respectée.

Malgré tout, nous noterons une relative prise de distance de ses affects, puisque sa conclusion sera : « *Que l'on décide ce qui est le mieux pour Mathias.* »

V. Commentaires

Les commentaires se répartissent toujours en deux sortes ; on repère en effet :

— les signes dits « objectifs », qui sont ceux qui relèvent directement de l'observation clinique et qui comportent le principal de l'examen ;
— les signes dits « subjectifs », qui renvoient en fait à une interprétation possible des dires que chaque sujet est amené à tenir et dont, évidemment, la lecture dépendra de l'interprète.

a) Du côté des signes objectifs

Ainsi que l'évoquait l'ordonnance nous missionnant, nous ne sommes bien évidemment pas dans le cadre d'une appréciation de l'estimation d'une pathologie mentale et/ou psychiatrique concernant l'un et/ou l'autre des deux parents de Mathias.

En fait, il s'agit bien plutôt de l'estimation extrêmement fine tant de leur équation identitaire en profondeur que de la relation qu'ils ont organisée avec l'enfant (et vice versa).

On ne peut au demeurant qu'être attentif aux disparités qui opposent les parents ; bien évidemment, ce sont ces disparités qui sont à l'origine de la conflictualité qui les oppose et où ce sont les critères de type subjectif, c'est-à-dire ceux renvoyant à leur fonctionnement psychique et affectif, qui seront à mettre en avant en dehors de toute estimation objective.

À propos de leurs disparités, évoquons principalement leurs deux modes de fonctionnement extrêmement opposés :

— si le père se présente comme quelqu'un d'assez réservé et plutôt immature, à l'opposé la mère se présente comme quelqu'un de dynamique, de vif ;
— le père veut, bien évidemment, paraître plus soucieux de l'équilibre quotidien de son fils, même si, à l'analyse, on a surtout l'impression qu'il veut organiser pour son fils la même dépendance qu'il a lui-même vis-à-vis de sa famille d'origine. En fait, il semble qu'en ce qui le concerne, ce soit depuis l'époque où la mère, pour commodité personnelle, a retiré l'enfant de la première école qu'il se soit mis en opposition avec elle, ne supportant pas que le fils ne soit pas dans l'école la plus proche du domicile de ses grands-parents paternels. Précisons que ce type de procédé ne peut pas encourager l'autonomie et la socialisation d'un enfant ;
— la mère, de son côté, semble plutôt prompte à sa propre réalisation, ce qui a d'ailleurs entraîné ses différents déménagements, que ce soit à D. pour rejoindre un nouveau compagnon ou à B. pour l'organisation de sa vie personnelle. Dans cet état d'esprit — sans remettre en question l'attachement affectif qu'elle a pour son enfant —, elle organise ses propres déménagements à son gré prenant, comme l'on dit, *« l'enfant dans ses bagages »*.

Ainsi, à quelque chose de la trop grande stabilité paternelle du fait de la dépendance affective à ses propres parents vient répondre une certaine instabilité dans la biographie maternelle.

b) Du côté des signes subjectifs

Il est vraisemblable que cela renvoie à leurs fonctionnements psychiques et affectifs en profondeur faits de stabilité pour l'un et d'instabilité pour l'autre.
À ces deux modes de fonctionnement viennent répondre des capacités éducatives quasiment inverses :

— du côté du père, on retrouvera effectivement la régularité de l'emploi du temps, la stabilité de l'environnement avec comme conséquence l'incapacité à prendre de l'autonomie ;
— du côté de la mère, on aura certes de la vie en mouvement, de l'irrégularité, mais une découverte assurée de la vie sociale et des expériences qu'elle apporte.

Un point particulier mérite notre attention.
À ce que nous avons cru entendre dans le discours de la mère, le père n'aurait pas hésité à garder l'enfant chez lui, alors que ses droits de visite et d'hébergement étaient terminés à la fin des vacances ; il n'a

ainsi pas hésité à faire un passage à l'acte en ne rendant pas l'enfant; il en aurait même profité pour aller voir une psychologue privée, laquelle d'ailleurs n'aurait pas hésité non plus à marquer sa partialité en ne rencontrant pas la mère, rémunérée qu'elle était par le père. D'ailleurs, ce document est bien évidemment écarté des débats pour cette raison.

Il nous paraît que seul le juge des enfants est habilité, lorsqu'il est saisi par le substitut du procureur auprès des mineurs, à prendre des décisions en urgence.

Si les parents ne respectaient pas ce type de règle, on en arriverait à des décisions et des actes extrêmement chaotiques; il nous semble d'ailleurs que le passage en force du père aurait réussi sur la scène des affaires familiales, puisque le juge aux affaires familiales du tribunal de grande instance de A. a immédiatement prononcé le transfert de résidence de l'enfant au domicile du père; il pourrait en découler une interprétation par trop rapide qui aurait l'inconvénient de faire croire à n'importe quel parent qu'il suffit de faire le passage à l'acte fait par M. Y pour que, séance tenante, il puisse obtenir la résidence de l'enfant à son domicile; cette pratique ne doit être considérée qu'exceptionnelle en cas de dangerosité réelle et avérée, ce qui, à notre lecture, n'était pas le cas dans le présent dossier.

Ainsi, le passage à l'acte en force du père doit-il être considéré comme venant diminuer l'estimation de ses capacités éducatives, puisqu'il ne tient pas compte de l'ordonnance qui, en son temps, avait fixé les modalités de résidence et de vacances concernant le jeune Mathias.

Parallèlement, ce n'est que par l'intermédiaire de Mme X que nous avons compris que la proposition de M. Y concernant l'attribution à la mère de l'intégralité des vacances, à l'exception des vacances d'été réparties de manière égale entre les deux parents, était beaucoup moins généreuse qu'il n'y paraissait: en effet, dans la mesure où il a choisi, de son propre chef, l'inscription de l'enfant dans une école qui pratique la semaine de quatre jours, il savait que les petites vacances, notamment novembre, février et printemps, étaient par le fait diminuées puisque c'est la règle des écoles qui fonctionnent sur quatre jours.

Précisons même qu'il n'a pas accepté l'amendement pour les vacances de février alors que la mère venait en notre cabinet pour les entretiens prévus et qu'elle aurait pu tout aussi bien repartir avec son enfant; elle semble ainsi bien fondée quand elle estime que le père ne lui laisse pas la place qui lui reviendrait.

De la même manière, elle est ainsi fondée à se plaindre du fait qu'il

empêche l'exercice conjoint de l'autorité parentale ; en effet, si l'exercice était conjoint, les deux parents auraient décidé ensemble le choix de l'école, ce qui permettrait à Mathias une fréquentation de sa mère plus harmonieuse.
Nous avons ainsi essayé de décliner, dans le cadre de ces commentaires, ce qui nous était apparu des qualités et vices de fonctionnement propres à chacun des deux parents de Mathias.
On se rend compte ainsi que leurs qualités et défauts ne font que s'opposer.
Ce n'est pas du côté de l'enfant que nous avons eu des pistes plus claires : en effet, même s'il déclare vouloir résider chez son père, il ajoute tout aussitôt *« et voir plus maman »*.
Cela est d'autant plus interrogeant que l'enfant doit effectivement savoir que le rythme proposé par son école finit par faire obstacle à la fréquentation de la mère pour la durée des petites vacances scolaires, ainsi que son père l'en avait assuré.
Il nous a semblé surtout ne vouloir manifester aucune préférence affective pour l'un ou l'autre de ses parents.
À ce que nous avons cru pouvoir en lire, la place de sa mère est tout à fait claire tant dans sa vie affective comme dans sa vie psychique puisque lui-même demande l'adjonction au nom du père de celui de la mère.
Cela d'ailleurs était l'une de ses interventions, volontaire, ferme, spontanée et décidée.
Reste dans ce genre de dossier une difficulté réelle et sérieuse : dans la mesure où le juge aux affaires familiales, peut-être cédant sous la pression paternelle, a cru bon devoir prononcer en urgence le transfert de résidence de l'enfant au domicile paternel, il va maintenant lui être opposé le fait au bout d'une année que les habitudes de l'enfant sont désormais prises au domicile paternel ; cette manière de penser finirait ainsi par valider toute tentative de passage à l'acte en force de n'importe quel parent.
Nous sommes ainsi, nous, défavorable au fait de valider définitivement de telles pratiques.
Ainsi, il nous semblerait plus sage de s'en remettre au mode de vie qu'avait l'enfant jusqu'aux fameuses vacances de février et, en ne tenant pas compte de l'année qui vient de s'écouler, d'estimer qu'il n'y a aucune contre-indication à la poursuite des mesures prises pour Mathias depuis la séparation de ses parents, à savoir résidence au domicile maternel, droit de visite et d'hébergement tel qu'accordé au parent non gardien en faveur du père.

Bien évidemment, le cas de l'enfant peut être tout à fait utilement réenvisagé au moment de l'entrée dans l'adolescence, à savoir celle qui correspond, à peu de chose près, à l'entrée au collège.

VI. Conclusions

Au terme de cette expertise, il est possible de dire que :
L'enfant, Mathias, présente tous les signes d'un développement psychoaffectif et cognitif satisfaisant. En fait, quoiqu'il déclare vouloir résider chez son père, il demande aussi à fréquenter sa mère plus souvent. Il nous semble qu'il s'agit principalement pour lui d'attester l'équivalente affection qui le lie à chacun de ses deux parents. Il nous semble que la situation actuelle a été créée un peu artificiellement par des mesures prises faussement en urgence au décours des vacances de février 20[...], il n'y a donc pas de contre-indication de type pédopsychiatrique pour rejoindre les dispositions qui régissaient la vie de l'enfant jusqu'à cette époque-là, à savoir :

— résidence habituelle de l'enfant au domicile maternel ;
— octroi en faveur du père d'un droit de visite et d'hébergement classique. Bien évidemment, on devrait aménager les temps de vacances de l'enfant en octroyant au père l'intégralité des petites vacances (novembre et février) et ce afin de compenser l'éloignement géographique entre le domicile de la mère et le sien ; les vacances de Noël, de Pâques, ainsi que les grandes vacances seront également réparties entre les deux parents ;
— si le juge aux affaires familiales possédait des informations, notamment par le biais des enquêtes sociales (ce qui ne paraît pas être le cas d'après les propos de l'ordonnance nous ayant missionné), il devrait de toutes les façons exiger que le père tienne son engagement en inscrivant l'enfant dans une école qui ne pratique pas le rythme des quatre jours afin que soit effective l'augmentation importante des temps de vacances qu'il s'est engagé à proposer à la mère de l'enfant ;
— l'autorité parentale devra bien évidemment être effectivement exercée de manière conjointe par les deux parents.

Fait à Nice, le...
Docteur Georges JUTTNER

Cas 2 : auprès du juge des enfants

Sonia, âgée de bientôt dix ans, est prise dans un conflit familial important. Sa mère a quitté le domicile familial, ce qui a rendu l'enfant très (trop ?) dépendante de son père. La mère, de son côté, s'appuie sur le rapport d'une assistante sociale pour demander la garde de sa fille. Comment comprendre cette situation et où est l'intérêt de Sonia ?

RAPPORT D'EXPERTISE

Je soussigné, expert en psychiatrie infanto-juvénile, près les tribunaux, nommé par le juge des enfants du tribunal de grande instance, certifie avoir procédé à l'expertise de l'enfant :

Sonia

ainsi qu'entendu :

— sa mère : Mme X.

— son père : M. Y.

De mes observations, a été établi le présent rapport dont j'affirme le contenu sincère et véritable, et dont un exemplaire a été remis à chacune des parties.

Avec pour mission

— Prendre connaissance de la procédure.

— Procéder à l'examen de l'enfant et de ses parents de façon à déterminer la nature de leurs relations.

— Apprécier s'il y a lieu les perturbations psychologiques qui pourraient motiver le refus actuel de l'enfant de toutes relations avec sa mère.

— Donner son avis sur le droit de visite et d'hébergement qu'a la mère à l'égard de sa fille et dire s'il est compatible avec l'intérêt de l'enfant.

— Recueillir, si cela s'avère nécessaire, l'avis de la mineure sur ce point.

— Dire, le cas échéant, si la mère de l'enfant présente un danger pour le bon épanouissement de sa fille.

— Donner tous avis supplémentaires susceptibles d'éclairer la juridiction sur les mesures à mettre en œuvre dans l'intérêt de l'enfant.

I. Préambule

Les entretiens prévus pour répondre à notre mission ont eu lieu en notre cabinet.
Nous avons réalisé les entretiens suivants, et ce dans l'ordre chronologique où ils se sont déroulés :

— un entretien individuel pour le père, M. Y ;
— un entretien individuel pour la mère, Mme X ;
— un entretien individuel pour Sonia ;
— un entretien la réunissant à sa mère ;
— un entretien la réunissant à son père.

Nous avons en fait choisi ce déroulement chronologique dans la mesure où, initialement, nous avions d'une part constaté que la jeune Sonia était tout à fait apeurée de la situation (expertale ou familiale ?) et, d'autre part, devant cet apeurement, nous avons préféré que les parents nous livrent, chacun selon sa version, les éléments composant la conflictualité intrafamiliale actuelle.
À vrai dire, la petite fille a accepté de venir assez facilement dans notre bureau pour l'entretien individuel que nous lui avons accordé.
Malgré tout, pour rester dans l'esprit de l'examen — et par là de l'expertise — en pédopsychiatrie, nous présenterons en premier le compte rendu de l'entretien réservé à Sonia, dans la mesure où l'enfant doit toujours être l'« objet » central du travail du pédopsychiatre ; cette présentation aura ainsi l'avantage de se tenir au plus près de l'exercice habituel de la pédopsychiatrie.

II. Entretien individuel avec Sonia

Elle est âgée de bientôt dix ans lors de cet entretien ; elle nous le dit d'ailleurs quand nous lui demandons son âge : *« J'aurai dix ans dans quelques jours. »*
Elle fréquente la classe de CM1, classe de son âge et nous précise : *« Je n'ai jamais redoublé. »*
Elle fera même, sur un ton un peu vantard, le commentaire suivant : *« Le maître est très fier... ma plus mauvaise note est B+. »*

Nous avons décidé, puisque nous avions déjà entendu les parents, de ne pas aborder directement la question des conflits intrafamiliaux et essayons de rester le plus neutre possible en ne posant, au demeurant, aucune question concernant directement cette conflictualité ; aussi préférons-nous laisser s'épanouir le dialogue, qu'elle est au demeurant tout à fait capable de soutenir.

De toute façon, nous pourrons remarquer que Sonia présente des capacités de langage (au plan de la syntaxe comme du vocabulaire) tout à fait efficaces, et d'une certaine manière conformes à l'autoévaluation satisfaisante qu'elle nous livrait à propos de ses résultats scolaires.

Donc, nous abordons les choses de manière tout à fait latérale en l'interrogeant sur l'existence de ses frères et de ses sœurs.

Elle nous expliquera ainsi, de manière tout à fait logique, les deux lignages dont elle est issue, tant du côté paternel que maternel, comme elle le dit : *« Du côté de papa, j'ai deux frères. »*

Elle évoque Daniel, âgé de trente-deux ans, qui travaille dans un bureau et qui est depuis un mois père d'un bébé prénommé Dean.

Également Jean, âgé de trente et un ans, dont elle ne connaît pas le métier, mais dont elle sait qu'il est le père d'une jeune Chloé, âgée de sept ans ; ainsi la nièce et la tante n'ont que trois ans d'écart.

Par ailleurs, elle citera, et ce de toute évidence de plus mauvaise grâce, sa fratrie du côté maternel, en évoquant :

Martine, âgée de vingt-quatre ans, dont elle précise immédiatement et spontanément sans que nous n'intervenions d'une quelconque manière : *« Ce n'est pas ma vraie sœur… ce n'est pas la fille de papa* (*sic !*)*. »*

On remarquera d'ailleurs que Daniel et Jean, qui, eux, ont droit à la qualification de frères, ne sont pourtant que des demi-frères, puisqu'ils n'ont pas la même mère que Sonia.

Elle évoquera aussi Pascal, âgé de vingt-six ans, ou, comme elle préfère le compléter, *« quelque chose comme ça »* et dont elle dit : *« Il travaille dans un restaurant. »*

Nous lui demandons quand elle les voit ; là, elle est extrêmement vague et dit : *« Quand je vais chez ma mère… que quelques fois »*, nous manifestant relativement clairement le désintérêt qu'elle porterait pour cette partie de sa fratrie, à savoir le côté maternel.

D'ailleurs, à ce moment-là de l'entretien, Sonia n'est plus du tout apeurée.

Rappelons qu'elle était entrée dans notre cabinet comme figée par la peur, en s'agrippant à la main de son père.

À l'opposé, durant cet entretien, elle se montrera extrêmement vive, présente, apte au dialogue et même d'une certaine manière un peu trop mature.

Nous essayons malgré tout d'aborder les problèmes de fond ; nous lui demandons : *« Est-ce qu'il existe des problèmes actuellement ? »*

Sans hésiter, Sonia explique : *« Quand je vais chez ma mère... j'avais un portable pour appeler papa... le premier elle l'a cassé... le deuxième elle l'a bloqué... le troisième elle l'a caché... et le quatrième aux vacances j'ai voulu l'emporter, j'ai quand même téléphoné... elle l'a vu et elle m'a poussée. »*

C'est ainsi qu'elle commence le registre des doléances qui l'opposent à sa mère en racontant une anecdote où celle-ci l'aurait blessée.

Il s'agit en fait de la suite de la fameuse histoire du téléphone où sa mère l'aurait poussée : *« Par rapport à ma taille,* explique-t-elle, *j'aurais pu me cogner la tête à la poignée... je me suis tournée... et je ne l'ai pris que sur les bras et l'épaule... »*

Le seul commentaire qu'elle fera sera : *« Elle a pas fait de radio. »*

Pour être sûr que nous comprenons bien la scène, nous nous dirigeons vers la porte et le loquet de notre bureau, en lui mimant ce que nous avions compris, c'est-à-dire en présentant notre épaule et notre bras au loquet de la porte, bien évidemment en nous mettant à la taille d'un enfant.

Elle confirme que la scène ressemblait à ce que nous mimons, nous lui disons d'ailleurs sur un ton un peu humoristique : *« Ce n'était pas très grave alors ! »*

Sonia éclate de rire et dit : *« Non, ce n'était pas grave ! »*

Cependant, nous comprenons que cette affaire prend d'autres proportions dès le retour au domicile paternel, puisqu'elle explique : *« Au retour, mon père a fait faire un bilan. »*

S'en serait suivi un traitement important à l'aide des moyens de contention habituels : *« Ils m'ont fait porter un bandage thoracique pendant un mois et une minerve pendant une semaine. »*

Nous ne sommes pas tout à fait sûr qu'il y ait eu de réelles blessures ayant justifié ces appareillages ; il est vraisemblable que les différents bilans seront présentés au juge des enfants du présent tribunal.

De toute façon, son discours va désormais égrainer les reproches qu'elle fait directement à sa mère, notamment à propos de l'histoire de sa propre famille, elle nous explique ainsi de manière très mature : *« Moi, je suis française, mais d'origine russe* (comprendre : du côté paternel, ce qui d'ailleurs est tout à fait logique, eu égard au patronyme)... *elle a dit quelque chose qui ne m'a pas plu : vous, les Russes, vous n'êtes que des moulouds. »*

Elle décrit ainsi, ou elle prête ainsi à la mère, une dénomination de type injurieux concernant ses origines.

Elle égraine donc ses doléances : *« Elle dit toujours des gros mots sur papa… puis elle me fait des menaces. »*

Elle en évoquera quelques-unes ; nous avons relevé celles-ci :

« Si tu parles de ton père, je te prends et me jette d'une tour. »

« À cause de toi, je meurs à petit feu. »

« Elle a un copain qui dit toujours du mal de notre famille… »

Elle prête à ce fameux copain les propos suivants :

« Je suis pompier et je vais mettre le feu. »

Nous lui demandons depuis quand elle n'est pas allée en vacances chez sa mère ; elle nous explique : *« Je n'y suis pas allée en novembre et à Noël. »*

Tout logiquement, nous évoquons l'approche des vacances de février.

Sonia se montre dès lors beaucoup moins assurée dans ses réponses et, quoique apparemment lancée sur un discours extrêmement critique vis-à-vis de sa mère, elle ne nous répond pas clairement quant à un éventuel refus de se rendre en vacances chez celle-ci.

Nous nous permettons de lui demander : *« Alors, tu penses que tu vas y retourner quand ? »*

Sonia hésite et ne donne pas de réponse claire.

Bien évidemment, nous ne voulons pas, pour de simples raisons expertales, la pousser dans ses derniers retranchements et créer une situation anxiogène et/ou traumatogène.

Nous essayons de savoir, en l'interrogeant le plus discrètement possible, ce qui pourrait être si désagréable durant ses visites chez la mère.

Elle ne nous relate, en fait, que quelques anecdotes minimes : *« Quand on va à la plage du travail de mon frère* (ci-dessus évoqué), *elle me prend dans ses bras devant tout le monde, ou elle me dit des gros mots. »*

Elle évoque ainsi la gêne qu'elle pourrait avoir devant les marques par trop affectives à certains moments ou par trop agressives à d'autres moments de la mère, ou alors elle évoquera l'ancien mode de droit de visite tel qu'elle l'effectuait antérieurement.

En effet, sa sœur Martine résidait encore sur la Côte d'Azur, où elle possédait un petit studio ; il est à noter que celle-ci a rejoint son compagnon et qu'elle ne possède donc plus le studio en question.

Elle se plaint quand même : *« Quand j'allais chez Martine… c'était un tout petit studio… je voyais des films… je savais que c'était pas des films pour moi. »*

Précisons, malgré tout, qu'elle n'insistera pas sur le type de film dont il s'agissait, laissant par le flou dont elle entoure son discours, à ce moment-là, ouverte l'hypothèse qu'il pourrait s'agir de films interdits aux enfants (du côté de la violence ? ou de l'érotisme ?).

Elle ne poussera pas la description plus avant et, somme toute, aura beaucoup de mal à emporter notre conviction.

En fait, nous comprendrons que les difficultés relationnelles avec sa mère apparaîtront de manière vive à partir d'août 2006 ; en effet, nous avions lu dans le dossier qu'elle aurait fait à une assistante sociale, lors de cette visite à la mère, des déclarations comme quoi, notamment, elle demanderait à rester résider au domicile maternel.

Nous lui disons donc : *« Mais tu as dit quoi à l'assistante sociale ? »*

Sonia dénie, de toute façon, avoir dit à l'assistante sociale qu'elle voulait rester chez sa mère, mais précise s'être *« plainte de l'histoire de la porte »*.

Fièrement, elle précise d'ailleurs : *« Je l'ai dit quand même »* (malgré, à ce que nous croyons en comprendre, l'interdiction maternelle).

Ainsi, contrairement à ce que nous avions lu dans le dossier, l'enfant se situe dans une hypothèse tout à fait à l'inverse : celle qui devient défavorable à la mère.

Nous pensons devoir mettre un terme à cet entretien, expliquant à Sonia que nous la verrons en présence de sa mère dans notre bureau.

En fait, elle se montre tout à fait opposée à cet entretien qui la réunirait à celle-ci.

Nous verrons par la suite qu'il y a eu soit un malentendu entre l'expert et l'enfant, soit une évolution de la position de l'enfant, puisque cet entretien pourra tout à fait avoir lieu.

Nous ne savons pas clairement comment l'enfant est arrivée à dépasser ce refus que nous croyons avoir clairement entendu, ou si sa position a évolué, par exemple sous l'effet d'un conseil paternel ?

III. Entretien individuel avec M. Y

Précisons que M. Y est âgé de cinquante ans lors de cet entretien.

Il exerce la profession de commerçant.

M. Y essaiera de montrer toutes les marques de la meilleure coopération possible.

À vrai dire, nous mettrons un certain temps à comprendre les méandres de l'histoire extrêmement complexe qu'il nous a expliquée, complexe notamment au niveau de la relation liant les différents adultes concernés par la conflictualité actuelle.

Il semblerait que ce soit lui qui ait diligenté la saisine du juge des enfants et pour laquelle il existe une enquête actuelle, dans le cadre de laquelle nous avons été missionné pour la présente expertise.
Le motif déclenchant pour lui serait le suivant : *« En août 2006, la mère l'a montrée à une assistante sociale »* (ce qui semble conforme tant à ce que la mère nous dira qu'à ce que l'enfant nous avait déclaré).
Le motif de cette rencontre avec l'assistante sociale aurait été *« un conflit de séparation »*.
Nous noterons que M. Y reste tout à fait calme et maître de lui dans l'ensemble des propos qu'il nous tient.
Il apparaît même plutôt parler sur un ton « doucereux » ; il nous semble parfois même qu'il évite de répondre de manière directe aux questions que nous lui posons, ce qui peut, y compris donc le ton qu'il utilise, donner à l'ensemble de son discours une impression de tentative de manipulation, notamment pour gagner l'autre, en l'espèce l'expert, à sa thèse.
Nous reprenons malgré tout les principaux repères biographiques qui ont fait l'histoire de cette famille.
Nous comprenons ainsi que :

— la rencontre entre M. Y et Mme X aurait eu lieu en 1987 ;
— en 1989, ils descendent dans le Sud ; précisons que la rencontre a eu lieu dans leur ville d'origine. À ce moment-là, nous pensons comprendre que le couple décide de s'installer dans le Sud ; la poursuite de son discours nous montrera que, en fait, la situation était encore bien plus complexe que cela ;
— la séparation est intervenue en février 2004.

Il nous décrira par ailleurs l'existence d'une famille recomposée, puisqu'il avait, lui, d'une précédente union deux enfants, et elle, deux enfants, comme il dit : *« Deux enfants chacun de son côté. »*

— Sonia naîtra le 24 juin 1997.
— En août 2005, une ordonnance du juge aux affaires familiales du tribunal de grande instance lui confierait la garde de l'enfant et accorderait à la mère un droit de visite et d'hébergement tel qu'accordé habituellement au parent non gardien.

En fait, et c'est là où nous comprendrons la complexité de la situation d'ensemble, M. Y nous précise : *« Je suis toujours marié avec Mme Y »*, mère donc de ses deux fils aînés.
Nous essayons toujours de comprendre le mode de vie de cette famille, pensant à ce moment-là du discours que Mme Y résidait

toujours dans leur ville d'origine ; il n'en était rien, comme il nous l'explique : *« On a acheté l'affaire ensemble : ma femme, Mme X et moi... ma femme n'ignorait pas cette relation* (avec Mme X). »

Il nous racontera, dès lors, pour justifier cet appareillement relativement complexe, ce qui a fait son lien avec Mme X : *« Quand je l'ai connue, elle avait perdu son mari deux ans plus tôt... moi, je suis éducateur dans l'âme,* précise-t-il... *j'avais une relation avec ses enfants comme un papa. »*

C'est ainsi que se crée une situation originale, comme il l'explique : *« Tout compte fait, on a tous habité ensemble dans la même ville, c'était comme une acceptation tacite. »*

Il nous expliquera d'ailleurs également que, lorsqu'ils sont arrivés dans le Sud, ils avaient trouvé une solution de dépannage, puisqu'ils habitaient le même étage d'une villa et qu'ils ont décidé, dans un second temps, de s'agrandir et de continuer cette cohabitation, réunissant dès lors M. Y, son épouse et leurs deux enfants, ainsi que Mme X, ses deux enfants aînés, puis Sonia, lorsqu'elle est née.

De manière tout à fait évidente pour lui, il dit : *« Ça a tenu dix-sept ans... et Mme X est partie avec un homme. »*

En fait, quand on essaie de l'interroger en profondeur, on se rend compte qu'il n'a aucune critique éventuelle ni aucune mise en cause du mode de vie que cette famille avait adopté.

Comme il l'explique notamment concernant Sonia : *« Elle avait deux mamans... depuis le premier jour... elles travaillaient d'ailleurs un jour sur deux chacune. »*

Il ne tire comme seule morale de cette histoire que : *« Je me suis trompé... on m'aurait posé la question à l'époque... j'aurais pas dit ça. »*

Il a somme toute mis dix-sept ans à se rendre compte que la situation qu'ils ont organisée avait quelque chose de marginal et d'extraordinaire.

Malgré tout, son élaboration n'ira pas beaucoup plus loin, puisque nous arrivons à nous rendre compte que M. Y évite, de toute façon, par l'aspect contourné et détourné de ses réponses, toute réponse de type directe.

Nous essayons de l'interroger sur les difficultés que présenterait Sonia.

Là encore, ses réponses seront extrêmement floues, puisqu'il nous dit simplement : *« Sonia se plaint des visites. »*

Mais, de toute façon, il ne sera jamais clair sur une retranscription possible de doléances exprimées par l'enfant elle-même.

Il n'en reste pas moins qu'il évoquera un suivi pédopsychiatrique et ce, en deux épisodes :

— Dans un premier épisode, la petite fille aurait été suivie durant l'année 2004-2005 par une pédopsychiatre chez laquelle la psychothérapie a été interrompue, comme nous l'explique M. Y : *« Sonia a perdu toute confiance... car le docteur a parlé à sa mère. »*

— Le second épisode de cette prise en charge serait géré par un autre psychiatre, au rythme d'une séance par quinzaine.

IV. Entretien individuel avec Mme X

Précisons que Mme X s'est mise à la disposition de l'expert, acceptant d'entreprendre, aux seules fins des exigences expertales, un voyage assez long puisqu'elle est retournée dans sa ville d'origine.

D'une certaine manière, son discours pourrait paraître beaucoup plus clair en ce qui concerne les critiques qu'elle adresse à M. Y, sur lequel elle n'hésite pas à jeter un discrédit extrêmement important ; elle semble peut-être moins lucide et moins clairvoyante lorsqu'il s'agirait d'évoquer une certaine dose d'autocritique concernant, notamment, le mode de vie qu'elle a choisi de partager avec la famille Y.

Il s'agit par ailleurs d'une mère tout à fait claire dans la description de l'amour maternel qu'elle éprouve et relativement sereine dans l'exercice de cette affection.

De toute façon, sa thèse principale sera la suivante : *« Elle est kidnappée par son père. »*

En fait, nous comprenons que le couple est également opposé de manière très conflictuelle sur les questions d'argent et de liquidation des biens qu'ils ont en commun : *« On a 50/50 sur le commerce et sur la maison... il se sert de Sonia comme d'une arme contre moi. »*

Elle nous confirmera bien évidemment l'existence de ses deux enfants aînés, ne nous livrant pas d'autres informations que celles données par l'enfant et par le père.

Effectivement, sa fille Martine a quitté la Côte d'Azur et ne possède donc plus le studio qui servait de pied-à-terre à la mère pour effectuer les visites à son enfant.

Nous notons d'ailleurs que, à partir du moment où le domicile de sa fille n'a plus été possible, Mme X n'a pas pensé à s'organiser différemment pour effectuer ses droits de visite et d'hébergement.

Nous l'avons d'ailleurs interrogé très clairement sur l'hypothèse de réaliser ses visites éventuelles dans un hôtel ; il semble que cette éventualité n'ait pas été envisagée par elle.

Effectivement, son fils Pascal est sommelier dans un restaurant et il passe six mois en France et six mois à l'étranger.

En ce qui concerne l'histoire de son mariage, elle nous explique qu'elle s'est retrouvée « *veuve en 1985...* », le mari étant « *mort à l'âge de trente ans d'une leucémie aiguë* ».

La datation de l'histoire avec M. Y, avec rencontre en 1987 et venue dans le Midi en 1989, est effectivement la même que celle qui nous avait déjà été donnée.

Cependant, elle pense avoir été entraînée « *à son insu* » dans l'histoire où elle s'est retrouvée par la suite : « *On est partis sur un malentendu... il m'a dit qu'il quitterait sa femme.* »

D'ailleurs, elle prête d'une certaine manière le même type de responsabilité à celle-ci : « *Ils m'ont manipulée tous les deux... c'était comme un gourou... un dictateur.* »

Elle nous explique avoir déjà fait quelques tentatives pour quitter M. Y et notamment : « *En 2004... je me suis réfugiée chez mes parents... la première fois... mais il m'a suppliée... et je suis revenue.* »

Cependant, elle décrit ce retour comme quelque chose qui aurait été extrêmement pénible à supporter, parce que, explique-t-elle : « *Il m'a enfermée à la maison.* »

Actuellement, Mme X a retrouvé un travail de « *commerciale* ».

Elle confirmera les anecdotes déjà évoquées à propos des vacances en août 2006 : « *Sonia m'a dit : je veux rester chez maman.* »

C'est là qu'elle aurait déclenché l'enquête sociale dont il a été déjà fait mention plus haut (nous verrons, en fait, lors de l'entretien la réunissant à Sonia, que les choses ne sont pas aussi évidentes que la simple formule d'« enquête sociale », puisqu'elle tiendra un autre discours à son enfant).

Bref, en réponse à ses démarches entreprises par elle durant le mois d'août 2006, elle prétend « *avoir reçu un avis pour "violence envers enfant"* ».

Elle pense d'ailleurs que ces enquêtes ont été traumatisantes pour l'enfant : « *Sonia était obligée de dire tout ça devant des caméras.* »

De toute façon, la situation telle qu'elle la décrit et telle qu'elle la vit semble extrêmement bloquée selon elle, comme elle dit : « *Je n'ai plus accès à ma fille.* »

Mais, malgré tout, elle pense que cet échec actuel n'est pas irrémédiable et, de toute façon, elle ne veut pas qu'il le soit : « *Je n'arrive pas à me dire que je ne la verrai plus... je n'ai fait que finir une situation impossible* (cette phrase est explicative de la situation qu'elle vivait avec le couple Y.). »

Elle reviendra sur la question financière qui les oppose : « *Je n'ai pas*

voulu me faire spolier... c'était l'argent de mon mari et donc celui de mes enfants. »
Effectivement, il semblerait que les fonds à partir desquels elle aurait pu acheter sa propre part du commerce et de la maison provenaient de l'assurance-vie de son défunt mari.

V. Entretien réunissant Sonia et chacun de ses deux parents séparément

De manière assez logique, chacun des deux entretiens confirmera ce qui s'était déjà dit dans le cadre des entretiens individuels et notamment au regard de la position de Sonia ; elle confirmera tant par son attitude que par ses émotions la préférence affective qui la lie à son père et la difficulté relationnelle où elle est avec sa mère, même si, comme nous croyons l'avoir repéré, cette difficulté est bien plus complexe que ce qui pourrait apparaître à première vue.

a) Sonia en présence de sa mère

Bien évidemment, la mère aura, à notre avis sans faire aucun effort, une attitude maternelle tout à fait affectueuse ; elle cherchera essentiellement à avoir vis-à-vis de Sonia un discours conciliant, serein, tout en essayant de la convaincre de reprendre des relations normalisées avec elle.
D'ailleurs, elle lui dit : « *Je t'aime plus fort que tout.* »
Ce qui n'empêche pas Sonia de se renfrogner.
Constatant cette attitude de réserve et de repli de l'enfant, la mère explique : « *Je sais ce que tu vis* », évoquant tout à fait clairement ce qu'elle avait déjà développé à notre attention dans l'entretien individuel, à savoir le mode de vie imposé dans la maison paternelle.
S'ensuit une discussion assez complexe à propos des déclarations que Sonia aurait faites à la fameuse assistante sociale lors des vacances d'août 2006, et notamment où elle aurait déclaré vouloir résider chez sa mère.
À notre écoute tout au moins, le discours de la mère finira par être embrouillé, comme le dit la mère à Sonia : « *T'as pas dit à Brigitte (sic !) que tu voulais rester chez moi ?* »
Tout compte fait, nous comprenons que cette personne prénommée « Brigitte » par la mère serait en fait une assistante sociale diligentée par le tribunal (tribunal pour enfant ou juge aux affaires familiales ?), afin de faire une évaluation sociale de la situation.

Mais la mère explique : *« Je t'ai dit que c'était une amie pour que tu aies confiance. »*

Nous comprenons donc qu'en fait la position de la mère avait été relativement mensongère et qu'elle avait présenté un travailleur social assermenté comme l'une de ses amies.

Sonia sort de sa réserve et de sa discrétion pour interpeller directement sa mère, notamment quand celle-ci lui explique toute l'affection qui les lie ; Sonia lui dit : *« La mère que tu dis être, elle n'est pas là tous les jours. »*

Il s'agit clairement d'un reproche que Sonia adresse à sa mère.

La petite fille se met à pleurer.

La mère essaie d'interpeller son enfant sur le refus actuel d'effectuer les droits de visite en lui disant : *« Pourquoi tu ne viens pas ? »* Sonia répond tout simplement : *« Parce que je ne veux pas »*, sur un ton ferme. La mère lui rétorque : *« Je suis ta mère. »* Sonia reprendra le même thème que celui qu'elle venait de développer : *« Mais tu ne t'occupes pas de moi. »*

Les pleurs redoublent et Sonia se présente dès lors comme une toute petite fille en détresse.

Nous mettons un terme à l'entretien.

b) Sonia en présence de son père

Bien évidemment, l'attitude de la petite fille vis-à-vis de son père est à l'opposé de ce que nous venions de voir dans l'entretien précédent, puisque même assez rapidement Sonia se lèvera et ira s'asseoir sur les genoux de son père en l'enlaçant tendrement.

Nous essayons de comprendre, à nouveau, le projet qu'aurait le père, notamment pour en arriver à une normalisation des relations mère-fille ; nous n'obtiendrons pas de réponse tout à fait précise de sa part, si ce n'est l'exposé d'idées vagues et générales avec *« ressouder une relation… penser à l'avenir »*.

Mais Sonia lui coupe la parole en disant fermement : *« Je ne veux pas y aller. »*

Le père ajoute encore : *« Laisser une ouverture »*, exposant ainsi sur le ton un peu doucereux que nous avons déjà décrit des propos bien trop vagues pour qu'ils apportent une quelconque hypothèse de solution ou peut-être, à l'inverse, déguiser assez mal un projet de rupture définitive entre Sonia et sa mère.

Nous essayons donc, dans une suite logique de nos investigations, d'évoquer la possibilité de week-end complet, avant la reprise de

temps de vacances passé chez la mère ; week-end qui pourrait se passer dans un hôtel.
Le père écarte cette hypothèse quasi immédiatement : *« Dans un hôtel ça ne l'empêchera pas de voir des films... et de taper »*, évoquant là, clairement, tous les reproches qu'il adresse à la mère et les attitudes malfaisantes qu'il lui prête.
Nous mettons un terme aux entretiens.

VI. Commentaires

Les commentaires se répartissent toujours en deux sortes ; on repère en effet :

— les commentaires dits « objectifs », qui sont ceux qui relèvent directement de l'observation clinique et qui comportent le principal de l'examen ;
— les commentaires dits « subjectifs », qui renvoient en fait à une interprétation possible des dires que chaque sujet est amené à tenir et dont, évidemment, la lecture dépendra de l'interprète.

a) Du côté des signes objectifs

On aura compris qu'il s'agit d'une affaire où la conflictualité opposant les parents et, par voie de conséquence, Sonia et sa mère est extrêmement importante ; en effet, l'enfant a pris fait et cause pour son père.
La concernant, nous voudrions insister sur quelques points :
Il s'agit, de manière incontestable, d'une enfant extrêmement mûre au plan intellectuel ; son développement cognitif est plus que satisfaisant ; sa présentation lors de l'entretien individuel va également dans le même sens.
À l'opposé, nous assisterons à un effondrement affectif et psychique extrêmement important, lorsqu'elle adresse des reproches à sa mère, par exemple : *« La mère que tu dois être, elle n'est pas là tous les jours. »* Ainsi, contrairement au discours direct et assuré qu'elle présentait durant l'entretien individuel, on voit bien que ce n'est pas le rejet qu'elle exprime vis-à-vis de sa mère, mais le reproche pur et simple que celle-ci ait quitté le domicile familial, la privant désormais de leur fréquentation quotidienne. Ainsi, emboîtant le pas à son père vraisemblablement, Sonia fait reproche à la mère d'avoir quitté « le clan » et le mode de vie qu'il avait choisi.
On se rend compte tout à fait aisément qu'elle n'est pas capable d'un réel discernement ou d'un jugement objectif lorsqu'elle parle de

cette situation, où elle ne peut que marquer sa préférence pour le père ; ainsi, elle explique très clairement l'attachement qu'elle a aux enfants du père, dans le même temps qu'elle reste vague, voire rejetante, concernant les enfants de la mère, à propos desquels elle dira principalement : *« Je ne sais pas. »* Dans le même temps, il convient de rappeler que, mis à part pendant l'enfance, elle a beaucoup fréquenté sa demi-sœur Martine, puisque c'est celle-ci qui hébergeait la mère et la petite Sonia lors des droits de visite et d'hébergement de la mère ; cet apparent rejet est, à notre sens, le signe d'une tentative de mise à distance de tout ce qui est lié à la mère.

À vrai dire, il ne nous semble pas possible de décrire plus avant la position psychique de l'enfant, sans avoir donné un aperçu des relations ayant existé ou existant actuellement entre les parents.

En effet, il suffit de préciser, avant toute chose, qu'aucun des deux parents ne présente de signe propre à évoquer une pathologie mentale et/ou psychiatrique lourde ; à l'hypothèse près que nous évoquerons ci-dessous ; en effet, il convient de faire quelques mots de commentaire quant au mode d'existence que les parents de Sonia avaient choisi dès leur rencontre.

En effet, la liaison de M. Y lorsqu'il a rencontré cette jeune veuve est rapidement devenue une relation adultère ; celle-ci a été « transformée » assez rapidement en partage de vie commune entre M. et Mme Y et Mme X.

Les deux « couples » formés ainsi par M. Y se sont donc organisés sur un mode clanique, regroupant les enfants du couple Y, les enfants de Mme X et de leur père, puis la jeune Sonia, enfant du couple « adultère ».

Il est difficile de qualifier exactement, c'est-à-dire de manière conforme à la réalité, la nature de ce mode de vie : s'agissait-il d'un mode de vie clanique ? S'agissait-il d'une sorte de bigamie (au sens psychique, bien sûr, et non pas légal) ?

En tout état de cause, les trois adultes ont partagé leur vie privée et professionnelle, mélangeant ainsi leur activité, leur argent, leurs enfants.

Nous n'avons aucune idée réelle :

— ni de la relation existant entre les deux femmes ; nous avons cru comprendre qu'en fait elles s'occupaient en alternance et de la maison et du commerce ;

— ni de la position psychique exacte de M. Y ; en effet, on est en droit de se demander :

- si, grosso modo comme il le dit, il n'a fait que trouver une solution de compromis dès lors qu'il était lié, de manière vraisemblablement différente, à chacune de ses deux femmes ;

– ou s'il ne s'est pas plutôt agi, et ce serait plutôt la thèse de Mme X, d'un montage de type pervers : il exerçait son hégémonie psychique sur chacune des deux femmes en les faisant travailler tour à tour à la maison et au commerce, dans le même temps qu'il régnait en despote sur la maisonnée et son devenir.

On comprendrait, dans cette hypothèse, beaucoup mieux l'attitude rejetante où il est désormais vis-à-vis de Mme X, dans la mesure où celle-ci aurait ainsi quitté le clan, en désobéissant aux règles que le maître aurait édictées.

C'est dans ce registre-là que nous mettions ci-dessus une réserve quant à l'absence totale de pathologie psychiatrique, puisqu'il s'agirait, en tout état de cause, d'une personnalité de type pervers ; précisons de surcroît que la nosographie psychiatrique a beaucoup de difficulté avec ce concept de perversion ou de perversité, selon qu'elle décide d'en faire quelque chose de l'ordre de la pathologie psychique ou quelque chose de l'ordre de la pathologie sociale, où interviennent beaucoup plus les jugements moraux que dans l'évaluation psychiatrique.

Il n'en reste pas moins que cette réflexion ne peut pas dédouaner entièrement « les deux femmes » de leur accord à ce type de fonctionnement, notamment en ce qui concerne Mme X ; rappelons qu'il a existé dix-sept ans de cohabitation qui prouvent un engagement long dans le temps et profond dans les sentiments.

Nous remarquerons malgré tout une certaine émotivité et une certaine sensibilité qui la mettent régulièrement dans un état proche des pleurs ; existe-t-il chez elle une thématique dépressive en profondeur ou, plus simplement, réactionnelle à la situation actuelle et aux enjeux de l'expertise ?

Pour quelque raison que ce soit, elle était de toute façon autorisée, de son propre chef, à ce mode de vie.

b) Du côté des signes subjectifs

Il convient de ne pas oublier, parallèlement au problème posé par Sonia, un problème pécuniaire important puisque, à ce que nous avons cru en comprendre, c'est Mme X qui aurait engagé 50 % des fonds tant pour l'achat du commerce que pour l'achat de la maison familiale. Il s'agit vraisemblablement d'un terrain de lutte ardue qui les oppose aujourd'hui.

L'enfant, d'ailleurs, ne sert-elle pas d'enjeu ou de prête-nom à cette difficulté pécuniaire ?

Pour en revenir justement à la petite fille, il nous semble important de préciser que, actuellement, elle est entièrement sous la dépendance de la loi du clan ; d'ailleurs, le seul reproche qu'elle fasse réellement à sa mère est celui d'avoir quitté le mode de vie qu'elle a, depuis sa naissance, toujours connu.

En cela, elle semble très dépendante de la loi (ou du désir ?) paternelle.

Nous n'avons d'ailleurs pas manqué de noter la manière dont, certes pour chercher consolation, Sonia restait lovée un peu trop affectueusement dans les bras du père lors de l'entretien la réunissant à celui-ci en notre présence.

Il convient, de toute évidence, de ne pas favoriser une trop grande dépendance affective de Sonia vis-à-vis de son père, puisque celle-ci, jeune femme en devenir, doit avoir la liberté de se construire sur les modèles sociaux qu'elle choisira elle-même ; rappelons d'ailleurs que la mère doit également être la première image identitaire sur laquelle une petite fille se construit ; leur fréquentation rythmée et régulière doit désormais être entendue comme faisant partie de ce que l'on appelle l'intérêt supérieur de l'enfant.

La proposition qui se traduirait, en langage juridique, par l'octroi en faveur de la mère du droit de visite tel qu'accordé au parent non gardien, à savoir la moitié des vacances scolaires et un week-end sur deux, n'est à notre sens qu'une belle intention, si elle n'est pas suivie d'effet.

Il y a fort à parier qu'il faille faire sur l'enfant et sur sa famille un travail en profondeur tout à fait important, avant que cette fréquentation rythmée et régulière de la mère et de l'enfant puisse être à nouveau mise en place.

N'oublions pas que c'est principalement l'épisode d'août 2006 qui a déclenché la grande conflictualité actuelle, lorsque Sonia aurait déclaré à une enquêtrice sociale son désir de réintégrer le domicile maternel.

Deux remarques sont à faire à propos de cette anecdote :

— la mère a su montrer, dans la confusion de ses explications, qu'elle était capable d'élaborations mensongères vis-à-vis de son enfant, puisqu'elle présente l'enquêtrice sociale comme une amie prénommée Brigitte, et non pas comme une enquêtrice assermentée et diligentée par le tribunal ;

— l'enfant, dont on ne sait pas si elle a fait une déclaration conforme à son désir, a de toute façon, une fois retournée chez son père, un sentiment de haute trahison vis-à-vis de celui-ci ; elle s'est donc vraisemblablement enfermée dans ce que l'on appelle habituellement un

« conflit de loyauté », prenant résolument fait et cause pour le père, alors qu'elle avait peut-être émis un avis non conforme à celui-ci.

Il n'en reste pas moins que la petite fille a su nous montrer l'état de détresse psychique où elle était ; elle n'a jamais réellement formulé un rejet de la mère, mais uniquement le reproche que celle-ci ne s'occupe plus d'elle tous les jours.

N.B. Il manque, de toute évidence, dans notre élaboration, notamment pour faire une correcte évaluation de la relation ayant existé entre les trois adultes, d'avoir pu entendre Mme Y ; celle-ci, de manière assez logique, ne faisant pas partie de nos opérations d'expertise. Peut-être, à l'époque de notre missionnement, le juge des enfants n'avait-il pas la notion exacte de ce qui constituait cette vie « à l'intérieur d'un clan ».

VII. Conclusions

Au terme de cette expertise, il est possible de dire que :

Ce qui a fait, dans un premier temps, l'union des parents organise désormais la conflictualité présente dans leur désunion ; ils avaient choisi un mode de vie clanique, réunissant l'épouse et la maîtresse de M. Y et leurs enfants respectifs ; ils ont donné naissance à la petite Sonia au sein de cette maisonnée.

Nous avons écarté l'hypothèse d'une pathologie mentale et/ou psychiatrique, si ce n'est à poser, parallèlement, la question d'un mode de fonctionnement pervers, qu'il soit du côté de la perversion ou de la perversité ; de toute façon, aucun des trois adultes ne nous semble étranger au mode de fonctionnement familial choisi, chacun y ayant vraisemblablement trouvé sa part psychique et affective.

Mais il nous semble bien que le conflit soit principalement axé aujourd'hui sur les intérêts du clan, dès lors que Mme X s'en est retirée ; ces intérêts nous semblent, de manière relativement importante, exister au niveau financier ; la jeune Sonia n'en serait-elle pas l'enjeu ?

Il n'en reste pas moins qu'elle ne formule pas clairement un rejet de sa mère, mais qu'elle lui reproche principalement d'avoir quitté le clan.

La fréquentation régulière et rythmée de Sonia et de sa mère nous semble faire partie de ce que l'on appelle habituellement l'intérêt supérieur de l'enfant.

Il est à noter que dans l'état actuel du dossier, il ne nous a pas semblé entendre que Mme X demandait autre chose que la remise en place des droits de visite et d'hébergement qui lui avaient été octroyés, sans évoquer la possibilité de la résidence de Sonia à son propre domicile ; peut-être sait-elle que, actuellement, cette hypothèse n'est pas réaliste ?

Il n'en reste pas moins qu'il nous semble, eu égard à la position de Sonia vis-à-vis de son père, tout à fait adapté que le juge des enfants mette en place une mesure d'AEMO (action éducative en milieu ouvert) :

— Principalement pour assurer la surveillance et la protection que la situation particulière de Sonia exige ; il convient notamment d'essayer de mettre à distance la relation s'organisant actuellement entre le père et la fille, afin que Sonia retrouve la liberté psychique suffisante à son épanouissement ultérieur, notamment au regard de ses identifications à la mère.

— Organiser la reprise progressive des droits de visite et d'hébergement de la mère à sa fille ; il nous semble que les services d'AEMO devront faire une évaluation fine de l'évolution de la relation entre la mère et la fille, en organisant des visites sur un mode extrêmement progressif, vraisemblablement médiatisées dans un premier temps, puis visites simples dans un deuxième temps, se terminant par la possibilité de droits de visite et d'hébergement le week-end puis les vacances. Il ne nous est pas possible de donner aujourd'hui un cadre plus précis de ce travail, tant il doit être fait par l'intermédiaire d'évaluations fréquentes et scrupuleuses.

On aura compris qu'il s'agit d'une affaire particulière où notre proposition d'AEMO n'est pas dictée par la force de l'habitude, mais qu'elle est appuyée, dans notre évaluation, par le souci de protection de cette enfant, afin qu'il existe toujours un tiers protecteur entre ses parents et elle, eu égard à l'importance du conflit qui oppose ceux-ci.

Fait à Nice, le...
Docteur Georges JUTTNER

Les juridictions

On en compte principalement trois dans lesquelles l'expert intervient régulièrement.

Le juge aux affaires familiales (JAF)

Il gère toutes les difficultés survenant au cours d'une séparation parentale. Les pouvoirs du juge et son type d'intervention sont les mêmes quand il statue sur le sort des enfants du fait de la séparation de leurs parents, qu'ils soient mariés ou non.
Le juge rend une ordonnance qui doit fixer :

> — le lieu de résidence habituel de l'enfant, ses modalités de fréquentation avec le parent non gardien, l'exercice de l'autorité parentale. Il est même parfois amené à se prononcer sur le choix de certains actes de la vie quotidienne de l'enfant (inscription dans telle ou telle école, soins, pratique d'une religion...) ;
> — le juge peut désigner un expert lorsqu'il existe un litige trop important entre les deux parents concernant une décision à prendre.

Le juge aux affaires familiales est un juge civil ; ainsi, les procédures auprès de lui doivent respecter exactement les mêmes règles que celles qui s'appliquent aux procédures civiles en général, comme les troubles du voisinage, les accidents de la vie courante, les litiges entre assureurs et assurés, en un mot, tous les litiges qui opposent les particuliers entre eux.

Le juge des enfants

Il a la charge d'assurer la protection et la surveillance des enfants qui lui sont signalés comme pouvant vivre dans une situation de dangerosité. Il peut prendre plusieurs types de décisions : bien sûr, la clôture du dossier s'il estime que son intervention n'est pas judicieuse ; le retrait de l'enfant de sa famille avec placement, soit à la DAMS (Direction des affaires médico-sociales), soit dans le cadre d'un placement privé chez un des deux parents ou chez un tiers ; une mesure de surveillance et d'accompagnement type AEMO (aide éducative en milieu ouvert). Le juge des enfants rend une ordonnance qui s'impose aux parents même s'ils ont le droit de faire appel de cette décision dans le cadre habituel du Code de procédure. Il a également la charge d'instruire les dossiers concernant les mineurs délinquants. Il pourra prononcer toutes les sanctions prévues par la loi. Le juge des enfants est ainsi le seul magistrat qui soit à la fois un juge civil et un juge pénal.

Le juge d'instruction

Il instruit toutes les affaires pénales qui lui sont confiées. Il saisit l'expert dans les affaires où un enfant est victime des agissements d'un agresseur. On retrouve principalement dans ces dossiers les enfants qui ont subi des agressions physiques ou sexuelles. L'agresseur, s'il est mineur, peut également faire l'objet d'une expertise. C'est le juge d'instruction qui décidera soit d'un classement de l'affaire, soit de son renvoi devant le tribunal correctionnel ou la cour d'assises.

Les missions de l'expert

Il est très important de comprendre que l'expert n'a le droit d'intervenir que dans le cadre de la mission qui lui est confiée. Cette mission comporte plusieurs points auxquels il doit répondre précisément. Il n'a d'ailleurs pas le droit, au sens légal de ce mot, d'ouvrir sa mission vers d'autres registres que ceux qui sont définis par les points précis de cette ordonnance de justice. Toutefois, l'expert peut :

— soit s'abstenir de répondre ou exclure certains points s'il estime que ceux-ci ne relèvent pas de sa compétence. Il peut également se faire assister par un professionnel d'une autre discipline. Lorsqu'un expert missionné par un juge pense qu'il a atteint les limites de ses qualifications, il peut faire appel à une personne compétente nommée, dans certaines juridictions, « sapiteur ». Le sapiteur (du latin *sapere*, « savoir ») est la

« personne qui sait ». Par extension, un sapiteur est un expert ou un technicien spécialisé dans un domaine précis. Ainsi l'expert peut compléter son examen clinique, par exemple par un bilan psychologique, et faire pour cela appel à un psychologue ;

— soit demander une extension de sa mission dès lors qu'il apprécie que celle-ci omet une dimension majeure de sa spécialité.

Les missions confiées à l'expert revêtent une forme différente selon la juridiction concernée. Chacune comporte des points qui mettent bien souvent l'expert en difficulté quand ils sont en opposition avec le mode de pensée et d'élaboration propre à la spécialité.
C'est grâce à la lecture précise de chacun des points de ces missions que l'on pourra prendre conscience des difficultés qu'elles constituent pour la pratique de l'expertise. Reprenons-les pour chaque juridiction évoquée : le juge aux affaires familiales, le juge des enfants et le juge d'instruction.

Auprès du juge aux affaires familiales

Ces missions commencent à peu près toutes de la manière suivante :

> *Recueillir tous éléments d'anamnèse utiles à la compréhension de l'histoire et du vécu familial.*
> *Procéder à l'examen médico-psychologique et neuropsychique des intéressés.*

Il convient de s'arrêter sur le terme « médico-psychologique ». Cette expression est apparue dans la terminologie médicale vers la fin des années 1960 ; il s'agit d'une sorte de subterfuge pour ne pas prononcer le mot « psychiatrie » qui, à l'époque, faisait encore peur au public. Et cette peur persiste ! Ne serait-il pas plus adapté d'utiliser tout simplement les termes « expertise pédopsychiatrique » ou « expertise psychologique » ? Plus adapté et plus juste !
Dès les deux premiers points de sa mission, l'expert fait l'amère expérience de l'incompréhension dont fait l'objet sa qualification.

En réponse à cette difficulté, j'ai décidé, depuis quelques années, d'insérer dans tous mes rapports d'expertise un premier point intitulé « préambule » où je lève ces malentendus. Cela me permet de travailler dans une plus grande liberté et en plus grande conformité avec l'état d'esprit de la spécialité.
Ces deux premiers points peuvent connaître des variantes :

> *Examiner l'enfant et les parents.*
> *Entendre l'enfant et les parents.*

Pour l'expert, il n'existe aucune différence entre examiner et entendre. À vrai dire, je ne saurais même pas comment procéder. Qui pourrait dire pendant l'expertise : « Maintenant, j'ai fini de vous examiner, vous pouvez parler, je vais vous écouter ! Ce que vous avez dit jusqu'à présent n'était qu'un examen » ? À moins que le magistrat n'imagine que l'examen ne commence, comme dans les autres spécialités médicales, par une auscultation et une palpation corporelles. Quand il est demandé en premier point d'« entendre » ou d'« examiner » l'enfant et ses deux parents, c'est que ces deux termes sont utilisés indifféremment.
Le libellé de la mission continue avec :

> *Décrire la nature des relations parents-enfants et donner un avis sur les capacités de chaque parent à exercer l'autorité parentale, à héberger l'enfant, à titre principal ou dans le cadre d'un droit de visite et d'hébergement, et plus généralement, donner un avis sur tout ce qui serait souhaitable dans l'intérêt des enfants, en ayant recueilli, si nécessaire et compatible avec leur intérêt, leur avis.*
> *Faire toutes observations utiles.*

Il y a un progrès réellement observé dans ce registre qui va vers un questionnement beaucoup plus ouvert. Il arrive actuellement de lire pour certaines missions : « *Recherche lequel des deux parents est le plus à même de respecter la place de l'autre parent.* » Cette formulation semble beaucoup plus proche de l'esprit actuel de la loi et soucieuse d'une réelle réflexion sur la question de l'identité.

Que faire lorsqu'il est clairement écrit de procéder à *« l'examen des deux parents »* ?
Il ne peut s'agir ici que d'un examen de type psychiatrique. Le fait de ne pas procéder à cet examen comporte le risque de voir invalider l'expertise dans sa totalité puisque l'expert n'y tiendrait pas compte du texte précis de sa mission. Là encore, j'ai eu à recourir à une formule que j'intercale dans la plupart des dossiers où je trouve ce type de demande. Je précise : *« La rencontre avec le parent a permis de réaliser son examen. »* Cela rend à l'ensemble du rapport d'expertise sa validité dans l'esprit du juriste.
Enfin, au sens strict, c'est l'enfant qui est soumis à l'expertise, alors que, dans le même temps, il n'est pas partie au procès. On se sort aisément de cette difficulté apparente dès lors que l'on garde à l'esprit l'idée de la défense des droits de l'enfant et celle de son intérêt dit « supérieur ».
Statutairement, les parents ne sont pas reçus, en quelque sorte, en nom propre mais quasi exclusivement dans le sens d'une évaluation possible de l'interrelation existant entre l'enfant et eux, et réciproquement.
S'il s'agissait d'une expertise individuelle pour chacun des deux parents, il conviendrait qu'elle se fasse spécifiquement dans le cadre d'une expertise psychiatrique adulte. De toutes les façons, l'expertise pédopsychiatrique ne peut, en aucune manière, être une expertise d'adulte déguisée.
Il n'en reste pas moins que l'expert, comme tout professionnel de santé, est contraint par la loi de signaler à la juridiction tout signe propre à évoquer une dangerosité actuelle pour l'enfant de la fréquentation de l'un ou l'autre de ses parents. Il convient de rappeler que la loi n'évoque que le cas de la dangerosité actuelle ; elle ne fait pas référence à des faits anciens.
Pour ce qui concerne les faits actuels, il s'agit de la situation habituelle que l'on appelle un signalement.
Pour le reste, dans le cadre de l'expertise en pédopsychiatrie, c'est l'enfant qui est central, les adultes n'y sont reçus qu'au nom de leur statut de parent. L'aménagement admis et conforme à la mission consiste à considérer que le temps d'entretien parent-enfant

comporte celui de l'examen du parent. Certains parents demandent à être reçus individuellement. Il est nécessaire de vérifier qu'il ne s'agit pas d'un évitement de la rencontre avec l'enfant ou d'une manière d'entretenir un non-dit. À cet égard, la difficulté technique est la même que celle rencontrée dans la pratique courante. Dans ce cas, un entretien individuel est accordé à l'autre parent, par souci d'équité.

Il n'est pas rare que, pendant l'entretien où le parent est confronté à l'enfant, au lieu de s'engager dans le dialogue avec ce dernier sur des difficultés éventuelles, il passe la plus grande partie de son temps à jeter le discrédit sur l'autre parent, dans le but de se voir attribuer la résidence de l'enfant. Il ne se rend pas compte que, pour l'expert, cette attitude destructrice vis-à-vis de l'autre parent est interprétable comme une limitation de ses propres capacités éducatives. Il donne la preuve qu'il n'est pas capable d'accepter psychiquement la complémentarité obligatoire des deux fonctions parentales. Elles sont pourtant indissociables et représentées respectivement par la confrontation structurante entre l'image paternelle et l'image maternelle. De plus, les reproches portent souvent sur des souvenirs de leur vie commune passée et bien rarement sur l'exercice de la parentalité elle-même.

Les parents apportent, pour leur démonstration, toute une série de documents que l'expert ne sait pas interpréter à leur juste valeur judiciaire. Ils occupent une place importante dans le déploiement d'ensemble du dossier judiciaire alors que l'expert limite, lui, son investigation à la seule écoute de ce qu'on lui dit.

Parmi ces documents, on compte des certificats ou des comptes rendus émanant d'un pédopsychiatre ou d'un psychologue consulté par un seul des deux parents, au détriment de l'autre, bien sûr. Rappelons que ce type de certificat ne correspond en rien à ce que l'on appelle les règles de l'art.

En effet, ce type d'examen ne peut pas être considéré comme objectif dans la mesure où il est établi à la demande d'un seul des deux parents, à la seule fin d'être utilisé sur la scène judiciaire au désavantage de l'autre parent qui n'a pas été entendu par ce praticien. Certains experts n'oublient-ils pas qu'ils ne peuvent se prévaloir de ce titre en dehors d'une expertise officielle ? Le texte précise bien que ces documents sont qualifiés d'officieux. Il existe une ambiguïté de vocabulaire car la tendance actuelle vise à les appeler « expertises amiables » alors qu'elles poursuivent un but hostile vis-à-vis du parent qui n'a pas été entendu. Tout expert inscrit sur la liste de la cour d'appel reçoit ce type de demande plusieurs dizaines de fois par an ! Il doit les refuser avec la plus haute fermeté puisqu'elles sont en opposition complète avec une bonne pratique. Ils ne peuvent en aucun cas être considérés comme des documents de nature objective. Parfois, ils présentent même toutes les caractéristiques de certificats de complaisance.

Auprès du juge des enfants

Les fonctions de ce juge sont multiples. Nous évoquerons ici les expertises renvoyant à sa mission de protection et de surveillance de l'enfant. Au demeurant, lorsqu'il exerce ses fonctions de juge pénal, il instruit ses dossiers de la même manière que le fait un juge d'instruction.
Les missions dans le cadre de la protection et de la surveillance sont presque toutes identiques : tantôt elles sont scindées, tantôt isolées les unes des autres, selon qu'elles renvoient à l'expertise du seul enfant, ou de l'enfant et de ses parents. Trop souvent, le juge des enfants demande à l'expert de ne recevoir que les parents sans voir l'enfant. Généralement, je préfère alors me récuser. Seul l'expert a la compétence pour prendre cette décision. Il m'arrive pourtant d'accepter parfois ce genre de travail au vu d'une lecture attentive du dossier.

> Un juge des enfants me demande de procéder à l'expertise d'une mère ; mon réflexe est de me récuser au motif que je suis pédopsychiatre et que, de surcroît, il ne m'est pas demandé de voir le père. Cette appréciation s'est révélée trop rapide et le juge avait raison. Il s'agit d'une mère africaine, venue seule accoucher en France de son quatrième enfant, Éléonore. À

chacun de ses accouchements, elle fait une bouffée délirante, dite « de post-partum ». L'enfant a été placée à la pouponnière depuis sa naissance, il y a huit mois. Il m'est paru plus important de recevoir cette mère afin de faire le point sur son état actuel et, le cas échéant, la laisser repartir dans son pays avec son bébé où elle serait prise en charge par le groupe familial, conformément à sa culture. Malgré tout, ma réserve était justifiée si l'on considère que je n'ai pas pu observer les difficultés éventuelles de ce bébé placé depuis sa naissance.

Les missions sont toujours identiques, on les a surnommées « missions types ». On trouvera les variantes des missions dans les annexes III à V. Rarement le magistrat reprend dans son ordonnance les principaux aspects de l'histoire de la famille ou l'exposé de leurs difficultés.

Mission type concernant l'enfant

> *Décrire l'état de développement de l'enfant du point de vue somatique et psychologique.*

Comme dans la mission du juge aux affaires familiales, il est question d'examen ; il est qualifié ici de somatique et un pédiatre conviendrait mieux. Quant au développement psychologique, il procède d'une évaluation par un psychologue. Il serait bien plus simple et plus réaliste à mes yeux de demander de procéder à un examen pédopsychiatrique.

> *Dire s'il présente un retard ou des signes de carences quelconques et les décrire.*

Les seules carences faisant partie du vocabulaire de l'expert renvoient aux tableaux de « carences éducatives et affectives ». Il s'agit là d'une formulation un peu plaquée et inappropriée.

> *Donner toutes indications utiles sur leurs causes éventuelles, notamment leur relation avec une pathologie de la mère et/ou du père.*
> *Donner toutes indications utiles sur l'état de la relation mère-enfant et père-enfant.*

Différencier ces points paraît d'une grande difficulté ; en effet, si la relation parents-enfant est perturbée, elle peut l'être soit en raison d'une pathologie parentale, soit sous l'effet de la relation particulière qui les unit. Souvent, ces deux éléments sont très intriqués ; il n'est pas utile de les différencier. Ce type de demande de la part du magistrat relève d'une élaboration scrupuleuse, mais n'a que peu d'intérêt.

> *Donner son avis sur l'opportunité d'ordonner des mesures éducatives au bénéfice du mineur — AEMO, accueil de jour, accueil préventif en crèche... — ou retrait de l'enfant de sa famille et donner toutes indications utiles à ce sujet, particulièrement sur l'opportunité d'une mesure de séparation et, dans ce cas, sur les modalités qu'il conviendrait de privilégier pour l'organisation des relations avec l'enfant.*

L'expert est ici particulièrement impliqué dans le choix des mesures qui seront prises par le magistrat.

Mission type concernant les parents

> *Dire si le père et/ou la mère présentent des troubles psychiques ou neuropsychiques ou des troubles de la personnalité, et les décrire.*
> *Dire dans quelle mesure ils sont susceptibles d'affecter leurs capacités éducatives et de compromettre la santé, la sécurité ou le développement affectif, physique, intellectuel ou social de l'enfant.*

Ces deux points, s'ils paraissent clairs, soulèvent des questions. Ainsi, ils renvoient aux troubles neuropsychiques, dont la définition est bien délicate. Nous l'étudierons en détail plus loin. Il est, en outre, impossible à l'expert de faire l'évaluation des capacités éducatives d'un parent s'il ne rencontre pas l'enfant et s'il ne peut mesurer leur interrelation. Les capacités éducatives des parents doivent être comprises comme l'émergence de cette relation et ne peuvent se déduire de la seule observation de ceux-ci. Même dans le cas où un parent souffrirait de troubles graves de la personnalité, on ne peut en déduire qu'il serait pathologique pour son enfant. De nombreux autres facteurs interviennent : âge et sexe de l'enfant, moment de l'histoire familiale où il naît, rôle des éventuels frères et sœurs…

Dire s'ils nécessitent des soins et, le cas échéant, en préciser la nature.

Il ne va pas de soi de transmettre à un juge un projet de soins concernant les parents. Le danger est de donner à l'ordonnance de justice le même sens que celui de l'ordonnance médicale. On se retrouverait, si le juge l'appliquait, dans le cadre d'une injonction de soins qui est très encadrée par la loi et dont la décision ne peut être formulée que par un tribunal d'adultes. L'indication d'un traitement reste du seul domaine médical.

Donner toutes indications utiles sur les perspectives d'évolution des intéressés et de leurs capacités éducatives.

Les perspectives d'évolution viennent répondre, elles aussi, à de nombreux facteurs. Elles dépendent, notamment, de certaines prises en charge dont l'appréciation doit être laissée aux thérapeutes. Il est essentiel de tenir compte de la liberté indispensable aux soignants et aux soignés.

La réponse n'est pas plus simple quand il est demandé à l'expert de dire si un traitement doit être préconisé à l'enfant. Et si oui, lequel ?

Même si l'on peut, lors du premier examen ou entretien, tracer les contours d'un « traitement », dans la plupart des cas les modes de prise en charge s'évaluent au fil du temps, en fonction des symptômes eux-mêmes et également selon la demande de l'enfant, voire de sa famille.

Cette démarche est justement en opposition avec la demande du juge des enfants telle qu'elle est formulée, puisqu'il ne saurait y avoir de prise en charge qui ne passe par la volonté exprimée par l'enfant ou sa famille. Elle ne peut pas être le résultat d'une ordonnance de justice, hormis les cas d'injonction thérapeutique tels que prévus par la loi (toxicomanie, alcoolisme, délinquance sexuelle…).

Le juge des enfants dispose également d'une possibilité d'OPP (ordonnance de placement provisoire), y compris pour une orientation en urgence en milieu hospitalier. Dans tous les autres cas, il ne peut s'agir que de démarches et de demandes volontaires émanant des familles. Il revient au consultant d'analyser ces demandes et de repérer les éventuelles réticences, voire résistances, afin de pouvoir mettre en place les conditions d'un travail commun possible. Il s'agit donc d'une démarche qui n'appartient ni à l'expert ni au juge. La question du placement et des mesures d'accompagnement possibles sera traitée dans la seconde partie de l'ouvrage ainsi que certains cas d'expertise auprès du juge des enfants.

Auprès du juge d'instruction

Les questions seront bien sûr différentes selon que l'expertise est demandée pour un agresseur ou pour une victime.

Exemple de mission concernant les agresseurs et/ou les délinquants

Leur rédaction est de toute évidence plus simple et plus claire. Elle ne laisse pas de place à une ambiguïté ou à une interprétation possibles. Le juge d'instruction et le juge des enfants utilisent le même texte. Pourtant, cette simplicité fait oublier que les fondements de la pédopsychiatrie y sont totalement méconnus. Quand un mineur devient délinquant, il n'est plus considéré comme un enfant. Ses parents ne font pas partie de l'expertise comme c'est le cas pour le juge aux affaires familiales ou le juge des enfants quand il s'occupe de la protection ou de la surveillance (voir annexe II). Tout se passe comme si ce dernier oubliait les données fondamentales de l'identité psychique d'un sujet lorsqu'il endosse le statut du juge pénal. Il rédige une mission identique à celle de son collègue de l'instruction, à savoir :

> *L'examen du sujet révèle-t-il des anomalies mentales ou psychiques ? Le cas échéant, les décrire et préciser à quelles affections elles se rattachent.*

C'est un point strictement identique à celui d'une expertise pour adulte quel que soit l'âge du mineur. Il est fait référence aux troubles psychiques, reconnus comme existant pour leur propre compte ; cependant, on trouve tout aussi bien à leur place la recherche de troubles neuropsychiques.

> *L'infraction qui est à reprocher au sujet est-elle ou non en relation avec de telles anomalies ?*

La question est logique, surtout si l'on a à l'esprit que la présence de troubles de la personnalité diminue ou supprime la responsabilité, au sens pénal.

> *Le sujet présente-t-il un état dangereux ?*

Ici, le magistrat ne précise pas à quoi il fait référence exactement. A-t-il à l'esprit les pathologies qui sont coutumières de passages à l'acte agressif ? Fait-il état d'actes déjà commis ou d'une possible prédiction pour l'avenir ? Certaines circonstances particulières peuvent déclencher une agressivité non contrôlée alors qu'elle ne fait pas partie de réactions habituelles du sujet.

> *Le sujet est-il curable ou réadaptable ?*
> *Le sujet est-il accessible à une sanction pénale ?*
> *Le sujet était-il atteint, au moment des faits, d'un trouble psychique ou neuropsychique ayant soit aboli son discernement ou le contrôle de ses actes, soit altéré son discernement ou le contrôle de ses actes, au sens de l'article 122-1 du Code pénal ?*

Bien sûr, plus le jeune avance en âge, plus l'expertise ressemble à celle de l'adulte ; il y a moins d'inconvénients à le voir individuellement sans recevoir ses parents.

Mais est-il bien raisonnable de répondre par oui ou par non à la question : « Le sujet est-il curable ou réadaptable » ? Souvent, les jeunes délinquants ne présentent pas de tableau psychiatrique avéré ou important. Ces critères évoluent généralement avec le temps et dépendent des modes d'accompagnement psychothérapique et socio-éducatif mis en place, d'autant qu'il s'agit, dans de nombreux cas, d'un tableau de carence éducative.

La question est encore plus complexe quand il est demandé à l'expert de « préciser si le sujet est accessible à une sanction pénale ». Il vient immédiatement à l'esprit deux réponses possibles. La sanction pénale ne fait pas partie des « outils thérapeutiques » de l'expert ; il ne peut donc répondre à une question concernant l'utilisation d'un outil qu'il ne sait pas manier. La reconnaissance par le sujet d'une faute commise, l'affirmation de sa culpabilité, au sens judiciaire de ce mot, est bien souvent indispensable à l'inscription psychique des faits commis. Cette inscription permet la reconnaissance et, pourquoi pas, l'appropriation des interdits structurants. Elle peut ainsi favoriser une reprise du processus psychique de structuration de la personnalité.

Cas d'expertise 1 (extrait) auprès du juge d'instruction : un mineur délinquant

EXTRAIT DU RAPPORT D'EXPERTISE

Nadir, âgé de dix-sept ans, nous explique assez spontanément, en expertise, les trois infractions qu'il a déjà commises. On note :

En 1999, un vol à l'arraché.
Un peu avant, un vol avec effraction dans une maison.
Le 5 avril 2001, j'ai été arrêté pour recel de scooter volé.

Dans le rapport d'expertise, j'avais souligné les éléments suivants :

— Ce type de troubles connus à l'adolescence s'amende à l'âge adulte, parfois il s'aggrave sous la forme d'une délinquance plus avérée et plus chronique, encore que Nadir ne présente pas le profil psychique que l'on rencontre habituellement chez les grands délinquants ;

- d'une part, ses investissements scolaires paraissent un peu faibles. Sa présentation clinique d'ensemble et ses capacités intellectuelles, qui nous semblent réelles, ne sont pas en harmonie avec le *« 9 de moyenne »* qu'il obtient. Cette note semble être la preuve du non-investissement de la scolarité, malgré une intelligence clairement repérable ;
- d'autre part, la désinvolture avec laquelle il évoque la peine qu'il peut encourir et, d'une certaine manière, l'habitude qu'il a

désormais prise d'effectuer des TIG (travaux d'intérêt général). On pourrait dire, pour résumer l'ensemble de la discussion, qu'on est plus face à une sociopathie qu'à une psychopathie.

— Il aura ainsi à régler, pour devenir adulte, la relation à une mère malade mentale chronique sur le versant schizophrénique et une absence totale d'image paternelle (y compris même au plan du nom de son père, inconnu de lui, comme le sont d'ailleurs également les trois autres géniteurs de ses frère et sœurs). N'est-ce pas un travail psychique très lourd à faire au moment de l'adolescence dont l'aspect délinquant n'est peut-être que l'extériorisation de cette équation identitaire si difficile à porter ?

La mission comportait, entre autres, deux points précis sur sa dangerosité et sur son accessibilité à une sanction pénale. Ainsi, dans mes conclusions, j'ai proposé :

— On ne peut pas dire qu'il présente un comportement dangereux au plan social sauf s'il venait à s'installer par trop dans la délinquance, ce qui n'est pas prédictible aujourd'hui. Il semble avoir un raisonnement qui l'amène à être légèrement autocritique ; il dit même : *« Là, je me suis calmé. »* Seul l'avenir donnera la réponse exacte à cette question.

— Il est donc parfaitement accessible à une sanction pénale, tout en sachant que la sanction ne fait pas partie de l'équipement thérapeutique du pédopsychiatre. Il convient toujours de rappeler que cette sanction doit avoir comme caractéristiques :

- d'une part, être inscriptible psychiquement chez le sujet afin qu'il puisse reconnaître l'acte qu'il a commis comme répréhensible socialement ;
- d'autre part, que cette sanction ne soit ni trop minime ni trop excessive par rapport à la faute commise et aux capacités psychiques du sujet. Nous avons peut-être noté la trop grande désinvolture avec laquelle Nadir semble désormais s'être habitué aux TIG.

Le pédopsychiatre insiste principalement sur la lourdeur de la biographie de Nadir (père inconnu, mère schizophrène).

Fait à Nice, le...
Docteur Georges JUTTNER

Cas d'expertise 2 auprès du juge d'instruction : un agresseur sexuel

RAPPORT D'EXPERTISE

Je soussigné docteur Georges JUTTNER, expert en psychiatrie infanto-juvénile, près les tribunaux, nommé par le juge d'instruction du tribunal de grande instance, certifie avoir procédé à l'expertise du mineur :

Christophe X.

De mes observations, a été établi le présent rapport dont j'affirme le contenu sincère et véritable.

Avec pour mission

Procéder à l'expertise psychiatrique de Christophe X, actuellement à la maison d'arrêt de Y., et répondre notamment aux questions suivantes :

— L'examen du sujet révèle-t-il chez lui des anomalies mentales ou psychiques ? Le cas échéant, les décrire et préciser à quelles affections elles se rattachent.
— L'infraction qui est reprochée au sujet est-elle ou non en relation avec de telles anomalies ?
— Le sujet présente-t-il un état dangereux ?
— Le sujet est-il accessible à une sanction pénale ?
— Le sujet est-il curable ou réadaptable ?
— Le sujet était-il atteint, au moment des faits, d'un trouble psychique ou neuropsychique ayant soit aboli son discernement ou le contrôle de ses actes, soit altéré son discernement ou le contrôle de ses actes, au sens de l'article 122-1 du Code pénal ?

I. Préambule

Dans le cadre de cette affaire, nous nous sommes retrouvé face à une double difficulté :

— d'une part, une difficulté technique ;
— d'autre part, une difficulté d'interprétation.

En effet, le juge d'instruction du tribunal de grande instance nous a confié l'expertise de six jeunes gens impliqués dans la même affaire et donc poursuivis pour *viol sur mineure* :

— Au plan technique : il convient de rappeler que l'examen psychiatrique d'un sujet consiste dans l'étude de la sémiologie clinique qu'il présente à l'entretien ; l'ensemble de ces signes cliniques est regroupé par symptômes afin d'étayer une réponse diagnostique ; pour le psychiatre, le diagnostic est, le plus souvent, celui renvoyant à la structure psychique et/ou mentale. Rappelons que l'examen pédopsychiatrique ou psychiatrique est de nature objective, puisqu'il consiste essentiellement en un relevé des signes d'examen. À cet égard, le psychiatre procède de la même manière que ses confrères médecins somaticiens ; on aura compris que l'examen psychiatrique ne peut pas dépendre d'un contexte social ou historique.

— Au plan de l'interprétation : c'est le registre qui pose les plus grandes difficultés dans le cadre de cette (ou ces) affaire(s) dans la mesure où nous sommes obligé, même à notre insu, de faire une corrélation plus ou moins directe entre les six discours qui nous ont été tenus. Autrement dit, cette partie de l'interprétation risque de s'asseoir plus sur la recherche de correspondances et de divergences dans leurs discours respectifs, plutôt qu'à fournir une interprétation qui serait propre au sujet examiné lui-même. À côté de cette démarche à laquelle on pourrait trouver même un caractère d'objectivité puisqu'il s'agirait de l'évaluation des concordances ou des divergences, travail intellectuel facilement faisable, manquera obligatoirement à notre élaboration l'étalonnage du discours de ces six jeunes gens par rapport au discours qui ne peut être qu'unique, à savoir le septième, en l'occurrence celui de la victime.

Reste également à signaler que les six discours, au plan de la stricte relation de l'événement, nous ont paru extrêmement cohérents, voire semblables, sans que nous soyons capable de dire s'ils ont été produits de manière authentique ou s'ils ne sont que le résultat d'une entente préalable des jeunes gens entre eux.

Ce préambule est reproduit à l'identique dans le compte rendu des six expertises.

II. Examen de Christophe

Il est âgé de bientôt dix-sept ans.

Christophe aura une présentation relativement déroutante dans la mesure où il entrecoupera son discours de nombreux rires qui viennent souvent scander une de ses phrases, sans que nous sachions déterminer si ces rires sont plus à comprendre :

— soit comme un fond de provocation existant dans sa personnalité ;
— soit comme une attitude de contenance et de gêne que le rire vient camoufler ;
— soit comme la preuve d'un certain manque d'élaboration, le rire, en cette occurrence, venant plutôt masquer ce manque.

D'ailleurs, ces trois facteurs peuvent coexister et, pourquoi pas, s'aggraver l'un l'autre.

Nous constaterons que son discours est relativement simple ; sans que l'on puisse réellement parler de troubles du langage.

On remarque un langage tout à fait rudimentaire ; les élaborations idéatives sont faibles ; le lexique est extrêmement limité.

Cet ensemble ne donne ainsi pas une possibilité de dialogue profond et efficace.

Bien sûr, il nous relatera les faits pour lesquels il est actuellement incarcéré. Reprenons ses propos : *« J'allais au kebab... Kamel et Icham m'ont appelé... c'était il y a deux mois... elle m'a fait une fellation. »*

Ce sera sa description initiale ; nous lui demandons quelques détails : *« C'était dans un escalier... comme une forêt... un truc en dessous. »*

En fait, dans la pauvreté de cette description, il nous décrit lui aussi, à ce que nous en comprenons, la face inférieure d'un escalier longeant une colline.

Nous lui demandons des précisions sur la scène le concernant directement : *« Ça a duré même pas une minute... »*

Il reconnaît avoir *« éjaculé »* et nous explique par ailleurs qu'il s'était isolé avec la jeune fille à l'écart du groupe : *« Elle et moi, c'est tout... eux, ils étaient au-dessus des escaliers. »*

En ce qui concerne sa vie amoureuse, il n'avait connu jusque-là *« que des flirts »*, mais depuis, il nous dit : *« J'ai une copine depuis un mois »*, avec laquelle il évoque de véritables relations sexuelles.

De manière assez spontanée, pour montrer sa culpabilité au sens psychique de l'expression, mais certainement pour diminuer sa culpabilité au sens juridique, il nous dit : *« Marquez pour le juge que je m'excuse... je savais pas qu'elle était forcée (sic !)... elle avait pas peur... après, je sais pas. »*

Nous reprenons ici, *in extenso*, ses propos où l'on remarque tant la faiblesse de l'élaboration que la tentative de minimiser son implication dans les effets comme dans les causes.

De toute façon, nous comprenons qu'il a eu des difficultés scolaires importantes, comme il le dit : *« J'ai été viré du collège... j'insultais... je me battais. »*

Sa scolarité antérieure n'était pas de meilleure qualité puisque, à partir de la classe de CM1, il est allé en CLIS (classe d'intégration scolaire, des classes pour enfants en difficulté au sein des écoles primaires).

En ce qui concerne le CM2, il nous dit : *« J'avais 3 de moyenne. »*

Précisons que, au sein même du collège, il fréquentait des classes spécialisées, puisqu'il était en *« 4e SEGPA »*.

Ce passage en SEGPA (section d'enseignement général et professionnel adaptée) ne l'a amélioré qu'un certain temps : *« Au début, je trouvais que c'était bien... après j'ai plus rien fait. »*

En ce qui concerne son histoire familiale, il la présentera tout d'abord avec la même pauvreté affective et intellectuelle que celle susmentionnée.

Nous lui posons la question : *« Et avec vos parents ? »* Il répond tout de go : *« Ça se passe bien. »*

Mais, après notre insistance, il complète : *« Mon père est décédé... ma mère me dit pas de quoi... un accident peut-être. »*

Au plan de la fratrie, il évoquera :

— une demi-sœur, Pascale, âgée de vingt-quatre ans ;
— François, âgé de dix-neuf ans, et dont il dit : *« On a les mêmes parents. »*
— Claire, cinq ans, qui est une enfant que la mère a eue avec son second mari, mais il précise : *« Mon beau-père est parti il y a quatre ans. »*

Nous n'obtiendrons pas plus de détails sur sa vie familiale. Sur son père, il ne sait que très peu de chose : *« Mon père est né français, né en Algérie. »*

Mais nous comprenons qu'il existe en fait un conflit familial très important : *« Mon grand-père paternel est décédé... ma tante et l'oncle* (le mari de celle-ci) *sont flics... je m'en fous d'eux... et ils s'en foutent de moi. »*

Malgré tout, il nous dira ne jamais avoir connu d'actes délinquants antérieurs à l'incarcération mais se rappelle : *« Juste une garde à vue... pour des caves cassées, ils ont pas porté plainte. »*

De toute façon, après ses explications, il tient à préciser spontanément : *« Je ne suis pas un délinquant. »*
En ce qui concerne ses projets de formation, il est extrêmement flou dans sa description. Nous comprenons qu'il est actuellement inscrit dans le cadre de *« la mission locale »* pour *« une remise à niveau »*.
Il n'est pas tout à fait capable d'en expliquer plus, sauf : *« C'est comme une petite association… des stages… »*
Il ne semble d'ailleurs pas avoir beaucoup investi ces activités et, quand nous lui demandons vers quel type de métier il pourrait s'orienter, il nous dit de manière détachée, lointaine : *« Mécano ou dans la restauration. »*
Avant que nous marquions la clôture de cet entretien, il tient à dire : *« Je m'excuse. »*
Il fait clairement référence aux actes pour lesquels il est incarcéré, sans pour autant y mettre l'accent de sincérité requis.
Nous lui disons donc : *« De quoi ? »* Il répond : *« De m'avoir fait une fellation. »*
Cette dernière phrase résume en elle-même assez bien ses difficultés d'élaboration et de langage et, à la limite, une confusion sur l'auteur de l'acte répréhensible (comprendre : « m'avoir fait » implique que ce serait la jeune fille qui aurait été le seul auteur de l'acte interdit, alors que c'est bien lui-même).

III. Commentaires

L'évaluation clinique précise du jeune Christophe est un peu difficile à faire.
Malgré tout, on élimine assez rapidement un tableau de psychose de l'adolescence ou de séquelles de psychose infantile ; en effet, on ne retrouve pas de repli sur soi, d'inhibition majeure, d'éloignement trop important vis-à-vis de la réalité, de tendance au délire ou aux hallucinations, de troubles de l'orientation temporo-spatiale ou de la confusion mentale.
On élimine également une personnalité névrotique qui nécessite des capacités suffisantes d'élaboration.
On va retenir essentiellement la pauvreté intellectuelle, la distance affective, le rire utilisé comme défense principale, l'apparition des troubles du comportement avec le début de l'adolescence, les échecs scolaires accompagnés de troubles du comportement et de la conduite.

Ce genre de tableau évoque le plus souvent :

— soit des troubles narcissiques et identitaires en profondeur ;
— soit des tableaux plus habituellement nommés sous l'appellation de « carences affectives et éducatives ».

Il nous semble que les éléments contenus dans la faible biographie que Christophe nous a livrée sont compatibles avec ces deux diagnostics, lesquels, au demeurant, sont extrêmement proches et recoupent bien souvent des tableaux identiques.
On retrouve d'ailleurs l'absence du père, l'imprécision des images paternelles, le départ du beau-père, le rejet de l'autorité (voir le discours sur l'oncle et sur la tante), ainsi que la tendance au passage à l'acte pour l'obtention d'un plaisir immédiat.
C'est à notre sens dans cette direction qu'il faut comprendre le passage à l'acte pour lequel il se retrouve incarcéré.
Il s'est agi, à notre lecture tout au moins, d'une rencontre un peu fortuite avec deux de ses camarades qui lui ont proposé, selon les termes contenus dans son discours, de bénéficier d'une fellation proposée par cette copine.
Il s'agit chez lui, vraisemblablement, d'un acte peu réfléchi et répondant à l'obtention d'un plaisir immédiat.
Certes, il présente une certaine culpabilité tant sur la scène psychique que sur la scène judiciaire, mais il semble même vouloir reporter la faute sur les camarades organisateurs, puisqu'il nous dit : *« Je ne savais pas qu'elle était forcée. »*
En ce qui concerne les excuses qu'il présente à la fin de l'entretien, mis à part la pauvreté de son élaboration, il nous semble qu'il y a une certaine incohérence dans sa formulation, puisqu'il s'excuse, comme il le dit lui-même : *« de m'avoir fait une fellation »*.
Bien évidemment, d'une part, il confond la forme active et la forme passive, mais, d'autre part, ce n'est pas l'acte en soi, puisqu'il est réalisé pour un gain de plaisir, qui mériterait des excuses, mais bien plutôt la violence éventuelle ou le forçage de la jeune fille.
Nous ne savons pas s'il n'a pas voulu accéder à cette notion ou si ses élaborations intellectuelles ne lui permettent pas d'accéder à ce genre de finesse.

Annexe : commentaires communs

Dans l'étude comparative du discours des six jeunes gens, nous sommes parvenu à retrouver bien évidemment des thèmes communs que nous présentons ici ; cette partie de nos commentaires est recopiée à l'identique dans tous nos rapports d'expertise.

Effet de groupe

Il convient vraisemblablement de signaler que l'infraction a également été le résultat d'un processus global, l'effet de force étant en fait la résultante du groupe et non pas l'addition pure et simple des actions propres à chaque individualité.

Même s'il n'y a pas eu de contrainte, le fait qu'elle a eu affaire à un groupe peut s'entendre comme de la violence psychique.

Il reste malgré tout à noter que les cinq jeunes gens (Christophe, Icham, Bertrand, Jack et Axel) disent que Kamel frappait la jeune Émilie. Nous croyons comprendre que cette violence physique ne serait intervenue que dans les jours précédant l'acte incriminé et pas pendant l'acte lui-même.

Il est même à noter que les interventions, même minimes, de Christophe et Jack sont à comprendre également dans leur registre comme la conséquence de la pression groupale ; en effet, ceux-ci ne sont pas à l'origine des actes incriminés, mais il suffit que le groupe, les voyant passer par hasard, les interpelle pour qu'ils participent eux aussi à la « fête générale » ; pour le coup, la jeune fille devient réellement un objet de leur plaisir.

Pour oser une interprétation, on a surtout l'impression que les acteurs principaux sont les six copains, la jeune fille n'apparaissant jamais en sa place de sujet ; d'ailleurs nous aurons à noter, sans que nous sachions s'il s'agit d'une esquive de leur part, qu'ils n'aborderont quasiment pas les éléments reliés directement à la subjectivité d'Émilie, à propos de laquelle un seul d'entre eux (Icham) se contentera d'un : *« Elle était consentante »*, et d'un : *« Elle a eu des problèmes de famille. »*

Estimation de la peine

Il nous est difficile de faire la part exacte entre ce qui reviendrait à l'estimation d'une peine méritée ou acceptable par un jeune homme comme pouvant prendre un sens, puisque les adultes responsables doivent avoir vis-à-vis des adolescents certes une attitude éventuellement répressive, mais également une attitude éducative que ces années de formation de la personnalité imposent ; reste que le pédopsychiatre s'interroge sur l'indication véritable de l'incarcération d'un jeune homme âgé de dix-sept ans, en dehors du cas de figure où il s'agirait d'une grande délinquance ou d'un crime.

En l'absence de pathologie, la question de la curabilité ou la réadaptabilité nous semblent caduque, sauf à penser qu'il y aurait besoin, pour certains d'entre eux, d'un suivi type AEMO (action éducative en milieu ouvert) ou contrôle judiciaire, afin de vérifier l'évolution (voir commentaires propres à chacun).

À propos de l'acte lui-même

Leur culpabilité respective est difficile à évaluer car chacun (Kamel, Icham et Christophe), sauf un (Jack), acceptera tout compte fait, de bonne grâce, de se retrouver en prison ; en effet, aucun ne risquera une quelconque revendication ou récrimination, afin de se montrer sous son meilleur jour à l'expert.

En ce qui concerne la durée de l'acte, chacun minimisera le sien pour mieux faire rejaillir la faute sur les autres ; en effet, ils estimeront chacun que l'acte les concernant a duré une dizaine de secondes pour eux mais, en revanche, qu'il aurait pris dix minutes pour les autres.

Ainsi, en minimisant leur temps passé avec la jeune fille, ils espèrent minimiser également leur implication dans la genèse ou le déroulement de l'acte et donc, dans la punition éventuelle.

De la même manière, tous les jeunes gens, sauf Bertrand, minimisent l'acte en déniant l'éventualité d'éjaculation.

En fait, nous citons ces deux aspects (temps et éjaculation) pour que le juge d'instruction puisse avoir des éléments de comparaison avec les différentes auditions de justice ou de police.

IV. Conclusions

Au terme de cet examen, il est possible de dire que :

— L'examen de Christophe révèle quelques anomalies psychiques qui évoquent ce que l'on appelle habituellement les tableaux de carences éducatives et affectives, puisqu'on retrouve une certaine baisse du niveau intellectuel, des troubles du comportement et de la conduite apparaissant avec l'adolescence, une certaine pauvreté des élaborations et des perceptions, une défaillance évidente de l'image paternelle.

— L'infraction qui est reprochée au sujet est vraisemblablement à mettre en relation avec de telles anomalies, puisqu'elles entraînent, outre les troubles du comportement et de la conduite décrits ci-dessus, une tendance au passage à l'acte pour l'obtention du plaisir, laquelle tendance n'est pas médiatisée par une élaboration intellectuelle suffisante.

— Malgré tout, il ne présente pas, au sens strict, un état dangereux immédiat. Selon les termes présents dans son discours, il semble d'ailleurs qu'il n'ait pas été un des instigateurs de l'acte qui lui est reproché, mais qu'il y aurait été interpellé par des camarades.

— La question de l'accessibilité du sujet à une sanction pénale échappe d'une certaine manière à l'élaboration que peut proposer le psychiatre. De toute évidence, il n'est pas possible de dire qu'une sanction pénale soit un soin ; par ailleurs Christophe semble avoir parfaitement compris les raisons de son incarcération.

— Par l'accompagnement parascolaire, préprofessionnel, Christophe sera certainement réadaptable, à condition que cet accompagnement dure assez longtemps pour l'aider à traverser la période de l'adolescence en conservant, si possible, en lui les capacités de reconnaissance de la règle et des bienfaits que son respect peut apporter.

— S'il n'est pas possible de dire qu'au moment des faits il était atteint de troubles psychiques ou neuropsychiques qui auraient aboli son discernement et le contrôle de ses actes, il faut malgré tout tenir compte du fait que la faiblesse de ses capacités intellectuelles peut, dans une certaine mesure, altérer son discernement au sens de l'article 122-1 du Code pénal.

Fait à Nice, le...
Docteur Georges JUTTNER

La discussion reste largement ouverte concernant le respect indispensable à toute vie citoyenne de ces interdits. La réponse répressive, comme celle récemment proposée d'abaisser encore l'âge de l'incarcération, ne règle pas le problème de fond, l'origine de la violence par exemple. Ce type de difficultés ne pourra se résoudre que par un accompagnement permettant au sujet fragile de s'inscrire dans les lois du langage et dans la reconnaissance de l'altérité. L'expert ne peut se situer que du côté des processus psychiques ; ses conseils et actions doivent se cantonner à cette sphère.

Exemple de mission concernant les victimes

Ce type de mission varie peu ; on les retrouve à l'identique dans la plupart des dossiers.

Procéder à l'examen psychiatrique de la victime.

La victime est la seule à avoir droit à une expertise psychiatrique, désignée comme telle. Malgré cela, le magistrat ne tient pas compte du fait qu'il y est question d'un enfant. Les parents n'y sont jamais inclus.

Relever les aspects de sa personnalité, dire si elle présente des troubles ou des anomalies susceptibles d'affecter son équilibre psychique ou intellectuel, notamment la crédibilité de ses déclarations.

Pourquoi décider, avant l'expertise, que l'acte traumatisant serait le seul facteur de déséquilibre ? Cet acte s'inscrit dans une vie psychique complète dont les éléments contribuent à l'équilibre ou au déséquilibre d'ensemble. On peut parfois comprendre la place qu'un traumatisme précis vient prendre dans l'ensemble de la personnalité, souvent à distance. La crédibilité sera traitée pour son propre compte dans la seconde partie de l'ouvrage.

Dire s'il existe un traumatisme consécutif aux faits poursuivis, s'il y a eu modification de son comportement ou de sa personnalité.

De la même manière, il n'est pas possible de prédire le devenir psychique d'une agression. Tout va dépendre des fondements de la personnalité de la victime et du discours qui lui sera tenu par son entourage. L'évaluation pédopsychiatrique y est plus qu'indispensable. Par ailleurs, le discours tenu est actuel ; l'expert peut ne pas avoir d'opinion objective sur ces modifications, n'ayant pas observé lui-même l'état antérieur.

Le cas échéant, formuler un pronostic sur les conséquences des faits.

Heureusement, chacun est libre de construire son avenir à sa guise, y compris avec des moments de stagnation, de régression ou

de progression. Nul, en tout cas, ne peut le figer dans une place de victime éternelle.
Le statut de victime tel qu'il est utilisé actuellement ne va pas de soi. Il s'agit d'un étiquetage qui peut poursuivre une personne durant toute sa vie. Le mot a envahi la scène sociale et risque de masquer l'ensemble d'une personnalité.

> Je participe un jour à une réunion qui se déroule dans un CMP (centre médico-psychologique). Nous sommes tous des psys, une vingtaine à peu près. Je suis le seul expert de l'assemblée. Tout le monde s'interroge sur la prise en charge des « victimes » et je réagis en déclarant : « Quand je suis au CMP, je ne reçois que des sujets, pas des victimes. »

C'est dire comment certains mots et concepts envahissent la scène sociale et gèlent le raisonnement de professionnels pourtant avertis.

> *Prendre contact avec le thérapeute de l'enfant et se faire livrer toute information utile sur son état actuel et sur son évolution.*

On peut retrouver ce point surprenant dans certaines missions. La réponse de l'expert doit alors être ferme et assurée. Il est bon de rappeler au magistrat que si le thérapeute a à faire connaître à la justice les éléments primordiaux concernant l'état de l'enfant ou l'existence d'une dangerosité actuelle, il n'a comme seul moyen légal de le faire que de diligenter un signalement chez le substitut du procureur auprès des mineurs.
Il ne peut livrer ces informations à personne d'autre puisque ce type de déclaration le rendrait lui-même défaillant vis-à-vis de ses obligations déontologiques, notamment le secret professionnel.
Par ailleurs, il existe une procédure concernant la saisine par la justice d'un dossier médical. Stricte et prévue par la loi, cette saisine doit se faire en présence d'un membre du conseil de l'ordre si, bien sûr, il s'agit d'un praticien médecin. Il ne peut donc être question pour un expert de téléphoner banalement à un thérapeute et de faire effraction dans l'espace d'une psychothérapie en prenant le risque

d'en anéantir le cadre et le processus. Respectant l'éthique du thérapeute, l'expert s'interdit de faire irruption dans une psychothérapie qu'il pourrait ainsi mettre en échec.

Il convient de relever quelques points délicats dans la rédaction des missions.

En ce qui concerne la victime, le travail ne serait pas plus simple si l'on cherchait à évaluer les conséquences psychiques du traumatisme vécu. Dans la plupart des cas, elles ne peuvent être mesurées que bien après le traumatisme.

Il est également demandé d'analyser les « circonstances des révélations » : mission quasi impossible puisque les fameuses circonstances de la révélation impliquent, par état, la participation d'autres personnes que la victime elle-même. Ces autres personnes, parfois nombreuses, ne sont pas présentes à l'expertise. L'analyse demandée nécessiterait donc de soumettre à l'expertise l'ensemble des participants afin de repérer leur fonctionnement psychique propre et le type de relation existant entre elles et la victime.

Cas d'expertise auprès du juge d'instruction : une victime d'agression sexuelle

RAPPORT D'EXPERTISE

Je soussigné docteur Georges Juttner, expert en psychiatrie infanto-juvénile, près les tribunaux, nommé par le juge d'instruction au tribunal de grande instance, certifie avoir procédé à l'expertise de la mineure :

Emma

De mes observations, a été établi le présent rapport dont j'affirme le contenu sincère et véritable.

Avec pour mission

— Prendre connaissance de ses antécédents médicaux auprès des praticiens l'ayant prise en charge ; décrire les antécédents médicaux

pouvant être en rapport avec les faits dénoncés ; analyser plus particulièrement la longue maladie décrite par la mère d'Emma à la suite du contact téléphonique du père relatif à sa convocation au commissariat.
— Relever les aspects de la personnalité de la plaignante ; dire si elle présente des troubles ou anomalies susceptibles d'affecter son équilibre psychique. Indiquer son niveau d'intelligence.
— Analyser les circonstances et le contexte de la révélation ; rechercher les facteurs éventuels de nature à influencer les dires de la partie civile.
— Décrire le retentissement éventuel et les modifications de la vie psychique depuis les faits en cause. Peuvent-ils être évocateurs d'abus sexuels ? Dans l'affirmative, indiquer si le contact récent avec le père pendant l'enquête a été de nature à accroître le traumatisme.
— Faire toute remarque utile sur le récit de la partie civile et sur son évolution depuis la révélation, sous l'angle psychologique ou psychopathologique.
— Indiquer le degré de connaissance et de maturation de la plaignante en matière sexuelle.
— Formuler, si c'est possible, un diagnostic sur le retentissement observé. Est-il opportun de conseiller un suivi thérapeutique ?

Et plus généralement, faire toutes constatations utiles de nature à nous informer sur la personnalité de la victime.

I. Examen psychiatrique d'Emma

Emma est âgée de bientôt dix-sept ans. Elle passe en classe de première puisqu'elle a *« redoublé le CE1 »*.
Précisons que dans l'ensemble elle est d'un bon contact, difficilement appréciable puisqu'il apparaît variable :

— elle peut se montrer inhibée ou sur la réserve ;
— parfois empreinte d'anxiété qui devient une gêne pour soutenir le dialogue ;
— à d'autres moments, elle peut se montrer plus prolixe.

S'ajoute à cela des capacités intellectuelles relatives. En effet, son langage, dans l'ensemble, n'est pas extrêmement riche, que ce soit sur le plan de la syntaxe ou sur le plan du vocabulaire.
Il est donc ainsi bien difficile de déterminer si ses difficultés de communication sont à comprendre :

— soit comme manifestation de difficultés qu'elle peut éprouver dans les conditions d'expertise, eu égard notamment à la thématique qui l'a provoquée (voir ci-dessous) ;
— soit comme l'expression de ses difficultés en profondeur ;
— soit, et pourquoi pas, le projet d'exercer la maîtrise sur l'ensemble de ses propos.

À propos de son niveau scolaire, elle dit : *« Ça allait bien jusqu'à présent... jusqu'à cette année. »*
Bien évidemment, nous lui demandons pourquoi. Elle répond : *« J'ai été entendue l'année dernière... ça a commencé en troisième. »*
Elle évoque par sous-entendus ses auditions par la police mais, ajoute-t-elle : *« J'en ai parlé au professeur de français. »*
Sur sa position à l'époque : *« Je ne voulais pas que ma mère porte plainte... parce que je ne voulais pas qu'il arrive quelque chose à mon père. »*
Bien évidemment, nous ne voulons pas aborder de front les thèmes délicats qui ont occasionné notre missionnement et préférons tout d'abord avoir un aperçu de sa biographie d'ensemble.
Il est à noter qu'Emma est dans l'ensemble assez floue dans ses descriptions, même dans les datations qu'elle propose :

— elle évoque tout d'abord la séparation de ses parents *« en mars... »* et ajoute, après hésitation, *« 2003 ou 2002 »* ;
— le fait qu'elle résidait chez sa mère ;
— et qu'elle voyait son père le week-end.

Et précise sous notre questionnement : *« Pas les vacances, je ne voulais pas y aller. »*
Elle ne donne pas d'explication à ce refus dans une période encore plus difficultueuse : *« Après je n'ai plus voulu aller chez lui... je ne le voyais que en dehors. »*
Elle évoque en fait une période de droit de visite simple à son père. Quand nous lui demandons : *« Combien de fois ce type de visite a pu s'effectuer ? »* elle nous répond : *« Pas beaucoup. »* Restant encore donc tout aussi floue.
Nous abordons l'affaire qui la concerne aujourd'hui directement tout en précisant que :

— l'expert doit poser le plus souvent possible des questions extrêmement neutres, c'est-à-dire celles ne sous-entendant pas une réponse automatique ;

— d'autre part, une délicatesse et une réserve eu égard à la pudeur que l'on doit observer vis-à-vis d'une adolescente.

De toute façon, elle sera bien évidemment gênée d'évoquer les faits qui sont reprochés à son père qu'elle nomme tout d'abord de la manière officielle *« agression sexuelle »*.
Elle réussit simplement à dire : *« Le soir, mon père venait dans ma chambre. »*
Elle s'arrête dans sa description pour expliquer ce que l'on pourrait appeler ses révélations passées par l'école.
Elle aurait fait une rédaction dont certains propos auraient inquiété son institutrice.
Elle dit se rappeler par cœur la phrase inquiétante : *« En rentrant de l'école, j'ai vu ma mère avec un poignard dans le dos... un homme est venu dans mon lit. »*
Là encore, elle précise : *« Quand ma mère en a parlé à mon père, il a dit : je ne suis pas pédophile. »*
Sur la description des actes eux-mêmes, elle dit : *« Il m'a pénétrée... juste un peu » (sic !).*
Là, Emma pleure et est extrêmement gênée, mais précise que cette scène ne se serait passée *« qu'une seule fois »*.
Ainsi donc, à propos d'autres moments où le père serait venu dans sa chambre, elle n'évoque que des *« caresses sur le corps »*.
Nous lui disons : *« Combien de fois cela aurait-il pu se passer ? »* Elle répond : *« Je ne sais pas. »* Nous disons : *« Plutôt trois fois ou trente ? »*
Là encore, elle répond : *« Je ne sais pas. »*
Elle se plaint de quelques symptômes dont elle aurait eu à souffrir depuis cette époque-là : *« Maux de ventre, anxiété...* (qui lui feraient manquer les cours), *un psychologue l'aurait jugée pas apte à la confrontation. »*
En ce qui concerne la situation actuelle, elle évoque un suivi avec une psychologue qui serait en fait la même psychologue avec laquelle elle aurait eu affaire lors des entretiens diligentés pour l'enquête.
Elle y va actuellement *« une fois par semaine »*.
Précisons qu'elle a par ailleurs un frère et une sœur âgés de dix-neuf et vingt et un ans.
Puis apparaît un discours concernant des faits plus anciens à propos desquels elle aurait déjà eu l'occasion de rencontrer un psychologue : *« J'en ai vu un à l'âge de sept ans. »*
Et ce sur l'anecdote suivante : *« J'avais lu dans le journal un mari qui avait frappé sa femme et l'avait jetée par la fenêtre. »*
À partir de cette lecture, la petite Emma projette cette situation lue

dans le journal sur sa situation familiale : *« J'ai eu peur pour ma mère... j'ai toujours peur que ma mère ne soit pas là... »*

Le motif en était que son *« père était violent ».*

Ce qui l'amène à nous raconter l'anecdote suivante : *« Un jour elle a pris des médicaments et il n'a pas appelé les secours... ils ne sont venus que plus tard dans la nuit pour amener ma mère à l'hôpital. »*

Anecdote qu'elle complète par des propos tenus par le père qui aurait dit : *« Tu ne verras plus ta mère... elle ne reviendra plus. »*

Ce qui a amené ce commentaire dans l'esprit de l'enfant : *« J'ai cru qu'elle était morte. »*

Précisons que dans le cadre de sa vie quotidienne elle ne souffre actuellement d'aucun autre symptôme que ceux qu'elle a déjà décrits, notamment des *« maux de ventre ».*

Sinon sa vie quotidienne ne comporte pas de difficulté particulière : elle mange bien, elle dort bien.

Précisons qu'elle a également un copain avec lequel elle a une sexualité dont elle dit *« qu'elle se passe sans aucun problème réel ».*

Même si elle précise : *« Je veux que ce soit dans le noir... et, si je peux éviter, j'évite. »*

Précisons que la famille est originaire de Lille et s'est installée sur la Côte il y a quelques années.

II. Commentaires

a) Au niveau de la personnalité d'Emma

L'évaluation de la structure de la personnalité d'Emma nous semble relativement difficile à percevoir. En effet, on peut éliminer assez facilement l'existence d'une structure psychotique.

Il n'y a pas de délire. La perception de la réalité semble suffisante. Il n'y a pas de réelles tendances au repli sur soi ni, d'une manière générale, une tendance à l'interprétation.

En revanche, nous devons mettre en avant la relative pauvreté du langage, les difficultés d'entrer dans un dialogue efficace, l'anxiété un peu permanente, la labilité émotionnelle, la très grande identification à la mère, thème extrêmement présent dans la plupart de ses propos, la tendance à l'expression somatique de ses difficultés (maux de ventre principalement). Ces signes évoquent, en général, des personnalités de type névrotique ; les symptômes à expression somatique font, bien évidemment, penser à des manifestations hystériformes.

Cette hypothèse peut sembler renforcée par la trop grande importance des éléments imaginaires présents dans les propos d'Emma.
Elle évoque tout d'abord la rédaction faite par elle en classe de CE1 qui aurait inquiété l'institutrice ; puis — toute la vie imaginaire qu'elle développe — d'un fait divers qu'elle aurait lu dans le journal à propos d'un homme ayant agressé sa femme. Apparaît très clairement dans l'ensemble de son discours le désir de protéger sa mère par rapport à son père qu'elle décrit comme un homme violent.
Il ne semble pas malgré tout que l'on ait affaire à une structure de type pervers puisque même si Emma met principalement en avant la thématique accusatoire de son père, dans le même temps, elle ne donne pas l'impression de vouloir consciemment manipuler l'expert.
En résumé, il nous semble raisonnable de retenir l'existence d'une structure de type névrotique à manifestation hystériforme.

b) En ce qui concerne les faits ayant provoqué la présente expertise
Une opinion réelle est, là aussi, extrêmement délicate à proposer.
On pense souvent que la gêne et l'inhibition à parler des faits sont plutôt un bon signe de crédibilité par rapport aux propos tenus avec exhibitionnisme et complaisance.
Emma est donc bien dans le cadre de la réserve et de la gêne. Elle se met même à pleurer en essayant d'évoquer les faits.
Malgré tout, elle reste extrêmement floue dans sa description évoquant le fait que son père l'aurait *« pénétrée juste un peu »* et à d'autres reprises *« caressé le corps »*.
On est obligé de s'interroger sur le fait qu'elle n'arrive pas à quantifier le nombre de fois où ces actes se seraient passés puisque nous sommes même obligé de lui poser une question comportant un nombre d'actes évidemment très différent.
Quand nous proposons trois ou trente, là encore elle nous répond : *« Je ne sais pas. »*
Cela pourrait prouver :

— soit qu'elle ne veut pas chercher à majorer les faits ; ce qui renforcerait sa crédibilité ;
— soit qu'elle tient à rester un peu trop floue ; ce qui tendrait à amenuiser sa crédibilité.

Il existe un autre facteur sur lequel nous devons nous interroger, à savoir celui renvoyant aux importants problèmes familiaux qu'elle a eu à rencontrer, notamment au regard d'une conflictualité qui opposait ses parents.

Il est à noter que, à partir de cette conflictualité, Emma a développé un imaginaire extrêmement important.
Elle évoque tout d'abord le fait divers d'un mari ayant agressé sa femme et ensuite un moment où sa mère aurait absorbé volontairement des médicaments (sous la forme d'une tentative de suicide minime).
Elle prête à partir de ce moment-là au père, à l'instar de l'homme qu'elle avait vu dans le journal, des propos extrêmement agressifs, voire destructeurs vis-à-vis de la mère.
Il semble incontestable qu'à partir de là deux thèmes sont apparus dans sa vie imaginaire :

— le désir de protéger sa mère de ce qu'elle interprète comme étant la violence paternelle ;
— la difficulté où elle sera, après la séparation de ses parents, à effectuer des droits de visite et d'hébergement à son père.

On sait, par habitude, que l'on doit toujours être extrêmement réservé et prudent sur des révélations d'attouchements qui se produisent dans le cadre d'une séparation parentale.
Il faut même préciser qu'Emma dit à un certain moment de l'entretien : *« Je ne voulais pas que ma mère porte plainte... je ne voulais pas qu'il arrive quelque chose à mon père. »*
Dans cette dernière phrase, c'est bien de la protection du père qu'il s'agit.
Ainsi donc, sous forme de résumé, il est possible de dire que le contexte émotif et relationnel dans lequel les actes incriminés se seraient passés est à prendre avec circonspection.

III. Conclusions

À la suite de l'examen psychiatrique réalisé sur Emma, il est possible de dire que :
Malgré notre questionnement direct, elle ne décrit pas d'antécédents médicaux. Il n'est donc pas possible, logiquement, de produire un quelconque dossier.
L'examen révèle chez elle l'existence d'une sémiologie propre à évoquer principalement une personnalité de type névrotique à manifestation hystériforme. Celle-ci peut se manifester habituellement par une labilité émotionnelle importante.
Son niveau d'élaboration intellectuelle nous apparaît suffisant même si elle se situe, à l'évaluation clinique, dans les limites inférieures de la norme.

Son langage est relativement pauvre et sa pensée, floue.
Les circonstances et le contexte dans lequel se sont passées les révélations nous ont amené à mettre essentiellement en avant deux éléments :

— d'une part, la grande tendance à la vie imaginaire d'Emma avec un désir de protéger sa mère de ce qu'elle attribue à la violence paternelle ;
— d'autre part, un contexte de séparation parentale et de conflictualité vraisemblablement importante.

Emma ne décrit pas de modification importante de son comportement d'ensemble, si ce n'est l'existence de manifestation anxieuse sous forme de maux de ventre.
Elle décrit également quelques difficultés dans sa vie sexuelle qui, selon ses dires, même si elle se passe bien pour elle avec son copain, n'est pas épanouissante pour elle et qu'elle cherche, comme elle le dit, à l'éviter.
Nous ne pouvons pas poser de contre-indication psychiatrique aux confrontations avec son père dans la mesure où il existe de toute façon trop de flou dans l'ensemble de son discours, tout au moins dans celui qu'elle a tenu dans le cadre de nos opérations d'expertise.
La question concernant le degré de connaissance en matière de maturation sexuelle de la plaignante n'a même pas à être posée actuellement puisqu'elle a désormais abordé elle-même sa propre vie sexuelle.
Il nous semble judicieux qu'Emma poursuive la psychothérapie qu'elle vient à peine de commencer, que ce soit pour élaborer sa difficulté identitaire en profondeur, notamment au regard de la relation imaginaire qu'elle a organisée avec sa mère, ou que ce soit pour élaborer les éléments renvoyant à la relation avec son père, ceux pour lesquels elle a eu à porter plainte, s'ils ont existé.
Le pronostic prévisible dans l'avenir devra essentiellement prendre en compte l'évolution d'Emma à travers l'accompagnement nécessaire d'une psychothérapie (voir plus haut).

Fait à Nice, le...
Docteur Georges JUTTNER

Questionnement sur la rédaction des missions

Le rédacteur des missions ne pratique pas la même spécialité que celle de l'expert. C'est le problème éthique et théorique, récurrent, qui surgit dès la première lecture de la décision le désignant.

L'expert se retrouve écartelé : il doit répondre précisément et exclusivement à toutes les questions posées. Mais, s'il le fait, il ne remplit pas sa mission en professionnel qualifié.
Comment, par exemple, répondre à la question suivante (extraite d'une décision de désignation par les affaires familiales) : « Nous dire si le comportement du père (déplacements et voyages fréquents et parfois longs, comportement obsessionnel sur la répartition des disponibilités de son fils entre chacun des parents) avec l'enfant ne développe pas chez ce dernier une personnalité non authentique » ?
Ce libellé est le fruit d'une réflexion méticuleuse et sincère, pourtant son auteur oublie que l'expert doit s'affranchir de la conjoncture pour se consacrer à la structure.
Le magistrat fait-il référence à une posture falsifiée adoptée par l'enfant face à son père ? Comment ce juge peut-il poser le diagnostic de « comportement obsessionnel » du père ? Le fait même qu'il se pose la question sous cette forme est une réponse en soi et n'a aucun besoin d'être validée par un expert.
Pour autant cette description ne fait pas partie, telle qu'elle est rédigée, de l'appréciation expertale. Celle-ci concerne le mode global du fonctionnement psychique de l'enfant. Elle recherche également l'appropriation par l'enfant de ses images identificatoires. Si une attitude inefficace se révélait lors de l'examen, elle concernerait tous les registres de la vie de l'enfant tant avec l'un de ses parents qu'avec l'autre.

C'est par certains dialogues avec des magistrats et par des élaborations au cours de congrès que les experts ont pu affiner les problèmes posés par la rédaction des missions. C'est ce que j'ai voulu montrer par mes commentaires point par point des missions. Mais il reste encore beaucoup de travail à faire.
Ce travail d'élaboration ne semble en effet pas suffisant puisqu'il n'est pas rare, lorsqu'un expert n'est pas disponible — pour quelque raison que ce soit —, de voir un magistrat s'adresser à un expert pratiquant une autre spécialité que celle qu'il avait initialement choisie. Ainsi on peut voir un psychiatre remplacé par un psychologue, ou l'inverse. C'est dire combien les magistrats n'ont pas encore su

faire la différence entre les spécialités des uns et des autres, dont ils n'ont pas une représentation exacte.

Le lexique judiciaire et ses contraintes

L'expert fait le serment d'apporter son aide à la justice et d'en respecter toutes les règles de fonctionnement. Pourtant, ces règles et modes de fonctionnement spécifiques sont bien souvent éloignés, pour ne pas dire opposés, à la pratique de la pédopsychiatrie.
Ces règles ne doivent pas être considérées comme une contrainte astreignante. Notre travail consiste à les respecter avec autant de rigueur et de sérieux dans ces deux disciplines si différentes. Il ne s'agit donc pas de nier l'écart qui les sépare, mais de travailler sur cet écart. Cela peut être fait sous l'angle du lexique judiciaire. Étudions-en quatre aspects fondamentaux : le procès, la preuve, le contradictoire et le délai.

Le procès

Pour un juriste, « le procès est la chose des parties ». Pour comprendre ce terme, prenons pour exemple la scène des affaires familiales, où chaque parent devient une des parties du procès.
Depuis la loi de 1975 organisant, entre autres, le divorce d'accord, remanié plusieurs fois, notamment par la loi de 2002, la possibilité de divorce conflictuel existe toujours. Dans ce cas, l'un des deux parents, appelé le « demandeur », demande au tribunal de citer en divorce l'autre parent, qui devient le « défendeur ». Leur litige portera indifféremment et pêle-mêle sur l'avenir des enfants, le partage des biens ou tout autre thème (prestation compensatoire, pension alimentaire, contribution financière pour l'éducation des enfants…). Ce procès empruntera les voies habituelles de toute procédure civile. Tous les registres de la demande peuvent s'y trouver ainsi mélangés, se servant réciproquement l'un l'autre. Est-ce le parent qui se voit

attribuer le domicile familial ou celui qui peut attester de la meilleure situation financière qui obtiendra automatiquement la garde des enfants ? L'enfant devient quasi automatiquement l'enjeu des conflits affectifs et matériels qui opposent ses deux parents.

Un procès se termine toujours par un jugement dans lequel une des parties « gagne » et l'autre « perd ».

L'expert estime le plus souvent que c'est l'enfant qui « perd » lorsque ce dernier se retrouve écartelé entre ses deux parents.

Certains enfants font un effort d'imagination et de souplesse psychique extrême et n'hésitent pas à partager leur emploi du temps de la manière la plus équitable qui soit entre les deux parents, afin de leur apporter la preuve de l'équivalente affection qui les lie à chacun. D'autres s'arc-boutent sur une position plus défensive et prennent une position de repli auprès d'un des deux parents, alors qu'il n'existe aucune raison judiciaire ou psychique pour évoquer la dangerosité du parent rejeté.

Ce type de solution ampute l'enfant de son identité profonde puisqu'il se prive d'une moitié de ses propres identifications. Cette solution, qui vise un confort immédiat, aura des conséquences dommageables à terme puisque, en grandissant, l'enfant aura à concilier tous les éléments composant sa personnalité au risque, s'il ne le fait pas, d'endommager gravement les éléments de sa structure réelle.

La preuve

L'expertise est l'un des éléments de preuve, c'est-à-dire un élément qui permet aux deux parties au procès d'organiser leur argumentaire.

Le sachant, l'expert doit être scrupuleux dans la rédaction de son rapport. Il n'est pas rare de constater que certaines phrases sont utilisées pour développer l'argument, mais détachées de leur contexte et de l'ensemble d'un développement. Dans les dossiers fortement conflictuels, on peut observer que chaque parent essaie, de manière directe ou contournée, de jeter le discrédit sur l'autre. Il convient, dans ces cas, d'avoir toujours à l'esprit le devenir de l'enfant. S'emparer directement des critiques qu'un des parents adresse à l'autre revient à prendre le risque d'attaquer les images structurantes que l'enfant avait construites avec l'aide du parent critiqué. Leur présence sur un rapport d'expertise puis sur un jugement donne à ces propos un aspect officiel inscrit définitivement. Très fréquemment, devenu adulte, l'enfant lit le dossier de divorce de ses parents ; il ne peut donc pas être question pour l'expert de laisser une quelconque trace écrite de ces propos délétères, qui trouvent leur origine essentiellement dans l'imaginaire de chacun des parents au moment où leur conflictualité est la plus exacerbée.

Il est éthiquement encore plus grave de constater que certains psychothérapeutes d'enfants n'hésitent pas à remettre un certificat à l'avantage d'un des deux parents. Ce faisant, ils oublient qu'ils se déchoient eux-mêmes de leur statut en livrant des propos tenus en séance. Les propos tenus par l'enfant ne le sont que sur la scène d'ensemble de la psychothérapie et ne peuvent, en aucune manière, être déplacés en dehors d'elle. De surcroît, ils endommagent les identifications de l'enfant vis-à-vis d'un des deux parents et obtiennent le résultat inverse de ce que celui-ci était en droit d'attendre de sa psychothérapie. Rappelons que tout type de propos peut être tenu par l'enfant durant ses séances ; tantôt un excès d'amour, tantôt un rejet massif ; l'enfant doit passer par toutes ces images et tous ces mots qu'il a en lui afin d'en faire le tri et de leur donner leur juste place.

À l'opposé, tout professionnel de l'enfance est contraint par la loi de signaler au substitut du procureur auprès des enfants toute situation où il a repéré un risque de dangerosité actuelle pour l'enfant. Cette dangerosité est l'un des cas de dérogation au secret professionnel prévu par la loi et ne peut se faire qu'auprès du procureur, à l'exclusion de toute autre instance.

La recherche de la preuve est une sorte d'édifice qui se construit. Pour soutenir une demande d'expertise, les avocats ont besoin de convaincre le magistrat. C'est la raison pour laquelle ils sont à la recherche de documents et de certificats qu'ils obtiennent du thérapeute de l'enfant ou de praticiens privés. Ces démarches destinées à soutenir la procédure sont à l'origine des certificats non conformes à l'éthique et soulèvent deux questions : pourquoi les praticiens acceptent-ils de les établir alors qu'ils en connaissent l'aspect critiquable ? Pourquoi ne pas envisager une particularité judiciaire dans la recherche de la preuve quand un enfant est concerné ? Il serait plus simple que toute demande d'expertise pédopsychiatrique soit accordée sans autre préalable. Cela éviterait à l'enfant bien des démarches inutiles et déstabilisantes. Par le jeu des obligations procédurales, il peut être en effet amené à rencontrer trois praticiens : l'expert privé, l'expert judiciaire et son thérapeute. Il y a de quoi le déstabiliser et lui faire confondre toutes ces scènes.

Le contradictoire

Le principe de transparence entre les parties au procès est obligatoire pour que chacun puisse exposer sa thèse tout en connaissant celle de l'autre. La même importance, le même respect et la même écoute doivent être accordés à chacun des deux parents. Bien évidemment, il convient de rappeler que tout document écrit doit être adressé à chacune des deux parties ou à son avocat. De la même manière, tout document transmis à l'expert doit l'être par l'intermédiaire de son avocat avec copie à l'avocat de la partie adverse. En l'absence d'avocat, l'expert s'assure que le principe du contradictoire est respecté en n'acceptant aucun document dont une copie officielle n'est pas transmise à l'autre partie. Ce principe est mal perçu par les justiciables qui méconnaissent les grands principes de la justice. Il m'arrive ainsi de trouver des documents furtivement glissés sous ma porte, que je retourne à leur expéditeur sans même les avoir consultés. Le respect de ces principes relève de la défense des droits et de la liberté individuels.

Il faut noter que, dans le droit français, l'enfant n'est pas partie au procès. Dans le cas d'un divorce, il n'existe que deux parties, la mère et le père. L'enfant a toutefois le droit de se faire assister par un avocat spécialiste du droit de l'enfant ; son rôle se cantonne à une aide ou à un accompagnement lors des auditions par le juge. L'enfant ne peut donc développer son propre argumentaire même si son avocat, malgré tout, fait entendre sa voix. Dans certains pays où l'enfant est partie au procès, d'autres difficultés surgissent puisque, hormis les cas gravissimes de nuisance parentale, l'enfant peut se trouver à diligenter un procès contre sa propre instance structurante, en l'occurrence ses parents, parfois pour de simples raisons subjectives et affectives.

Le délai

C'est l'une des règles fondamentales de l'expertise.
Avec la mission qui lui est confiée, l'expert est informé de la date butoir de remise de son rapport. Le plus souvent, ce délai est de trois mois auprès du juge aux affaires familiales et de deux mois auprès du juge des enfants et du juge d'instruction. Dans certains cas, assez rares, l'expertise est demandée en urgence. Ce délai s'impose à l'expert même s'il peut en demander une prolongation pour des raisons qu'il doit expliquer. Cette demande de prorogation de délais est presque toujours accordée. Là encore surgit une difficulté pour l'expert : le temps nécessaire à l'élaboration psychique n'est pas celui de l'horloge. L'élaboration psychique nécessite un temps de latence, de mise en sommeil, de reprise qui fait partie de la pratique quotidienne. L'expert doit dépasser ses propres résistances pour sortir du cadre de sa temporalité habituelle ; il doit avoir à l'esprit que le dépôt de son rapport concourra à l'issue du procès, donc à la décision du juge concernant l'enfant. En tout état de cause, le fait que soit mise en place une solution pérenne permet à l'enfant de sortir de la situation de déséquilibre où il se trouve ; il est de son intérêt que l'expert participe de son mieux à l'organisation dans le temps de cette stabilisation. Ainsi considérée, la notion de délai n'est plus une contrainte.

Les serments

L'expert, lorsqu'il est psychiatre, est écartelé entre les deux serments professionnels qu'il a prêtés. C'est d'ailleurs ce qui fait dire que le discours pédopsychiatrique n'est pas transcriptible en langage judiciaire dans la mesure même où les deux processus sont si différents.

Le premier serment est celui d'Hippocrate, prêté par tout médecin le jour de son doctorat. En voici un extrait dans sa formulation d'origine : « Je jure et je promets d'être fidèle aux lois de l'honneur et de la probité dans l'exercice de la médecine. […] Je donnerai mes soins gratuits à l'indigent et n'exigerai jamais un salaire au-dessus de mon travail. […] Admis à l'intérieur des maisons, mes yeux ne verront pas ce qui s'y passe, ma langue taira les secrets qui me seront confiés et mon état ne servira pas à corrompre les mœurs ni à favoriser le crime. » Ce serment insiste sur la confidentialité, sur la probité et sur le soin.

Il convient d'y ajouter les deux premiers préceptes d'Hippocrate : « *primum non nocere* », « d'abord, ne pas nuire » ; et « *deinde dolorem sedare* », « puis, soulager la douleur ». Il en existe une formulation plus actuelle : « Mon premier souci sera de rétablir, de préserver ou de promouvoir la santé dans tous ses éléments, physiques et mentaux, individuels et sociaux. Je respecterai toutes les personnes, leur autonomie et leur volonté, sans aucune discrimination selon leur état ou leurs convictions. J'interviendrai pour les protéger si elles sont affaiblies, vulnérables ou menacées dans leur intégrité ou leur dignité. Même sous la contrainte, je ne ferai pas usage de mes connaissances contre les lois de l'humanité. J'informerai les patients des décisions envisagées, de leurs raisons et de leurs conséquences. Je ne tromperai jamais leur confiance et n'exploiterai pas le pouvoir hérité des circonstances pour forcer les consciences. Je donnerai mes soins à l'indigent et à quiconque me les demandera. » Le sens est le même, mais il prend en compte les fondements modernes liés à la bioéthique, à la prévention et au consentement du malade.

Le second serment est celui prêté par tout expert judiciaire lors de son inscription sur la liste d'une cour d'appel : « Je jure d'apporter mon concours à la justice, d'accomplir ma mission, de faire mon rapport et de donner mon avis en mon honneur et en ma conscience. »

À ce serment s'ajoutent la définition de l'auxiliaire de justice et celle du cadre de son intervention.

Un *expert judiciaire* est un professionnel qualifié dans un domaine autre que le droit, auxiliaire de justice occasionnel du juge dans le cadre des missions qui lui sont confiées par les différentes juridic-

tions françaises. Il doit être préalablement inscrit sur la liste des experts judiciaires auprès d'une cour d'appel. C'est en général un professionnel dont la compétence est reconnue, chargé par un juge, dans le cadre d'une affaire judiciaire, de donner son avis sur des questions techniques. L'expert est toujours missionné par un acte écrit du juge et son intervention donne lieu à un rapport écrit qui est communiqué à toutes les parties et dont les conclusions ne s'imposent pas au juge.
Un expert ne peut se prévaloir de la qualité d'expert judiciaire que dans le cadre strict des affaires pour lesquelles il est missionné. En dehors, il redevient praticien, donc, le cas échéant, expert officieux ou privé.

Ces deux serments se respectent l'un l'autre et ne sont pas, au sens strict, contradictoires.
Par exemple, il est tout à fait accepté qu'un expert judiciaire, notamment dans la sphère médicale, ne livre pas l'ensemble des données que son examen a retrouvé s'il estime :

— soit que ces éléments sont de nature purement médicale et qu'ils n'ont pas à être livrés sur la scène judiciaire dès lors qu'ils ne seraient pas en relation directe avec l'affaire en cours et la mission donnée. On s'écarte du strict domaine médical puisqu'il ne s'agit pas de donner des soins ;
— soit que le médecin estime que certaines informations relèvent trop de l'intime et qu'elles n'ont pas à être, dans le respect du sujet, exposées sur la scène publique. Ces notions sont parfaitement admises par les juristes. Les mêmes règles de déontologie doivent s'appliquer, notamment celles qui ont trait à la confidentialité.

Il existe une exception en ce qui concerne l'expertise psychiatrique ou pédopsychiatrique. C'est l'une des rares expertises civiles où les parties au procès se présentent seules au rendez-vous fixé ; dans presque toutes les autres expertises, y compris médicales, les parties se font accompagner de leur avocat et d'un « conseil technique », c'est-à-dire du spécialiste de leur choix qui sert, le plus souvent,

d'interface pour mieux formuler leur demande face à l'autre spécialiste qu'est l'expert judiciaire.
L'expertise psychiatrique est donc bien un exercice tout à fait particulier où doit être respectée l'instauration d'un dialogue singulier et spécifique, comme dans la pratique habituelle.
Le statut de l'expert comporte en soi des obligations. Il est interdit d'être à la fois l'expert et le soignant ; il y a obligation de se récuser si un expert se trouve missionné dans un dossier où il est, ou a été, médecin traitant ou thérapeute. Il en va de même dans un dossier où, antérieurement, il aurait eu affaire, de manière privée ou professionnelle, à une des parties en cause. Il lui est également interdit de devenir thérapeute après avoir été expert, règle qui n'est pas toujours appliquée avec la rigueur nécessaire. En effet, il existe des cas où un professionnel a été désigné pour accompagner l'enfant durant les auditions de police, accompagnement désormais prévu par la loi. Certains de ces praticiens n'hésitent pas à prendre en consultation psychothérapique les enfants qu'ils ont connus de cette manière, confondant ainsi gravement l'espace social où s'est déployé le traumatisme et l'espace psychique nécessaire à l'organisation d'une psychothérapie qui doit rester isolée de toute réalité.

Il convient de savoir que le magistrat est libre de son choix pour la désignation de l'expert, y compris celui qui ne serait pas inscrit sur la liste de la cour d'appel. Ce type de choix dépend de facteurs multiples (historiques, subjectifs…). On ose dire parfois que l'expert moins formé ne connaît pas les strictes exigences d'une spécialité et se montre souvent plus complaisant avec le tribunal. Il rédige des conclusions habiles et séduisantes à la lecture qui ne font que valider l'hypothèse du magistrat, dont le travail à court terme est facilité. Parfois, les conclusions d'un expert libre dans sa pensée et sa pratique peuvent mettre le magistrat dans l'embarras ; non pas qu'il y prenne un malin plaisir, ses opérations d'expertise l'ont simplement amené à éclairer une dimension du dossier inconnue du juriste jusque-là. Un cas aurait ainsi pu évoluer d'une manière dramatique sans l'expertise.

> Une mère cherche par tous les moyens à s'opposer aux visites de son fils Vincent chez son père. À bout d'arguments, elle intente une procédure en urgence en évoquant des attitudes perverses du père. La magistrate paraît presque convaincue par la thèse maternelle ; elle l'écrit dans son ordonnance ; elle suspend immédiatement les droits de visite du père, ordonne des rencontres dans un centre au rythme d'une fois par mois et une expertise. L'expertise ne retrouve aucun élément d'inquiétude, y compris dans les paroles ou souvenirs de Vincent. Je préconise donc dans mes conclusions de redonner purement et simplement ses droits de visite et d'hébergement au père. Me rendant compte que mon point de vue est à l'opposé de celui de la magistrate, je fais le choix de lui remettre le rapport en mains propres et de lui expliquer de vive voix, délicatement, ce qui m'a conduit à ces conclusions, aux antipodes des siennes. Sa réponse est alors la suivante : « Je le savais... Il n'y avait rien dans le dossier de la mère. »

La magistrate n'a pas évalué la gravité de sa décision prise à l'emporte-pièce ; en validant momentanément le discours de la mère, elle a jeté un trouble dans l'esprit de l'enfant ; elle a créé un nouveau traumatisme en l'obligeant à fréquenter son père sous surveillance. Une chose est certaine : la justice a créé un traumatisme artificiellement. La magistrate ne l'a pas compris ; sous couvert de protection de l'enfant, elle prend des mesures immédiates, dommageables, et laisse régler le problème de fond par l'expert. Fort heureusement, je n'ai pas hésité à rendre des conclusions contraires aux écrits de cette magistrate, au risque de ne plus être désigné par elle. Ce qui n'a pas été le cas !

Le magistrat a le droit de désigner l'expert de son choix, même si celui-ci ne fait pas partie de la liste des experts. Cette liberté du juge, fondamentale pour l'exercice de son métier, comporte des avantages et des inconvénients. Parmi les avantages, outre l'indépendance absolue que doit avoir tout magistrat, il faut noter que ses désignations de gré à gré sont pour l'ensemble du tribunal un moyen d'expérimenter la compétence d'un praticien. De cette manière, après

quelques tentatives concluantes, un jeune expert pourra demander son inscription sur la liste.
L'inconvénient majeur de ce choix personnalisé expose le praticien appelé à l'expertise à ne pas pouvoir conserver son indépendance technique et éthique. Cela peut être bien difficile s'il pense qu'une certaine complaisance vis-à-vis du magistrat peut faciliter son inscription définitive sur la liste officielle…

L'expert et le juge

Le pédopsychiatre, tout comme le psychologue et le psychanalyste, est avant tout clinicien ; il prend appui sur son observation directe et sur ses capacités d'écoute. Mes références sont celles apportées par la psychanalyse qui est à la fois une pratique et une théorie. Et même dans ma position d'expert, je me situe toujours dans cette perspective.

Les outils de référence

Les psychiatres, les psychologues et les psychanalystes se sont intéressés à l'application de cet outil aux difficultés des enfants.
C'est à Françoise Dolto, entre autres, que revient le mérite d'avoir fait une synthèse entre ces différentes connaissances théoriques. Elle propose aux enfants la même méthode psychanalytique que celle appliquée aux adultes, supprimant les frontières ayant pu exister entre ces deux pratiques. L'enfant est le patient ; elle l'assure de la confidentialité des propos qu'il lui tient ; elle lui impose le paiement symbolique s'il veut s'engager dans une psychanalyse. Elle ajoute à la technique adulte l'utilisation du modelage et du dessin qui, comme le rêve chez l'adulte, sont porteurs de sens symbolique et imaginaire. Elle se situe à la fois dans la tradition

freudienne et dans la tradition lacanienne ; mais elle y ajoute deux concepts primordiaux pour décrire le développement de la personnalité :

— le concept d'*image inconsciente du corps*, témoignant de la relation que le sujet entretient avec sa propre image dans l'expérience de la rencontre langagière avec autrui ;
— les *castrations symboligènes*, étapes du développement de l'enfant où il rencontre, progressivement, les lois structurantes de la culture dans laquelle il est né, puis se développe.

Françoise Dolto décrit trois de ces étapes : la castration orale, la castration anale et la castration œdipienne. Elle les considère comme des épreuves symboliques par lesquelles l'enfant doit passer : signes de sa rencontre avec l'altérité et, par là, de l'inscription de son désir dans le langage.
Elle y ajoute la castration ombilicale référée au moment spécifique de la naissance où l'enfant passe du milieu intra-utérin, où il est nourri de façon continue, au milieu ambiant où ses besoins ne sont remplis que de manière discontinue.
L'acquisition du langage chez l'enfant suit les mêmes stades que ces étapes symboliques et symboligènes.
Mon propos n'est pas d'évoquer l'éducation comme un dressage où l'enfant aurait à apprendre les codes de bonne conduite dans les registres alimentaire, urétro-fécal et sexuel. C'est plutôt la manière dont il va être traversé par les lois fondamentales régissant ces trois périodes ainsi que la façon dont il va se les approprier. Enfin, par la voie des médias et de l'écriture, Françoise Dolto a eu une action militante, pour faire connaître ces théories et donner à l'enfant sa place d'interlocuteur à part entière.
Cet ouvrage n'est pas le lieu pour développer la technique psychanalytique, mais il me semble important de signaler ce qui, dans cette théorie, guide le praticien au quotidien.

Symbole, symbolique, symbolisation

Les mots « symbole », « symbolique » et « symbolisation » sont utilisés très fréquemment par les psychanalystes. Ils permettent de décrire les relations que le sujet a établies avec le langage.
Le mot « symbole » est composé de deux mots grecs : *syn*, « avec », et *ballein*, « jeter » ; c'est donc « mettre ensemble, comparer… ». Peu à peu, ce terme a pris le sens d'« ensemble qui lie deux représentations de la même signification ».
Le second sens du symbole renvoie à la capacité psychique pour un sujet de se représenter l'absence. Le monde psychique se crée progressivement par la mise en place des capacités de représentation. Le mot, à lui seul, suffit à l'évocation de la chose qui, pour autant, n'est pas sous le regard. Quand nous prononçons le mot « table », il n'est pas besoin d'en avoir une à disposition. Ainsi le symbole finit-il par évoquer l'ensemble des concepts qu'il véhicule de manière directe ou indirecte, voire cachée.
Il ne faut pas confondre *le* symbolique, terme utilisé par les psychanalystes, avec *la* symbolique, expression plus répandue. *La symbolique* peut se comprendre comme un ensemble de symboles propres à un système et ayant souvent une valeur universelle, même si l'interprétation dépend trop souvent de l'interprète.
Le symbolique représente, quant à lui, l'ensemble du système reliant les différents symboles les uns aux autres. Jacques Lacan a distingué trois registres, essentiels pour lui, dans la psychanalyse : le réel, l'imaginaire et le symbolique. Le langage organise le monde dans lequel nous vivons ; c'est ce que Lacan appelle le symbolique. Tous les éléments symboliques sont unis entre eux par la loi universelle du langage.

Je reçois en consultation à mon cabinet de psychanalyste Mélanie, six ans, accompagnée de ses parents. Ils évoquent un symptôme, très gênant selon eux : la cérémonie du coucher est interminable. Les parents lisent des histoires à la fillette et elle se montre insatiable : ensuite, elle se lève une quinzaine de fois pour faire pipi et « ne faire que quelques gouttes ». Je les écoute et je remarque que Mélanie s'est assise sur les genoux de son père. Elle passe tout le temps de la rencontre à jouer avec l'alliance du père en la faisant tourner sans cesse sur l'annulaire. Je sais que ce type d'urination fréquente est souvent, chez la fillette, un déplacement de l'activité masturbatoire, je lui dis : « Ton papa est le mari de ta maman. Tu joues avec la bague qui représente leur mariage. Toi, tu n'as pas le droit de te marier avec lui. Quand tu seras grande, tu rencontreras un homme et tu te marieras avec lui… »

À la consultation suivante, les parents, surpris, m'expliquent que le cérémonial du coucher a disparu ainsi que les allées et venues aux toilettes. Mieux encore, Mélanie est devenue avide de lecture et lit désormais toute seule. Elle a donc accepté la loi symbolique de l'interdit de l'inceste et s'en trouve libérée. Elle peut utiliser son énergie pour des activités qui lui sont propres et qui l'aident dans son évolution. L'alliance du père, symbole du mariage, ne se comprend que par l'ensemble symbolique auquel il appartient et qui comporte ses règles, ses interdits et ses possibles.

L'être humain est un être parlant. La psychanalyse nous montre que c'est l'apprentissage progressif du langage qui lui permet de percevoir, puis de s'approprier les lois du langage, le processus de symbolisation. J'ai ainsi pu constater cela chez deux de mes enfants.

Arrivés à l'âge du début du langage, chacun a compris qu'il ne peut plus marcher devant lui tête baissée, mais que tout déplacement implique l'éventuelle présence de l'autre sur son chemin. Pour manifester cette compréhension, qui est la perception d'une loi universelle, l'un et l'autre utilisent rapidement le mot « pardon », de la manière qui lui correspond le mieux. L'un dit « dondon » ; l'autre s'exprime par un « ato ».

De toute évidence, le premier visait l'efficacité et se contentait de redoubler la seconde syllabe du mot « pardon », plus sonore que la première. Le second, lui, visait non seulement l'efficacité de la parole mais tenait, de surcroît, à faire un effort de discrimination phonétique et utilisait parmi les sons qu'il avait à sa disposition les deux différents qui lui semblaient les plus proches du mot à restituer.

Freud nous a donné un exemple de la symbolisation avec ce qu'on a appelé le jeu du *fort-da* : un enfant jouait avec une bobine. Il jette la bobine loin de lui en disant : « Ooooh. » Il la ramène à lui en disant : « Aaaah. » Freud a compris que l'enfant prononçait deux mots allemands, *fort* (« loin ») et *da* (« là »). Il s'appropriait ainsi l'éloignement et le rapprochement de l'objet.
Pour chacun d'entre nous, la symbolisation est un double processus psychique qui nous permet, d'une part, de nous faire reconnaître comme sujet unique et désirant ; d'autre part, d'inscrire cette présentation de nous-même grâce au langage et à ses lois.
Les lois du langage portent d'ailleurs l'ensemble des règles qui organisent les relations entre les humains. C'est la raison pour laquelle on les appelle les interdits structurants. Aucune parole n'est interdite, aucun fantasme, le plus agressif soit-il, non plus. Mais il appartient au sujet de trouver le mode d'expression capable d'extérioriser son désir sous les formes que les lois du langage autorisent, c'est-à-dire en s'interdisant les passages à l'acte.

Les trois phases (ou stades) du développement de l'enfant : orale, anale et génitale

Les psychanalystes, à partir de l'observation clinique directe et de l'écoute attentive de leurs patients, ont mis en place la présentation des lignes de force composant une personnalité. C'est la « structure de la personnalité ». Cette étude s'est affinée avec les années et permet, aujourd'hui, de décrire des processus psychiques très subtils et de plus en plus différenciés.
Chaque phase de l'organisation de la personnalité imprime sa marque au fonctionnement psychique ultérieur. Il faut donc en connaître les éléments principaux.

La phase orale

Elle correspond au moment de la vie du bébé où sa relation avec l'extérieur passe essentiellement par la bouche. Il apprend progressivement à scander sa relation à la nutrition et donc à autrui, en l'espèce la mère, en acquérant la notion de rythme qui lui est donnée par la succession des séquences présence-absence de la mère corrélées aux séquences sensation de faim-sensation de satiété, ou séquences plaisir-déplaisir. Le langage porte des marques de cette époque ; on dit « dévorer un livre » ou « croquer la vie à pleines dents ».

La phase anale

C'est celle de l'appropriation par l'enfant des règles qui régissent la propreté et la maîtrise sphinctérienne. L'enfant est éduqué à faire ses besoins dans les temps et les lieux désignés. Il acquiert ainsi les notions de l'interdit et du permis, celles du bien et du mal, celles du beau et du laid. C'est de cette époque que viennent toutes les injures évoquant le pipi et le caca pour exprimer l'agressivité et le rejet.

> Cette grande fille, Marion, le sait bien quand, pendant l'examen d'expertise, elle raconte à propos de sa mère : « Elle dit qu'elle va nous faire bouffer de la merde, et que des mots comme ça. » Dans les autres critiques que Marion adresse à sa mère, il est question du père et des actions judiciaires menées, selon elle, par la mère : « Elle convoque mon père en justice et elle dit que c'est lui. » Ce discours est clairement agressif et rejetant, comme l'est le mode anal.

La phase génitale

Cette phase, appelée aussi œdipienne, correspond non seulement à la reconnaissance de la différence des sexes, mais également au renoncement à en éprouver du plaisir au sein de sa famille. C'est le moment où l'enfant s'approprie l'un des interdits majeurs du fondement de la société humaine : l'inceste. Par extension, il en déduit la reconnaissance et le respect des règles sociales. De là découlent toutes les injures renvoyant à la moralité de la mère et semblant inciter à la réalisation de l'inceste, telles qu'on les entend dans le vocabulaire actuel.

> Julien, au moment de l'entretien avec sa mère, devient virulent à son égard. Il reprend la liste de ses doléances, notamment à propos d'une lettre que sa mère lui a écrite. Il sort la fameuse lettre de sa sacoche, la montre et lance à sa mère : « Tu mets des cœurs partout. Moi, je trouve ça bizarre. Je suis ton fils, tu fais comme tu faisais avec Untel. »
> En fait, Julien sous-entend que cette lettre agrémentée de cœurs est celle qu'une amoureuse écrirait à son ami et non celle d'une mère à son fils. N'est-ce pas lui qui est dans la confusion des statuts, quand il s'identifie à l'ami de sa mère ?

Pendant les expertises pour divorce, cette confusion des rôles est constante.

> Cette grande adolescente, Marie, s'identifiant à sa mère dans la procédure, me dit : « Quand je vois mon petit frère et ma petite sœur revenir en pleurant de chez LEUR (*sic !*) père, ça ne me donne pas envie de LES lui donner. » Comme si elle occupait la position d'ex-femme du père !

Dans ces deux cas, c'est la position œdipienne de l'enfant qui oriente tout son discours.

Le droit à l'identité

Parmi les droits fondamentaux de l'enfant, celui du droit à l'identité est primordial, pour le psychanalyste comme pour l'expert. Cette notion recouvre celle de l'identité telle qu'elle est prévue par la loi. La déclaration de naissance est obligatoire et, avec elle, l'attribution d'un nom et d'un prénom. C'est l'état civil. Un enfant a un nom de famille, longtemps appelé patronyme. Des lois récentes en France ont fait évoluer cet usage.

L'enfant a également une histoire à partir de laquelle l'ensemble de son identité se construit. Les fondements de cette identité ont trouvé leur origine dans la rencontre entre une femme et un homme, ceux qui deviendront sa mère et son père. Il existe toujours des traces, même dans les méandres les plus cachés de l'histoire d'un sujet, de ce qui s'est joué dans cette rencontre. Les mots échangés alors et les émotions vécues s'installent dans l'inconscient des parents et se transmettent à celui de leur enfant. C'est à partir de cela que ce dernier formera les racines les plus profondes de son identité.

Certes, dans la majorité des cas, l'enfant est en relation plus ou moins directe, plus ou moins constante, avec ses parents réels. C'est ainsi qu'il construit sa personnalité. Il organise son identité par la perception progressive des images parentales à partir desquelles il construit la sienne propre, par choix ou par rejet. C'est le *processus d'identification*.

Il existe deux sortes d'identification. Quand on parle d'*identifications secondaires*, on se réfère à celles qui sont construites directement par l'enfant en prenant appui sur les images, les comportements et les paroles de ses parents au quotidien. Cela fait référence à l'éducation et à ses effets. Les identifications secondaires sont assez souples et permettent quelques aménagements. On voit ainsi se développer actuellement et réussir de nouvelles formes de famille ; elles seront exposées dans la seconde partie de cet ouvrage.

Quant aux *identifications primaires*, c'est-à-dire profondément inconscientes, elles sont très importantes. Rappelons que toute parole supprimée ou interdite de l'histoire du sujet par son entourage, consciemment ou inconsciemment, emporte toujours avec elle une partie de l'identité la plus authentique et la plus profonde de l'enfant. L'enfant peut ne pas avoir le nom de son père mais, pour autant, voir inscrit celui-ci dans son identité profonde. Les motivations du parent, par exemple du père, qui n'aurait pas reconnu l'enfant avant ou après sa naissance, font partie de l'histoire intégrante du sujet. Elles doivent lui être restituées afin que soit recréée une continuité chronologique et langagière nécessaire à sa construction. L'exemple clinique suivant en témoigne.

Juliette est née d'une liaison passagère, mais passionnelle, entre la mère et le père. La mère déclare volontiers : « J'ai eu le coup de foudre pour lui. » Elle précise que cet homme était pompier et qu'il a déclenché en elle ce « feu passionnel ». Pompier est également le métier du père de la mère, le grand-père maternel de la fillette. Le lien avec l'attachement inconscient que la mère a éprouvé pour son père est facile à faire.
Plus tard, elle rencontre celui qui deviendra son mari et le père de ses autres enfants et elle envisage l'adoption de la petite fille par son mari. Le père réel est censé ne jamais s'occuper de Juliette, quoiqu'il l'ait reconnue. L'acte d'adoption par le mari de la mère semble, dans le discours direct tenu, évident. Cet acte nécessite la signature par le père des papiers d'abandon de son enfant.
Et là, les complications surgissent : le document n'est jamais signé, le père ne se rend pas aux rendez-vous, les rendez-vous sont remis… bref, cette démarche se montre impossible. Le fameux document n'a jamais été signé. Cela prouve que le père, bien qu'il ait fondé une nouvelle famille, reste inconsciemment très attaché à cette partie de son histoire et, par là, à l'enfant elle-même.
La mère a eu d'autres enfants avec son mari. Quelques années plus tard, enceinte d'un autre homme, elle divorce. Les démarches d'adoption sont devenues caduques.

Vaut-il mieux qu'un enfant reste lié à son identité réelle ? Ou accepte-t-on l'idée qu'il puisse se construire une « identité passagère », c'est-à-dire celle qui est en résonance avec les seuls aléas de son histoire ?
Une identité n'est ni aléatoire ni mouvante. Elle est le résultat d'une construction lente et profonde. Elle ne peut pas être soumise aux émotions ponctuelles du sujet ou d'un de ses deux parents. Il suffit de comprendre que l'apport fondamental de la conceptualisation psychanalytique, en ce qui concerne l'enfant, est la description de ces différentes phases de la structuration de la personnalité.
Cette description se situe bien au-delà du bon sens éducatif, aux conditions de base de toute éducation : la nutrition, l'hébergement, l'hygiène, la socialisation, la scolarisation, etc.

Reste encore — et c'est l'un des apports de la psychiatrie comme de la psychanalyse — qu'il n'existe, pour un sujet donné, aucune règle clairement prédictive s'appliquant à l'élaboration de sa personnalité. Un sujet se construit sur des identifications. Cette aventure est strictement singulière et ne peut venir répondre à une quelconque statistique. Certains sujets ayant connu des histoires dramatiques savent, grâce à leurs expériences de symbolisation, réorganiser psychiquement ces traumatismes de manière satisfaisante. À l'opposé, des sujets ayant reçu une éducation convenable et habituelle seront toute leur vie empêtrés dans des empêchements parfois majeurs. De la même manière, des enfants élevés dans un milieu très permissif peuvent construire des images parentales, sur le plan inconscient, qui seront extrêmement sévères, voire destructrices.

C'est ce qui fait que, pour une évaluation juste, il ne faut jamais s'arrêter à l'étude du seul comportement des parents. Parmi les causes fréquentes de la saisine du juge des enfants, l'incurie recouvre tout type de manque de soins ou de négligence dans l'éducation. Il convient d'analyser surtout ce qui amène les parents à faire preuve d'incurie envers leur enfant. Il s'agit soit de leur incapacité, soit d'une volonté de nuire, soit d'un empêchement psychique. Les effets, dans ces trois cas, sont très différents.

C'est la raison pour laquelle il faut inciter à la prudence par rapport à une transcription immédiate dans la réalité des images recueillies par les tests dits « de personnalité » ou par les entretiens. Ces informations n'évaluent que les représentations psychiques actuelles du sujet, et non pas ce qu'ont pu être les relations que l'enfant avait établies, dans la réalité, avec ses parents.

Cela renvoie au travail de symbolisation évoqué ci-dessus. C'est le sujet lui-même, traversé par les lois du langage et les interdits que celui-ci porte, qui construit ses propres symboles et les hypothèses de vie qui lui conviennent.

Il faut donc montrer la plus grande prudence face à l'interprétation des propos tenus par un enfant ou par un adulte, c'est-à-dire par un sujet, quel qu'il soit.

L'éthique

L'éthique est, avec l'étude du fonctionnement psychique, le second apport majeur de la conceptualisation psychanalytique à la pratique clinique. Nul praticien ne peut éviter ce questionnement. Les réponses qu'il y apporte orientent tous ses choix. L'éthique est l'ossature de son exercice professionnel et le met seul face à ses décisions.
Les réflexions et les élaborations émanent de situations rencontrées au quotidien dans la pratique de l'expertise en psychiatrie infanto-juvénile.
Aucune thèse clinique et théorique n'aurait d'intérêt si elle n'était pas articulée à l'éthique : celle-ci est à la fois le fondement, la superstructure et la clé de voûte de tout exercice. Elle est personnelle, laissée à la discrétion du praticien, tant dans ses silences que dans ses propos. Elle est le fruit des réponses que chacun trouve quand il est confronté à des situations qui l'interpellent.
L'éthique doit, avant tout, amener le praticien à repérer en quoi la parole de l'enfant porte sa part de vérité dans cet espace artificiellement créé qu'est la consultation de pédopsychiatrie. La parole de l'enfant doit être reconnue et respectée. En découle l'un des premiers obstacles de la pratique de l'expertise en psychiatrie infanto-juvénile. Par son statut même, l'expert ne peut s'engager à la confidentialité vis-à-vis de l'enfant. S'il a le sentiment qu'il trahirait trop l'enfant en répétant certaines de ses paroles, ou qu'il le mettrait vraiment en porte-à-faux avec un parent, il ne doit pas l'amener sur ce terrain de discussion. Cela revient à dire qu'il ne doit poser aucune question propre à entraîner une réponse qui ne pourrait pas être transmise à un magistrat.
C'est là la position éthique d'un praticien, en même temps expert, qui repose sur les données fondamentales apportées par la conceptualisation psychanalytique. Elle s'énonce en trois points : la vérité subjective, la neutralité bienveillante et le moi idéal.

La vérité subjective

On ne doit pas, malgré la tentation, réduire cette dimension éthique à la seule écoute de la parole du sujet. « Parole » est ici pris dans son sens à la fois le plus profond et le plus exact. C'est ce qui émane du sujet lui-même, du seul sujet et de tout ce qui est de l'ordre de sa vérité. Il s'agit de sa vérité subjective.

Avec la notion de vérité subjective, le débat de fond commence. Le terme « vérité subjective » comporte un double sens : d'une part, la vérité subjective est l'expression la plus proche de ce que le sujet a à dire de lui-même. L'éthique ne serait, dans cette occurrence, que le profond respect du praticien envers cette authenticité. C'est l'un des fondements habituels de l'éthique. D'autre part, la vérité subjective est une vérité déformée. Le langage courant le dit clairement en évoquant le terme « subjectivité ». Tout sujet a cette tendance à relater ou à vivre les faits au gré de ses affects ; à son insu, son discours subit des transformations pour le mettre au service de ces affects.

C'est dans l'écart creusé entre ces deux sens que notre questionnement doit se situer. La simple formulation par le sujet d'un quelconque désir n'est pas une preuve de son authenticité. Cette expression, la plus radicale ou la plus pure soit-elle, n'est qu'un des modes que le sujet propose pour exprimer ce qu'il ressent à un moment donné.

Il n'est pas rare qu'un enfant livre, dans le cadre d'un entretien individuel d'expertise, un discours net sur le parent qu'il est en train de rejeter pour faire alliance avec le parent préféré. Le désir est formulé de manière ferme : « Je ne veux plus le voir. » Ou encore : « Je ne veux pas passer les week-ends avec lui (elle). »

À ce moment, comme au théâtre, survient le coup de sonnette du parent rejeté qui annonce sa venue. Si l'on formule, volontairement et à haute voix, la phrase suivante : « Tiens, voilà ton papa (ta maman) ! », il n'est pas rare d'observer que l'enfant se lève, se dirige vers la porte et se jette dans les bras de l'adulte pour l'embrasser alors qu'il venait, à l'instant, de formuler un rejet massif.

Dès lors, où se situe cette vérité subjective de l'enfant ? Il se peut que l'enfant n'ait fait que se conformer, dans un premier temps, à ce qu'il imaginait de la fonction de l'expertise, c'est-à-dire dépourvue d'une dimension affective pour lui. À n'en point douter, les paroles de rejet viennent répondre à ce qu'il perçoit de la situation qu'il est en train de vivre : le parent accompagnant est initialement le parent préféré, même si, pendant l'entretien individuel de l'enfant, il est resté dans la salle d'attente. Au coup de sonnette du parent prétendu rejeté, la subjectivité change d'allure et de place. L'enfant se situe alors dans la position subjective de l'affection profonde qui le lie à ce parent.

Cela amène tout naturellement au deuxième fondement de l'éthique.

La neutralité bienveillante

Le praticien ne doit pas, bien sûr, émettre un jugement de valeur sur les propos qui lui sont tenus. Cette attitude est bien celle qui est adoptée dans toutes les spécialités médicales ou psychologiques. Il ne viendrait l'idée à aucun médecin ni à son entourage de dire à un malade : « Ce n'est pas bien, vous vous êtes cassé la jambe ! » Il ne pourrait non plus reprocher à un patient d'être atteint d'un cancer. Il en va de même dans le cadre de l'examen pédopsychiatrique.

Les gestes, les comportements et les paroles sont considérés comme autant de signes qui doivent être recensés, répertoriés et analysés, de la même manière que le seraient la palpation d'un foie, l'auscultation d'un poumon ou l'examen d'une jambe.

La description des processus morbides par le médecin doit rester constamment neutre. C'est vrai aussi pour le praticien : il doit faire l'exposé des processus psychiques qui sont révélés lors de son examen de la manière la plus objective ou la plus descriptive possible, sans jamais y apporter une connotation morale.

Deux écueils sont à éviter : l'intolérable et les choix personnels. Certaines paroles peuvent être difficiles à entendre dans le cadre d'une expertise et elles peuvent passer par un filtre déformant qui trouve son origine dans les options propres à l'expert.

L'intolérable

Il existe des actes soumis à expertise dont l'exposé peut venir heurter la sensibilité du clinicien.

> Au cours d'une expertise, j'interroge Dylan, jeune adolescent coupable d'homicide par arme blanche, sur le nombre de coups de poignard qu'il aurait donnés lui-même, puisqu'ils étaient deux complices, lors de cette scène meurtrière. De manière désinvolte, il répond : « Je n'ai pas compté. »
> J'insiste pour obtenir une réponse plus précise. Je lui fais remarquer qu'il y a certainement eu une autopsie, versée au dossier d'instruction et communiquée à son avocat qui a dû lui indiquer le nombre de coups relevés. De manière tout aussi désinvolte, Dylan me répond : « Il y en a eu quatorze. Alors disons que j'en ai donné la moitié, sept. » Ils étaient deux, il divise par deux !

L'expert doit analyser ces propos comme renvoyant au fonctionnement psychique du sujet. Le jugement moral doit en être exclu. Cet entretien, rapporté sous une forme anecdotique apparente, correspond bien à une sémiologie psychiatrique réelle. L'expert la transcrit dans sa forme professionnelle : tendance au passage à l'acte, froideur affective, absence d'autocritique et, éventuellement, provocation.

Apparaît la limite existant entre la pathologie mentale et/ou psychique et la sociopathie. Elle est difficile à tracer, elle a fait l'objet de nombreux débats, mais elle reste encore à l'origine de certains malentendus entre le juriste et l'expert.

Cette attitude de l'expert est très proche de ce que les psychanalystes nomment la « neutralité bienveillante ». Cette expression recoupe la posture adoptée par le psychanalyste à l'écoute de la parole émise. Il s'agit de l'accueillir et de la recueillir sans aucun jugement.

Les choix propres du professionnel

Le second écueil renvoie aux choix propres de l'expert. Ce dernier est confronté à de très nombreux modes de vie différents et, parfois, opposés au sien.

Tout choix, tout mode de vie est acceptable et peut donc être légitimé, à la condition qu'il puisse s'inscrire logiquement dans l'ordre du langage. C'est la preuve qu'il est symbolisable pour le sujet lui-même, adulte ou enfant.
Toute autre manière de procéder revient, pour l'expert, à poser ses propres choix comme élément d'un étalonnage qu'il finit par croire objectif alors qu'ils ont pour origine ses identifications les plus profondes, le résultat de sa propre histoire.

Le moi idéal

C'est le versant inconscient de ce qui amène le praticien à ses choix personnels. Il n'est pas rare que les conclusions d'un praticien soient conformes à l'idéologie ou à la cause pour laquelle il milite. Il ne faut pas y lire, de sa part, une déformation volontaire de la réalité, mais des effets presque banals et bien connus de ce que les psychanalystes appellent le « moi idéal ».
Le moi idéal fonctionne comme un emblème qui devient, ainsi, sa référence universelle. Lorsqu'il est en position d'expert, ses élaborations ne sont pas libres puisqu'elles sont d'abord passées au crible de ce qui est acceptable pour l'idéologie défendue, donc pour son emblème. Le moi idéal devient l'image parfaite qu'il cherche désespérément à atteindre. Il y perd sa liberté d'élaboration ; c'est le premier pas vers l'aliénation. Le praticien sort, à son insu, de la neutralité requise.
Peut-être devrait-on s'interdire de désigner comme expert un praticien connu socialement et publiquement comme défenseur ou partie prenante d'une doctrine précise. Il ne s'agit pas de dénoncer le rôle important que de nombreuses associations remplissent dans le cadre de la défense des enfants ; ce rôle est fondamental. Ces associations accomplissent un travail remarquable quant à la diffusion, auprès d'un public large, des écueils et des problèmes qui concernent l'enfance. On peut citer pêle-mêle l'inceste, l'adoption, l'incurie, les sévices, le handicap, et tant d'autres.
En revanche, ces idéologues n'ont pas, dans l'exercice d'une expertise, le recul nécessaire pour faire l'estimation juste et neutre d'une

affaire trop proche de l'idéologie dont ils se déclarent, par ailleurs, les représentants et les défenseurs.
N'est-ce pas tout le problème qui s'est posé dans la fameuse affaire d'Outreau où l'un des experts, principalement, était par ailleurs membre militant d'une association très active sur le thème du procès engagé ?

L'expertise pédopsychiatrique

L'examen pédopsychiatrique doit être décrit avec précision. C'est à partir de lui que les conclusions remises au tribunal sont rédigées. Il faut donc livrer ici toute la méthode qui amène à leur rédaction. Une connaissance précise de la technique d'examen permet d'en évaluer l'objectivité et d'ouvrir à une discussion possible sur les difficultés que l'expert rencontre.

La pédopsychiatrie

Notre époque, par souci apparent de formulation simple, crée des expressions vidant tout concept de son sens. C'est ainsi qu'a été formé, de manière abusive, le terme générique « psy ». Ce vocable par trop généralisant regroupe des références théoriques et pratiques très différentes. Il convient donc de présenter clairement les différences existant notamment entre les métiers de psychiatre, de psychologue et de psychanalyste.

Le psychiatre

Le psychiatre est un médecin. Il procède à un examen clinique qui lui permet de faire un relevé des signes et/ou des symptômes. Le pédopsychiatre a une qualification complémentaire concernant l'enfant et l'adolescent, c'est-à-dire la tranche d'âge qui va de la naissance à dix-huit ans. Il regroupe les signes de son observation dans le cadre de ce que l'on appelle en médecine une maladie et, en psychiatrie, une structure de la personnalité. L'examen pédopsychiatrique sera détaillé plus loin. Son relevé clinique peut être complété par divers bilans (psychologique, orthophonique, psychomoteur). La synthèse de tous ces éléments l'amène à poser des orientations thérapeutiques et les indications de prises en charge. Si le pédopsychiatre a une formation de thérapeute ou de psychanalyste, il se charge lui-même de ce travail.

Le psychologue

Ce praticien est formé à la faculté de lettres et de sciences humaines. Cette formation universitaire s'accompagne de nombreux stages cliniques, d'initiation à la conduite d'entretien et de la préparation à l'accompagnement psychothérapeutique. Il peut, comme le psychiatre, être spécialisé dans le travail auprès des enfants et des adolescents.

Il est également formé à la passation des tests : tests de performance dont le but est d'apprécier le niveau cognitif des patients — ce sont les tests de quotient intellectuel (QI) ; tests appelés « projectifs » qui essaient de faire émerger les images existant en profondeur à l'intérieur du sujet. Le psychologue qui les pratique cherche à déterminer les capacités générales d'un sujet, sur le plan du fonctionnement intellectuel ou cognitif et de son mode de préhension de la réalité lorsqu'il est dans une démarche d'évaluation. Ces tests donnent un aperçu des principaux modes actuels qu'utilise un sujet pour percevoir la relation qu'il a établie avec la réalité. Il faut insister particulièrement sur le mot « actuel » car les tests psychologiques, dans leur ensemble, ne dévoilent rien de l'histoire passée du sujet, même si les modes de fonctionnement qu'il a choisis ou qu'il s'est imposés se sont construits au fur et à mesure de son histoire.

Cette évaluation n'est, bien sûr, pas le but essentiel du métier de psychologue. Elle peut lui servir de point de départ au processus d'aide, d'accompagnement et de thérapie qu'il met en place, ou d'aide pour l'évaluation d'une structure. Le psychologue clinicien (par opposition, par exemple, au psychologue du travail) s'est spécialisé dans le travail psychothérapeutique.

Le psychanalyste

Les psychanalystes n'ont pas tous le même métier d'origine. Ils peuvent être psychiatres, psychologues, philosophes, enseignants… Ils se forment à la psychanalyse dans un second temps, après avoir eux-mêmes suivi une psychanalyse souvent longue. Le protocole analytique consiste à proposer au sujet un cadre où sa propre parole peut se déployer et dans lequel, grâce à l'analyse de ses symptômes, de ses différentes erreurs de langage (lapsus), de comportement (actes manqués) ou de ses rêves, il réussit à faire émerger les ratés de sa propre histoire, les fondements de ce qui anime son désir et sa façon d'être.

Ainsi, la psychanalyse se situe quasiment à l'opposé de la pratique de l'expertise. Certes, elle peut apporter sa contribution théorique et sa conceptualisation des processus psychiques. En poussant les choses à l'extrême, on peut dire que la seule expertise en psychanalyse est celle faite par le patient lui-même au cours des nombreuses années de sa propre psychanalyse. La technique analytique invite le patient, l'analysant, à produire activement un discours et les interprétations qu'il peut se proposer.

Dans la pratique quotidienne, les pédopsychiatres et les psychologues sont habitués à travailler ensemble. Ils le font en prenant appui à la fois sur la différence de leur formation et sur leur complémentarité. Ce travail en commun est la règle dans leur pratique, notamment hospitalière ou institutionnelle.

La confrontation entre les conclusions de l'examen pédopsychiatrique et celles de l'examen psychologique ne peut se faire que dans le dialogue que le pédopsychiatre et le psychologue instaurent dans leur pratique quotidienne. Ces professionnels sont particulièrement entraînés à confronter leurs opinions, notamment lorsque celles-ci sont en apparence contraires, voire contradictoires. Leur différence d'appréciation ou de perception naît de leur angle d'approche de l'enfant et de leurs outils de travail différents. Quand leurs conclusions sont différentes, ils se remettent au travail en recherchant l'origine de l'apparente opposition de leurs points de vue, qui n'est pas en soi un motif de désaccord. Elle indique simplement que les élaborations de l'un et/ou de l'autre des praticiens sont, en l'état, insuffisantes et qu'elles nécessitent des élaborations complémentaires. En aucune manière celles-ci ne peuvent être faites par un tiers ne possédant pas le corpus théorico-clinique de référence. Isolées de ces corpus, ces conclusions et élaborations n'ont aucun sens, ce que le monde judiciaire méconnaît.

Ce travail de synthèse entre psys a son propre sens, mais le monde judiciaire n'y voit souvent qu'un conflit de compétences.

La plupart des juristes n'hésitent pas à citer une phrase, une expression ou même un mot extrait du rapport d'expertise, en laissant de côté les élaborations qui l'accompagnent. Ils le font parfois naïvement, par méconnaissance, parfois volontairement pour présenter un raisonnement dont ils pensent pouvoir tirer profit dans le procès. Les conclusions du rapport d'expertise peuvent ainsi être vidées de leur sens réel.

En effet, chaque science crée son objet. Cet objet se constitue principalement à partir des fondements théoriques que cette science se donne. On pourrait même dire que cet objet n'est qu'une fiction qui ne peut prendre son sens et sa véritable place qu'au sein de la science qui est justement en train de l'étudier. C'est bien la raison pour laquelle l'« objet » étudié par l'expert ne peut pas être le même que celui du juriste.

Dans ce registre, la position éthique doit être formelle : aucune interface ne peut réellement traduire ou transcrire la valeur d'un objet au sein de la science dans laquelle il a trouvé son origine dans une autre science ; cette dernière lui donnera, immanquablement, une autre valeur, en fonction de ses propres critères d'évaluation. Autrement dit, l'« objet » étudié par l'expert n'a qu'une valeur psychique ; il ne rend presque jamais compte de ce qui est survenu dans la réalité. Tout au plus est-il capable de déduire la place que peut occuper tel ou tel acte dans la vie psychique du sujet.

Prenons pour exemple le crime. Il n'aura pas la même valeur selon la structure psychique du sujet qui l'a commis. Chez un sujet délirant, on peut comprendre le passage à l'acte criminel comme inscrit dans le délire lui-même. C'est le cas dans les délires de jalousie ou passionnels, ainsi que dans certains délires hallucinatoires où l'acte est dicté au sujet par les voix qu'il entend. Chez un sujet dit « normal », on doit analyser finement la nature des relations ayant existé entre le criminel et sa victime, la préméditation éventuelle, l'aspect utilitaire du crime (vol, braquage...). C'est ce qui apparaît dans les notions juridiques de responsabilité, de capacité ou d'abolition du discernement, voire d'altération des facultés mentales ou neuropsychiques. La notion même de responsabilité ne fait pas, *stricto sensu*, partie des concepts psychiatriques. Elle ne peut pour l'expert qu'être référée à son étymologie, à savoir la « capacité à répondre ».

Le même type d'élaboration peut être proposé pour la culpabilité. Il s'agit, pour le juriste, de repérer l'implication active ou passive d'un sujet par rapport à un acte commis ainsi que les conséquences de cet acte et les éventuels sanctions et dédommagements auxquels il serait condamné. Pour l'expert, parler de culpabilité est un abus de langage. On ne devrait évoquer que la notion de sentiment de culpabilité, dont on remarque qu'il constitue un élément important de toute vie psychique.

Freud a exposé dans *Totem et Tabou* l'existence du sentiment inconscient de culpabilité, comme quasi fondateur de l'humanité. Il s'agit, en fait, de l'inscription au sein de la vie psychique d'une culpabilité pour une faute qui n'a, dans la réalité, jamais été commise, alors qu'elle s'inscrit psychiquement comme un élément actif ayant eu lieu imaginairement, et vis-à-vis de laquelle le sujet reste dans l'attente constante d'un retour punitif.

C'est l'existence de ce sentiment de culpabilité qui permet de repérer l'un des éléments constitutifs de la personnalité psychique, le sur-moi, instance répressive, interdictrice et punitive.

À ce vocable de « psy » s'ajoute, dans le lexique judiciaire, l'expression « troubles neuropsychiques », utilisée dans toutes les missions d'expertise. C'est une formule composite qui tente de réunir l'organisation encéphalique ou nerveuse et les éléments de la vie psychique. Là encore, nous sommes dans le cadre de sciences différentes, pour ne pas dire opposées, même si d'aucuns les qualifient de complémentaires. L'objet de l'une, la neurologie, consiste en un examen clinique et en examens complémentaires variés (IRM cérébrale, scanner, électroencéphalogramme, artériographie cérébrale, dosage sanguin. .). La psychiatrie, elle, entreprend l'analyse d'un discours et le repérage des affects l'accompagnant, des répétitions et des contraintes dans lesquelles le sujet est pris.

Voilà donc une première approche des malentendus et des incompréhensions existant entre les lexiques et les pratiques de chacun des acteurs de la scène judiciaire. Cet écart peut, certes, créer un espace de liberté salvateur pour le sujet mais, le plus souvent, il donne lieu à des erreurs d'interprétation qui provoquent des décisions néfastes pour l'enfant.

> M. et Mme Dupont divorcent principalement du fait de la maladie mentale de M. Dupont, qui vit désormais de manière très marginale et se retrouve SDF et alcoolique.
>
> Leur fils, Thomas, a beaucoup d'affection pour son père et veut continuer à le rencontrer quelques heures le samedi après-midi, comme il en a l'habitude. Il explique à l'expert, durant un entretien individuel : « Je sais bien voir quand papa ne va pas bien : il marche plus droit et il dit n'importe quoi… j'arrête la visite et je rentre à la maison. »
>
> Il s'agit d'un garçon de dix-onze ans, parfaitement autonome et très à l'aise dans son équation identitaire.
>
> La mère, de son côté, a repris son nom de jeune fille, à savoir Mme Bien.
>
> En conséquence de l'instabilité sociale de son ex-mari, elle demande une suppression totale des droits de visite. Pour développer sa thèse, elle finit par dire : « Je sais ce qui est BIEN pour Thomas. »
>
> Mon attention immédiate se porte sur cette phrase ; ainsi, dans mes conclusions et leurs commentaires, je tente d'expliquer ce que cette parole maternelle peut signifier ; elle ne se rend pas compte que, derrière un argument de type social et, pourquoi pas, acceptable, elle fait, sur le plan inconscient de la nomination, disparaître le nom de famille du père au profit de son nom de jeune fille, c'est-à-dire celui du grand-père maternel.
>
> Thomas sait bien qu'il s'appelle Thomas Dupont. Il est à l'aise dans cette nomination et sait, très sereinement, gérer les difficultés sociales et psychiques de son père.

Ainsi, je propose tout bonnement de s'en tenir à la demande de l'enfant, à savoir de maintenir ses deux ou trois heures de visite qu'il passe avec son père le samedi après-midi.

L'expert, psychanalyste de surcroît, sait bien que le nom du père est le support structurel de chaque enfant. Le juge aux affaires familiales ne l'a pas entendu de cette oreille ; il a préféré s'en tenir aux critères sociaux habituels, c'est-à-dire ceux renvoyant à la bonne adaptation exigible pour chaque parent. Il a donc supprimé les droits de visite accordés au père.

Cet exemple prouve bien comment les niveaux d'évaluation du psychique et du judiciaire ne parviennent pas, parfois, à se croiser.

Ainsi cette discussion concerne les différences incontournables existant entre le discours psychiatrique et le discours judiciaire. Il faut y ajouter qu'il existe plusieurs options à l'intérieur même de l'exercice psychiatrique. Leur présentation complète cette clarification inaugurale. De plus, le métier de psychiatre renvoie à trois modes d'exercice très différents les uns des autres. Ces courants de pensée, et donc de pratique, sont :

— le courant psychogénéticien. Il cherche à déterminer l'origine psychique des actes et des paroles, ainsi que la dynamique qui oppose les différentes instances de la personnalité. La psychanalyse est le modèle premier de ce courant ; toutes les autres formes de psychothérapie en sont les héritières plus ou moins directes ;

— le courant sociogénéticien. Il cherche à mettre en évidence les systèmes d'interrelation entre un sujet et son entourage, en l'étudiant à partir de son milieu d'origine ou en analysant ses conséquences, par transposition, dans le monde social. On y retrouve le mouvement dit « antipsychiatrique » des années 1960, à l'origine des thérapies institutionnelles et systémiques ;

— le courant organo-dynamique. Il recherche les dysfonctionnements d'un organe ou d'une fonction à l'origine de troubles comportementaux repérés. On y trouve les croisements possibles entre la neurologie et la psychiatrie, tout au moins en ce qui concerne les signes cliniques. C'est dans ce groupe que sont rangées les thérapies comportementales.

Précisons que j'ai rédigé cet ouvrage en tant que pédopsychiatre, psychanalyste de formation. Un expert psychologue clinicien ou un pur psychanalyste auraient sans doute présenté leurs conclusions selon les spécificités de leur métier.

L'expert apporte son concours à la justice de la manière la plus objective possible et toujours en conformité avec les données scientifiques de son époque. Ainsi m'arrive-t-il, mû par cet esprit d'objectivité, d'exposer dans mes conclusions les éventuels points de divergence qui auraient pu apparaître si le rapport d'expertise avait été rédigé par un psychiatre appartenant au courant sociogénéticien ou organo-dynamique et en expliquant ce qui amène le psychanalyste que je suis à proposer ses conclusions.

Il faut ajouter une dimension, voire une difficulté supplémentaire, spécifique à la psychiatrie infanto-juvénile. Les éléments exposés appartiennent à une personnalité adulte achevée et dont la pérennité est repérable dans le fonctionnement psychique. Lorsque le sujet est un enfant, cette organisation est en formation et vouée en permanence à des remaniements. Les mots et les affects n'ont pas la même valeur symbolique, la même portée, le même sens, selon l'étape de structuration de la personnalité de l'enfant. On constate quotidiennement que tout événement traumatique ou non, vécu par l'enfant, se trouve fortement remanié, soit quand il lui a trouvé une place dans l'édifice de sa personnalité en formation, soit quand il a franchi une étape de sa structuration. Chaque phase, ainsi, entraîne un dépassement et un refoulement de l'époque précédente, avec pour conséquence directe que les mots et les comportements déclarés signifiants au moment de l'observation n'ont plus le même sens ou la même valeur qu'à l'époque où ils sont advenus. Ils ne prennent leur sens que dans leur mise en relation avec les autres éléments du système et de la structure qui les soutient.

Tant que l'évolution de l'enfant n'est pas terminée, la valeur des mots reste constamment en évolution et en remaniement. L'adulte doit toujours avoir à l'esprit que son lexique s'organise dans une structure achevée. Il doit donc tenir compte de l'âge de son interlocuteur ou de celui qu'il avait à l'époque des faits dont il parle.

Le déroulement de l'examen pédopsychiatrique et de l'expertise

Ce type d'examen est réalisé, donc validé, par l'ensemble de la profession. Nous allons décrire la méthode la plus conforme aux « règles de l'art ». La formule est lourde de sens et de conséquences. Elle décrit les critères d'une pratique. Elle définit tout ce qui est établi, exécuté conformément aux prescriptions légales dans chaque métier, et ce en situation régulière, au regard des lois et des habitudes de la profession. Généralement, l'acte professionnel est commis dans le cadre habituel de l'expert. Il n'est plus dans son cadre lorsqu'il effectue une expertise dans un commissariat ou dans une maison d'arrêt. C'est une adaptation de sa technique qu'il doit signaler dans ses conclusions.
L'examen pédopsychiatrique comporte principalement une observation clinique qui amène à un relevé de signes objectifs tels qu'on les retrouve dans n'importe quel examen médical.
Dans le cadre de l'expertise, on se heurte à une double difficulté. La première concerne le relevé des signes objectifs. Il doit être le plus précis possible. Sa lecture est toujours soumise à la méthode que l'expert utilise, notamment dans ses références théoriques. Ainsi cette lecture est dépendante de la méthode d'interprétation choisie mais, pour partie, traversée par certains éléments propres relevant de la subjectivité de l'expert. C'est pourquoi j'introduis chacune de mes expertises par ce préambule : « Les commentaires se répartissent toujours en deux sortes : les commentaires dits "objectifs", qui relèvent directement de l'observation clinique et qui comportent le principal de l'examen ; les commentaires dits "subjectifs", qui renvoient à une interprétation possible des dires que chaque sujet est amené à tenir et dont, évidemment, la lecture dépendra de l'interprète. »

L'avantage est de mettre systématiquement en garde le lecteur contre les deux aspects de la transcription et de l'interprétation de l'examen réalisé.
La seconde difficulté concerne le fait que l'utilisation habituelle de l'examen pédopsychiatrique est d'ordre thérapeutique. Son utilisation à des fins expertales peut être considérée comme une sorte de dévoiement. L'enfant, mis en confiance, livre à l'expert des propos qui pourraient « se retourner contre lui » dès lors qu'ils seront à l'origine de décisions surprenantes pour lui, voire antinomiques de son désir. Reste à signaler que le juge, avec l'expert, se place dans une prospective pour préserver au mieux ce qu'il imagine être pour l'enfant les conditions optimales de son développement psychique harmonieux. Il ne va donc pas se situer dans l'instantanéité d'une demande souvent formulée dans l'affectif immédiat.
L'expert procède toujours de manière identique. Habituellement, les parents et l'enfant sont reçus ensemble pour un premier entretien. Pour la pratique de l'expertise, j'ai choisi un cadre fixe afin de guider mon évaluation : l'enfant est reçu le premier ; les parents, dans un second temps. Il s'agit d'une adaptation de la pratique d'une consultation quotidienne. En effet, pour l'expertise, les parents ne sont pas reçus ensemble, on réalise donc deux entretiens, l'un réunissant l'enfant à sa mère, l'autre à son père. En lieu et place du seul entretien correspondant à la première consultation du praticien, on procède donc à trois entretiens.
L'expert peut modifier l'ordre dans lequel il organise ces trois phases. Il sait que la chronologie choisie a ses propres effets sur la mise en place de la relation de l'enfant avec le praticien. Son écoute n'est pas la même selon qu'il a entendu dans un premier temps l'enfant ou ses parents. Dans un cas, il a affaire à des parents exposant leurs difficultés éducatives et/ou affectives. L'enfant est entendu comme preuve ou comme invalidation du discours dont il a été l'objet, risquant, de ce fait, de perdre sa véritable place subjective. Dans le cas où l'enfant est reçu le premier, son discours sert de point de départ et de référence. Il m'arrive souvent de demander à l'enfant quel est l'ordre dans lequel il préfère que ces deux entretiens avec les parents se déroulent.

Dans tous les cas, il est plus aisé, pour que l'évaluation soit la plus objective possible, de se proposer un cadre de référence toujours identique. Les écarts imposés par les différentes situations font également partie de l'analyse du cas lui-même. Certains enfants refusent de venir seuls dans le bureau de l'expert, soit par crainte d'un adulte étranger, soit par les enjeux mêmes de la situation dont ils seraient parfaitement conscients.

Cette souplesse fait partie intégrante de la pratique de la pédopsychiatrie. On ne recevra pas individuellement un enfant trop jeune, non encore scolarisé. Un enfant scolarisé à l'école maternelle depuis une année qui refuse l'entretien individuel marque d'emblée des craintes. C'est pour lui un temps de séparation avec un de ses deux parents. Cela peut aussi être la manifestation de son angoisse face à la situation conflictuelle ou difficultueuse dans laquelle il est déjà pris.

Il est impératif d'éviter de créer, dans l'esprit de l'enfant, une situation anxyogène ou traumatogène à de pures fins expertales. Il s'agit du respect des droits de l'enfant, respect d'ailleurs coutumier dans l'exercice de la pédopsychiatrie.

Cette description montre bien l'adaptation technique qu'implique l'expertise. L'évaluation doit être la plus objective possible sans que les propos tenus puissent être repris lors d'entretiens ultérieurs. Comme cela a été signalé, l'examen expertal doit conserver son caractère instantané et exceptionnel. Si l'expert voyait l'enfant à plusieurs reprises, il instaurerait quasi obligatoirement un espace de parole d'allure psychothérapique dont il ne serait pas le garant. Presque à l'opposé, on peut dire que l'expert utiliserait cette confiance mise en lui par l'enfant dans un autre but que celui de l'aider à progresser.

Ainsi, le schéma spécifique de l'expertise doit respecter des règles strictes. L'examen doit se tenir au plus près de ce qui se passe dans la pratique quotidienne, lors de la première consultation chez le praticien. Cette première consultation dure, en règle générale, de quarante-cinq minutes à une heure et demie, selon les éventuels signes de pathologie observés, selon les capacités d'élaboration de chacun des membres de la famille et selon leurs défenses face au dialogue.

Le discours de l'enfant peut varier selon le parent accompagnateur. Il est préférable que tous les entretiens se déroulent dans le même temps : tous les « acteurs » de l'expertise sont convoqués le même jour, à la même heure, chacun attendant lors des entretiens réservés aux autres.
La prescription d'investigations complémentaires s'impose parfois, pour affiner le diagnostic. Mais il est bien rare que ces informations ou ces éléments, spécifiquement médicaux, soient utiles sur la scène judiciaire, puisqu'ils ne servent qu'à orienter vers la solution thérapeutique adaptée au cas.

Les signes objectifs

C'est le temps essentiel, pour ne pas dire primordial, de l'évaluation. L'examen pédopsychiatrique est un examen clinique. C'est le moment où l'expert relève avec soin tous les signes livrés à son observation. Celle-ci peut être directe quand elle émane de l'enfant lui-même. Elle est indirecte quand les éléments procédant de la pathologie sont fournis par les parents. On désigne d'ailleurs classiquement par « anamnèse » ce moment de l'examen correspondant à la recherche des antécédents.
Durant l'examen, on essaie de relever tout ce qui peut correspondre aux registres suivants :

L'oralité

Il s'agit de tout ce qui concerne la relation de l'enfant avec l'alimentation et, plus généralement, de la manière dont il a, dans les premiers temps de sa vie, investi la sphère orale. L'enfant est-il un bon mangeur ? Ou au contraire anorexique ? A-t-il des phobies ou des bizarreries alimentaires ? On doit inclure dans cette sphère d'autres signes : jeu de salive dans la bouche, position primaire de la langue, c'est-à-dire trop à l'avant de la bouche, responsable de défauts de prononciation. Ou encore poursuite trop tardive de l'utilisation de la fameuse sucette.

Le sommeil

L'enfant a-t-il un sommeil rythmé, régulier et serein ? Présente-t-il des difficultés d'endormissement ou des balancements ininterrompus au cours de la nuit ? Souffre-t-il de terreurs nocturnes ou de cauchemars trop fréquents ? Vient-il déranger régulièrement les parents dans leur chambre ou même s'installer dans leur lit ? Il est d'ailleurs intéressant de noter la place que l'enfant préfère occuper dans ce cas, du côté du père, de la mère ou entre les deux.

La propreté

L'enfant a-t-il acquis le contrôle de ses sphincters en temps utile ? Rappelons que la propreté diurne s'acquiert vers l'âge de deux ans, la propreté nocturne vers trois ans. Existe-t-il une énurésie ou une encoprésie, nocturne ou diurne, primaire ou secondaire, intermittente ou régulière ?

Le langage

L'étude de ce registre est capitale car la forme du langage de chaque enfant renvoie à sa structure. On y étudie avec précision les formes tant syntaxiques que lexicales utilisées. Et on repère les retards de langage simples ou complexes, les retards de parole, la persistance du « parler bébé » qui est une forme de maintien de l'immaturité affective. Il existe de nombreux empêchements au parler fluide : le bégaiement, le chuintement, le mutisme ; chacun peut avoir des fonctions multiples.

La psychomotricité

Ce registre est très important. On y observe l'ensemble des comportements de l'enfant. Présente-t-il un état d'agitation ou, au contraire, d'inhibition ? À quel âge a-t-il marché, en gardant à l'esprit que la marche n'est exigible qu'à quatorze mois, la tradition populaire la situant plus précocement. Il faut également repérer la manière dont l'enfant se comporte avec lui-même. Certains sont en effet très en accord avec leur corps ; on parle souvent, d'ailleurs, de la manière d'« habiter son corps ». D'autres sont au contraire bien plus empêtrés, voire dans un état de crispation constante ou de maladresse. L'agitation peut renvoyer à une angoisse profonde ou, parfois, à une lutte contre un sentiment dépressif. Certains enfants restent assis, immobiles, sur le rebord de la chaise, donnant l'impression de ne pas vouloir occuper l'espace. Cette observation de l'apparence extérieure donne une représentation assez exacte de l'image que le sujet a de lui-même et de celle qu'il veut renvoyer à l'autre.

L'efficacité intellectuelle

Elle ne se réduit pas à l'intelligence et englobe les réelles capacités d'élaboration intellectuelle. Bien sûr, on se réfère au comportement scolaire, notamment en vérifiant que l'enfant est bien dans la classe qui correspond à son âge. Quelle est son efficacité scolaire ? A-t-il connu récemment une baisse de celle-ci ? Autant de signes à interpréter comme une réponse affective aux difficultés familiales et/ou personnelles qu'il traverse. De manière plus générale, on peut apprécier les capacités de l'enfant à s'inscrire dans un dialogue efficace ou sa capacité à élaborer et à présenter sa propre pensée. On peut noter également l'existence d'un repli sur soi massif ou, à l'opposé, d'une tendance à l'affabulation et aux débordements imaginaires.
C'est le relevé puis la mise en ordre de ces différents signes qui amènent l'expert à proposer un diagnostic. On ne comprend pas un symptôme de la même manière selon qu'il est isolé ou accompagné d'autres symptômes. Il est toujours un signe qui révèle autre chose. Il est une indication superficielle d'un mécanisme qui se passe en profondeur.
Pour le praticien, le regroupement de certains symptômes conjoints renvoie principalement aux grandes lignes de ce que nous nommons « structure de la personnalité ». Évoquons ses deux formes extrêmes : la névrose et la psychose. La névrose présente, par la série de symptômes qu'elle entraîne, un état psychique particulier qui révèle en fait un conflit intérieur. Le plus souvent, il s'agit d'un conflit entre le désir et les interdits que le sujet lui oppose lui-même.

Quant aux pathologies qui relèvent de la psychose, elles sont un défaut majeur de la structuration de la personnalité où le moi s'est en quelque sorte construit de manière plutôt artificielle, créant ainsi une coupure, à l'extrême un barrage absolu, entre lui-même et la réalité. Nous ne détaillerons pas ici toutes les structures qui se déploient entre ces deux bornes, mais on peut citer : l'autisme, les dépressions, les dysharmonies évolutives, les addictions, les tableaux de carence éducative et affective, les états limites, les perversions, etc.

Ainsi, le travail de l'expert commence par l'articulation du discours de l'enfant à l'une des structures évoquées ci-dessus. Ce n'est que dans le cadre de cette structure que peut se déployer et être entendue la parole du sujet tant celle-ci est le reflet de sa vie psychique et identitaire profonde. Ses paroles ne peuvent être entendues, ou éventuellement interprétées, que dans le cadre de cette structure, c'est-à-dire dans celui des grandes lignes du fonctionnement psychoaffectif de l'enfant.

Les signes subjectifs : le discours du sujet

Les signes subjectifs définissent l'originalité, la spécificité et l'authenticité de la parole. La discussion en a déjà été ouverte avec la notion de vérité subjective. Chaque sujet s'exprime pour transmettre à autrui ce qu'il possède en lui de plus vrai. Cependant, la situation d'expertise est, en elle-même, la preuve que l'enfant est pris dans un réseau de difficultés qui peuvent lui interdire l'accès à cette parole. Il existe, de surcroît, des composantes du discours ou de ses circonstances de survenue qui doivent faire prendre du recul à l'écoute directe. Ce n'est que lorsqu'il a été possible de démêler cet écheveau qu'on a quelque chance d'entendre réellement l'enfant.

Bien souvent, j'entends un parent dire : « Il était grand temps qu'on l'écoute, depuis que je le demandais ! » Au cours de l'entretien, l'enfant est capable de formuler que, contrairement à ce que ce parent pense, il ne désire réellement aucun changement dans son mode de vie. Il est satisfait de résider chez l'un et de se rendre en week-end et en vacances chez l'autre. Qui, dès lors, demande qu'on l'écoute ? Le parent dans sa revendication vis-à-vis de l'autre parent ? L'enfant dans son désir d'équilibre entre les deux ?

C'est avec une grande méticulosité qu'il faut comprendre les obstacles qui s'opposent à l'émergence de la parole de l'enfant. Ceux-ci sont de plusieurs natures. Cette parole émerge dans la structure de sa personnalité. Elle s'exprime dans des modes d'expression en accord avec l'âge. Elle est toujours soumise à une interprétation. Les interprétations les plus évidentes ou les plus tentantes sont souvent erronées. La parole a pour but de soutenir le désir du sujet, soit directement par l'expression, soit par le dessin.

Subjectivité et structure

Il n'est pas possible d'entendre une parole si on ne la réfère pas à la structure dans laquelle elle a trouvé son origine.

On n'entend pas un trouble de la parole ou du langage de la même manière s'il est inopiné, voire accidentel comme dans le lapsus, ou s'il fait partie des modes d'expression habituels. On ne repère pas les mêmes choses si les confusions portent sur la fonction de sujet au sens grammatical de l'expression ou sur le genre des mots avec confusion constante entre le genre, masculin et féminin, ou le nombre avec utilisation erronée du singulier et du pluriel. Tous ces signes sont des sortes d'indices de la relation que le sujet a établie avec l'ordre du langage.

> Une mère, dans un entretien, me dit à propos de petites difficultés de comportement que son enfant présente à l'école : « Je n'étais pas au courant*e* (*sic*). » Cette erreur, d'allure grammaticale et lexicale, marque en fait sa position psychique face à la différence des sexes. Elle y privilégie le féminin et le maternel aux dépens du masculin et du paternel, ce que la suite de la prise en charge confirmera : le père était exclu.

De la même manière, une parole n'a pas le même sens ou la même fonction selon qu'elle s'inscrit dans une personnalité dite « névrotique » ou « psychotique ». La clinique en donne de nombreux exemples. Prenons ainsi la signification de la même expression familière « casse-toi » utilisée dans deux structures différentes.

> Thomas est un adolescent en pleine période d'opposition et de révolte contre l'autorité paternelle, comme on le rencontre très fréquemment à cet âge. Il pousse son père à bout à force de provocation, si bien que, dans la colère, le père lui dit : « Eh bien, dans ces conditions, casse-toi. »
>
> Thomas prend le père au mot et s'en va. Depuis ce jour, il refuse de se rendre en visite chez son père, ce qui donne lieu à une expertise demandée par le juge aux affaires familiales.

L'expertise a retrouvé l'organisation progressive par cet adolescent des moments d'opposition et de provocation de plus en plus extériorisés et auxquels le père a fini par répondre. L'entretien les réunissant leur a permis une saine explication et, secondairement, une sortie de crise relativement simple à organiser.

> L'autre scène se déroule dans un hôpital de jour. Dans l'un des services, des travaux de réfection ont été entrepris. Un peintre a installé un échafaudage pour repeindre la cage d'escalier. Paul, jeune garçon soigné dans ce service, reste en permanence près du peintre qu'il finit par empêcher de travailler. Celui-ci, excédé, se retourne vers Paul et lui dit : « Casse-toi ! » Paul descend quelques marches, puis tombe. Il se relève et se plaint d'une douleur à la cheville. Des radiographies sont prises : il s'est cassé la cheville.

Ces deux exemples montrent bien les fonctions et les rôles du mot dans deux personnalités différentes. Thomas, inscrit dans une structure névrotique banale, ne se trompe pas d'interprétation de la parole paternelle. Il ne fait qu'y répondre de manière directe en omettant qu'il est lui-même à l'origine du conflit. Il s'en va donc et organise à partir de ce moment une sorte de chantage affectif avec son père. Il sait bien qu'il l'a poussé à bout. Il ne se trompe pas sur l'interprétation qu'il faut donner à l'injonction paternelle. Il y répond et part. Paul, quant à lui, se trouve dans une demande envahissante vis-à-vis du peintre. Notons que son propre père est artisan, maniant lui aussi échelle et outils. L'enfant pousse le peintre à bout et celui-ci, excédé, lui demande de le laisser travailler en paix. Mais, inconsciemment, Paul reste au niveau primaire de cette injonction et, effectivement, se « casse » littéralement une partie du corps. La structure psychotique confond le mot et la chose. Elle reste à un premier degré, celui qui enlève au langage tout son aspect symbolique et qui permet la richesse dans la communication par l'utilisation des multiples sens du mot et des différentes significations qu'il peut porter.

Une autre difficulté apparaît quand il s'agit de comprendre une parole au sein de la véritable situation qu'elle organise. Ainsi, une expertise demandée par le juge aux affaires familiales présente un tableau où les relations entre les quatre membres d'une famille sont figées.

> Chacun des deux enfants d'une famille, Pierre et Louis, a élu domicile chez un parent et refuse toute rencontre avec l'autre. Les parents, chacun de leur côté, ont adopté la même attitude que celle de l'enfant dont ils ont la garde. On se trouve donc dans une situation symétrique mettant en opposition deux clans, chacun formé par un parent et un enfant, dont il est difficile de sortir. Mais si on prend en compte le fait que Pierre et Louis sont jumeaux, on remarque qu'ils ont entraîné leurs parents dans cette position gémellaire, c'est-à-dire une position où il ne peut y avoir que du strictement identique, du jumeau. Ce n'est donc pas sous l'angle d'une conflictualité opposant deux parents en train de se séparer qu'il faut comprendre la situation, mais sous celui d'une opposition, narcissique, entre les jumeaux. Pierre et Louis sont en conflit et en opposition majeure depuis de nombreuses années et ils ont entraîné leurs parents dans la répétition et la duplication de leur lutte incessante, sur le modèle de leur fonctionnement psychique.

Subjectivité et maturité

C'est en se cantonnant à la seule étude objective qu'on a le moins de risque de commettre d'erreur. En aucune manière, le discours psychiatrique (ou pédopsychiatrique) ne procède d'une sorte d'art divinatoire. Il se compose de l'étude des signes qui permettent de reconnaître une structure. Il faut également garder à l'esprit la différence importante qui existe d'un sujet à l'autre en fonction de l'investissement affectif qu'il a pour tel ou tel mot. Un enfant qui souffre de phobie scolaire, par exemple, a une réaction affective visible lorsque le mot « école » est prononcé, alors que ce mot laissera indifférent un autre enfant. Enfin, adultes et enfants entendent les choses différemment. Un exemple illustrant ce point renvoie à une scène dont j'ai été témoin dans la rue.

> Une jeune mère tenant son enfant par la main se promène nonchalamment dans une rue commerçante. Elle s'arrête devant une boutique de lingerie pour regarder les sous-vêtements. Un mannequin dans la vitrine porte des sous-vêtements à connotation plus érotique que les autres, un soutien-gorge et une culotte rouge et blanc. L'enfant dit à sa mère : « T'as vu, maman, elle est habillée en infirmière. »

Les deux couleurs, le rouge et le blanc, ont renvoyé immédiatement l'enfant à la fameuse croix rouge sur fond blanc caractéristique du soin. L'aspect résolument érotique n'est à ce moment-là ni dans ses propres investissements ni dans son propre lexique des couleurs.
À l'opposé, une collègue m'a relaté l'anecdote suivante :

> Se plaignant de son psychothérapeute, un enfant explique au sortir d'une séance que le thérapeute regarde des femmes nues pendant les séances en feuilletant un journal. L'inquiétude naît, les adultes pensant immédiatement à des journaux pornographiques. En fait, renseignements pris, il s'agit du journal *Elle*…

Ces exemples montrent bien que les enfants ne font la lecture d'une situation qu'en fonction de l'état de la structuration de leur personnalité et de leur position affective dans cette structure. Dans le premier, il y a un refoulement ou une ignorance de l'érotisme. Dans le second, au contraire, on observe une exacerbation de la dimension érotique.

Subjectivité et interprétation

La question de l'interprétation est importante car elle a des conséquences directes sur la scène judiciaire, notamment la scène pénale. C'est la raison pour laquelle il faut rappeler que la plus juste des interprétations ne correspond jamais à un fait avéré. C'est seulement l'une des hypothèses probables que l'on peut faire à propos d'un discours entendu. Dans certains cas, une erreur d'interprétation peut avoir des conséquences graves. Ainsi, dans le cadre d'une séparation parentale très conflictuelle, une mère est opposée à l'exercice des droits de visite et d'hébergement du père.

> Au retour du premier ou du deuxième week-end passé chez son père, l'enfant, Gilles, se plaint d'avoir mal à l'anus. La mère porte immédiatement plainte pour suspicion d'attouchements sexuels. L'enquête s'appuie principalement sur les dires de l'enfant lors d'une expertise qui n'a été faite ni par un pédopsychiatre ni par un psychologue.
> Assez banalement, comme on le voit avec les garçons âgés de huit à dix ans, Gilles se présente à l'expert de manière relativement défensive et dessine, comme c'est classique, un château fort où les gentils sont enfermés à l'intérieur pendant que les méchants l'assiègent. Pour parachever leur défense, ainsi que le raconte Gilles dans son récit, les assiégés ont fermé le pont-levis. L'expert lui demande naturellement : « Mais pourquoi lèvent-ils le pont-levis ? » Gilles répond : « Comme ça le méchant ne rentre pas. »
> S'ensuit alors une longue interprétation de l'expert où il est démontré que « rentre » veut dire « re-entrer », « entrer à

nouveau ». Tout devient ainsi lumineux. Si Gilles a peur que quelqu'un n'entre une deuxième fois dans le château fort, cela ne peut que signifier que quelqu'un est entré par effraction dans son corps et que l'enfant exprime sa peur que cette effraction, en l'espèce cette sodomie, ne se produise de nouveau. Que s'est-il passé en réalité ? C'est le père qui me l'apprend dans le cadre de l'expertise sur la scène des affaires familiales, et Gilles confirmera tout à fait les dires du père. En fait, lors de ce week-end, le père constate que l'enfant s'empêche d'aller aux toilettes. Il s'agit d'une encoprésie. Les enfants en souffrant s'empêchent d'aller déféquer en se tenant, dès qu'ils en ont envie, accroupis et s'opposent à la défécation en profitant de cette position pour se servir de leur talon comme obstacle à celle-ci. Le soir, donc, lorsque Gilles est sous la douche, il ressent cette envie de déféquer et il le dit à son père. Précisons que le père se tient dans la salle de bains, habillé. Pour prendre en compte tant la difficulté de fond présentée par l'enfant que cette demande qu'il vient d'exprimer, il dit à son fils : « Lâche-toi. Vas-y. Ne te gêne pas... » Gilles se laisse aller, guidé par cette confiance, et défèque dans la douche. L'enfant s'étant retenu depuis plusieurs jours, les matières fécales n'étaient pas encore organisées en fécalomes mais n'en étaient pas moins compactes, dures et de taille importante, provoquant une douleur au niveau de l'anus lors de leur passage.

L'analyse objective de ce cas aurait dû se cantonner à celle d'une encoprésie, en précisant d'ailleurs que cette pathologie est grave puisqu'elle renvoie, le plus souvent, à des couches relativement archaïques de l'organisation de la personnalité. Ici, cela peut venir en résonance avec le fait que la mère a rayé purement et simplement le nom de famille paternel de l'identité de son enfant qui ne se fait appeler que par le nom de famille maternel dans toutes ses activités, qu'elles soient scolaires, récréatives ou sportives. On se rend aisément compte que l'interprétation initialement proposée ne renvoie qu'à la lecture subjective de l'examinateur lui-même. C'est pourtant le diagnostic pédopsychiatrique de l'encoprésie qui a permis le dénouement judiciaire. L'encoprésie marque ici la difficulté psychoaffective de l'enfant. Il ne peut vivre la séparation d'avec sa mère, ce qu'il traduit en gardant tout en lui. La capacité à s'en séparer lui est donnée par l'autorisation paternelle, autorisation qu'il retrouve un instant alors qu'elle lui est enlevée par le gommage du nom du père dans son identité quotidienne.

Subjectivité et fonction de la parole

Il est d'autres circonstances où l'efflorescence des subjectivités peut envahir la scène du discours, d'autant plus lorsque quelqu'un d'autre que le sujet lui-même relate les faits. Les propos ne reflètent plus alors que la place et les désirs de ceux qui les tiennent.
J'ai eu la chance de comprendre cela dès le début de ma pratique de l'expertise en psychiatrie infanto-juvénile.

> Il s'agit d'une famille où le père s'est vu, à juste titre, confier la garde de ses deux fils, Romain et Nicolas, âgés respectivement de neuf et six ans. La mère est fragile, déjà hospitalisée quelques fois en service de psychiatrie. Elle demande, à cette époque, que soient élargis les droits de visite qui lui sont accordés. Dans le même temps, le père en demande la suspension, voire la suppression, au motif que la mère est dangereuse pour les enfants. Il raconte d'ailleurs l'anecdote suivante : « Lorsqu'ils sont allés en visite chez leur mère, elle s'est conduite de manière inacceptable avec le plus jeune. Celui-ci n'aime pas les flageolets ; elle en a servi au déjeuner. Nicolas a refusé de les manger, alors sa mère l'a frappé et a poussé la tête de l'enfant dans l'assiette. » Ce geste aurait blessé Nicolas qui s'est mis à pleurer, les larmes et le sang coulant dans l'assiette. Par pure sauvagerie, toujours selon le père, la mère aurait forcé l'enfant à manger l'intégralité de l'assiette, y compris « morve et sang ».
> Reçu individuellement, et dans l'entretien suivant, l'aîné, Romain, relate lui aussi la même scène. Cependant, la description n'est pas tout à fait la même. Certes, des flageolets ont été servis ; certes, Nicolas rechigne à les manger et la mère l'y contraint, mais la similitude entre les deux récits s'arrête là. Romain explique que

son jeune frère a pleuré et que la fameuse morve est restée sur son visage, la mère ayant exigé que Nicolas finisse son assiette.

Encore plus surprenante sera la relation des faits par l'intéressé lui-même. Nicolas fait une description on ne peut plus banale de la scène : sa mère l'a forcé à manger une assiette de flageolets alors qu'il pleurait pour ne pas le faire.

Cet exemple enseigne une chose simple : plus on est éloigné de la scène vécue, plus la description en est dramatique. La description, dès lors, n'a pu être entendue comme la simple relation d'une anecdote, mais comme l'expression par chacun des narrateurs de son propre imaginaire. Cet imaginaire est guidé principalement par le désir qui organise le discours tenu. Il en résulte des divergences ne prouvant qu'une donnée : l'existence de plusieurs sujets participant à la scène. Donc, l'existence de plusieurs désirs et de plusieurs subjectivités. Ainsi, la manière dont chacun relate la scène n'en authentifie pas la réalité. Elle ne fait que donner un aperçu de la position psychoaffective de chacun des acteurs. Il n'y a, de la part d'aucun, la volonté de travestir la réalité. L'expert n'a alors fait que noter les propos tenus par chacun avec neutralité et respect, dans la mesure où ces propos étaient le reflet de leurs émotions respectives.

Il convient de préciser que, dans les cas de séparation parentale conflictuelle, le discours tenu par l'enfant (ou les enfants) est principalement orienté en fonction du désir du parent auquel il se sera identifié et pour lequel il aura pris fait et cause. La trop grande similitude entre le discours d'un enfant et d'un de ses deux parents doit toujours attirer l'attention de l'expert. Le propre d'un sujet est de produire lui-même son propre discours de manière authentique et libre. Plus ce discours ressemble à celui tenu par quelqu'un d'autre, en l'occurrence un parent, plus on peut être certain du caractère inauthentique de la déclaration. C'est toujours aux dépens de son propre désir qu'un enfant tient un discours similaire à celui qu'il entend chez le parent, que l'on peut qualifier d'« élu ». Ce processus est connu sous l'expression « conflit de loyauté ».

Pour en revenir à l'anecdote des flageolets et à l'interprétation qu'on peut en faire, la seule chose certaine est que la mère a servi à ses enfants des flageolets durant le déjeuner du dimanche. Le reste n'est que l'expression de l'imaginaire subjectif de chacun des trois narrateurs. Le père développe un argumentaire concernant la dangerosité maternelle. Il ne veut pas faire autre chose qu'organiser une protection de ses enfants contre les exactions maternelles qu'il suppose réelles. L'aîné des enfants fait plutôt fonctionner ses identifications à son père et soutient le discours de celui-ci sans chercher à le majorer. Pour le plus jeune, il ne s'est agi de rien d'autre que de manger des flageolets qu'il n'aime pas. Il est vraisemblable qu'il ne désire pas utiliser cette anecdote pour voir réduire les jours de rencontre avec sa mère qu'il semble vouloir au contraire maintenir.

On constate également que certains enfants reproduisent intégralement le discours du parent préféré, mais dans le cadre d'une liste qu'ils pensent exhaustive. Ils ont parfaitement intégré les critiques que le parent préféré adresse à l'autre et se les sont appropriées sans aucune difficulté. En revanche, sorti de ce champ sémantique bien balisé, leur discours redevient libre puisque, dans leur inconscient, ils ont bien tenu leur engagement vis-à-vis du parent préféré et se sentent, désormais, entièrement libres de leurs autres mots.

> Une petite fille, Dorothée, se plaint au niveau de son discours conscient de l'ennui qu'elle ressent lors des visites chez son père. Elle est intarissable et dévide, pêle-mêle, les balades en voiture, les visites au zoo, les déjeuners du dimanche… Questionnée sur les balades, elle répond : « Je m'ennuie. » À propos des visites au zoo, elle dit : « C'est pas bien. » Quant aux déjeuners du dimanche : « Ils sont mauvais. »
> Sachant que le père est d'origine bretonne et qu'il se rend pendant les vacances d'été dans la maison familiale en Bretagne, je demande à Dorothée, sûr d'entendre le même type de réponse dévalorisée : « Et les vacances en Bretagne, c'est comment ? » Presque à ma grande surprise l'enfant répond : « Les vacances en Bretagne, c'est super ! »

Il est vraisemblable que les vacances d'été ne font pas partie des doléances habituelles. La fillette s'est retrouvée entièrement libre de formuler son propre point de vue dès lors que les vacances d'été ne faisaient pas partie des sujets interdits !

Subjectivité et symptômes

Il apparaît donc comme plus raisonnable — et plus raisonné — de se cantonner le plus possible à l'analyse des signes objectifs. Même l'expression par l'enfant d'une souffrance clairement repérable n'est pas une garantie de sa position subjective, donc affective.

Dans le cadre des séparations parentales conflictuelles, il n'est pas rare d'entendre le parent préféré évoquer une série de symptômes ressentis par l'enfant à l'approche des droits de visite et d'hébergement de l'autre parent. On entend souvent parler de « mal au ventre », de « crise d'angoisse », voire de « crise d'asthme »... Le parent préféré fait immédiatement l'interprétation qui lui semble judicieuse : l'enfant manifeste ainsi son désir de ne pas se rendre en visite chez l'autre parent. C'est aller bien vite en besogne et oublier radicalement la fonction et le rôle que représente ce type de symptômes pour chacun.

En effet, le symptôme, dont on peut dire qu'il est le « porte-parole » du sujet, est toujours l'expression d'un conflit psychique sur la scène de l'inconscient, qui fait s'affronter le désir du sujet et les interdits qu'il lui oppose. Il s'agit d'une formation psychique complexe. Elle n'est pas univoque puisque le symptôme comporte toujours en lui-même cette dualité entre un désir qui cherche à s'exprimer et l'interdit.

L'interprétation peut être à l'opposé de ce que le parent préféré suppose. L'enfant peut avoir envie de se rendre en visite chez l'autre parent, mais souffre du conflit qu'il ressent puisqu'il oppose à ce désir les interdits que le parent préféré lui présente.

Il existe de très nombreuses situations où l'on ne trouve pas d'explication claire au refus exprimé par l'enfant de se rendre en visite chez le parent non gardien. L'opposition présentée par l'enfant, généralement de manière très vigoureuse, échappe à toute compréhension.

De nombreuses années de pratique m'ont amené à poser, de manière volontairement directe, la question suivante au parent gardien : « L'enfant dort-il dans votre lit ? » Je ne suis aujourd'hui plus surpris par la réponse positive obtenue dans l'immense majorité des cas. Ainsi, on n'a plus affaire à une opposition de l'enfant au parent non gardien mais, à l'opposé, à l'incapacité où il est de vivre des moments de séparation, au sens psychique de ce mot, d'avec le parent gardien.

Là encore, les éléments subjectifs et/ou imaginaires contenus dans le discours de l'enfant deviennent secondaires. Le rejet formulé par l'enfant est, avant tout, la preuve de son impossibilité à progresser. Le rôle de l'expert est de veiller aux conditions d'un développement psychique harmonieux. Il ne s'agit pas que les visites au parent non gardien aient lieu ; au sens strict, ce n'est pas le but. Ce projet ressemblerait à un parti pris en faveur de ce parent. En revanche, les efforts doivent se concentrer sur l'ouverture d'une situation apte à aider l'enfant à conquérir son autonomie.

Il ne fait aucun doute que cette évolution ne peut passer que par l'acceptation par l'enfant de cette séparation psychique et affective d'avec le parent gardien, condition de son autonomie. Reste que la discussion, dans le cadre d'une expertise, est entièrement ouverte. Nul n'est assuré que la réponse judiciaire est la plus appropriée et qu'elle aidera réellement l'enfant. Cette réponse est brutale et non négociable alors qu'elle vient presque en opposition avec la difficulté de maturation de l'enfant. Le parent est, dans le même temps, fondé à demander l'application de ses droits. Il ne peut pas être question de forcer l'enfant à une autonomie insoutenable pour lui. On ne ferait, dans ce cas, qu'augmenter son angoisse et ses résistances. Il convient donc d'envisager des solutions prudentes d'aménagement transitoire que l'aspect tranché d'une décision judiciaire empêche bien souvent.

La seule solution efficace serait celle imaginée par les parents, mais c'est justement leur opposition qui est à l'origine de la difficulté psychique de l'enfant et du procès. Ils n'ont pas su trouver une solution commune, seule attitude véritablement réparatrice pour l'enfant.

Subjectivité et mots d'enfant

Un malentendu qu'il convient de lever est directement lié au fait que le vocabulaire de l'enfant évolue selon les différentes phases de la structuration de sa personnalité. Le premier écueil à éviter est celui qui consisterait à surinvestir la parole de l'enfant au motif, tout à fait justifié, qu'il n'aurait pas été entendu jusqu'à présent.

Il faut rendre hommage, dans ce registre, à la psychanalyse puisque c'est elle qui, la première, a mis en avant la reconnaissance de la parole de l'enfant. Il ne s'agirait pas, maintenant, de faire le reproche inverse, celui de la sacralisation de cette parole. Les psychanalystes n'en sont pas à l'origine puisque cette sacralisation fige la parole définitivement, ce qui est à l'opposé de la théorie et de la pratique psychanalytique.

Le malentendu réside dans le mode d'écoute des adultes. En effet, ils ont une fâcheuse tendance à projeter sur l'enfant leur propre mode d'écoute en lui prêtant un langage adultomorphique. C'est méconnaître, de manière tout à fait dommageable, la spécificité du discours de l'enfant, sur le plan de la syntaxe comme du vocabulaire. Rappelons que le discours de l'enfant ne peut pas être dissocié du stade précis de son évolution. Nous ne pouvons donc pas donner à ses mots la valeur que, en tant qu'adultes, nous leur accordons.

L'usage des mots est différent chez l'enfant et chez l'adulte. De nombreux parents s'offusquent que, lors de leur entrée à l'école maternelle, les enfants semblent ne retenir que certains mots argotiques, notamment ceux qui renvoient à la période anale. C'est le cas du fameux « caca boudin ». Comme le disent les parents : « Voyez ce qu'il apprend à l'école ! » Ils ne repèrent pas que l'enfant vit une épreuve qui se passe à la fois dans sa corporéité et dans sa vie psychique, donc langagière.

Il se trouve au moment de sa structuration où il s'approprie progressivement les règles et interdits correspondant à l'apprentissage sphinctérien et où c'est également par des mots référés à cette période qu'il expérimente le passage d'un éprouvé corporel à une expérience langagière. Cet apparent langage argotique est en fait un pas en avant important vers l'humanisation puisque l'enfant devient capable de remplacer une expérience corporelle par une expérience langagière. À cette époque, cette répétition de mots d'allure ordurière n'est que la preuve de l'excitation libidinale où il se trouve encore. Cette répétition cesse d'ailleurs dès que les interdits structurants sont réellement symbolisés, l'excitation répétitive ayant, quant à elle, disparu.

Les adultes ne projettent pas que les mots, mais également leurs désirs sur les enfants, se berçant de l'illusion que cette action, qu'ils attendent eux-mêmes en tant qu'adultes, est celle qui sera bénéfique ou rassurante pour l'enfant. C'est une caractéristique de tous les mots qui renvoient à la notion de punition. Les adultes appliquent immédiatement aux enfants — notamment lorsque cela se produit sur la scène judiciaire — ceux qui touchent aux notions de délit, crime, sanction, amende, dommage et incarcération. Ces notions sont étrangères à l'enfant. Quand il évoque la notion de punition, il ne peut se référer qu'à celles auxquelles il est accoutumé : être privé de télévision, de Game Boy ou d'une sortie. Lorsqu'il évoque ce type de punition, il en perçoit le caractère éducatif dans l'esprit du parent. Aucune récrimination n'est formulée par l'enfant. Ainsi — et là se trouve une deuxième cause de malentendu —, quand on demande à un enfant s'il pense que son parent qui a commis tel ou tel type d'exaction sur lui (le plus souvent des sévices physiques et/ou sexuels) doit être puni, il répond sans aucune hésitation : « Oui. » On en déduit que le parent fautif doit se voir appliquer une sanction importante. Mais l'enfant, lui, n'imagine que le type de punition auquel il est soumis lui-même. Les adultes, qui pensent à une protection légitime de l'enfant, installent en lui un sentiment de culpabilité qui le poursuivra toute sa vie dès lors qu'il se sent, par ses propos, responsable de sanctions graves appliquées à son ou à ses parents.

Ce sentiment de culpabilité chronique peut même avoir sur l'ensemble de la vie du sujet des effets encore plus dévastateurs que ceux qu'avaient produits les actes incriminés.

Le même type de malentendu survient quand le discours de l'enfant se déploie sur la scène des affaires familiales. J'ai remarqué que des procédures longues et houleuses peuvent opposer les parents pendant plusieurs années lorsque l'enfant refuse de dormir chez le parent dit « non gardien ». Il m'a fallu assez longtemps pour comprendre ce que l'enfant veut réellement dire par son refus lorsqu'il déclare : « Je ne veux pas aller dormir chez… » Il n'évoque pas le fait de se rendre en visite chez l'un ou l'autre de ses deux parents. Pour l'enfant, « dormir chez… » est une évocation du lieu où il dort habituellement, c'est-à-dire le lieu où il a son propre lit, ses objets familiers et rassurants. Il n'accepte pas l'idée que l'on puisse déplacer cet endroit, mais il peut envisager toutes les exceptions de vacances et de séjours avec grand plaisir.

Subjectivité et dessins d'enfant

Le dessin est un outil de travail très fréquemment utilisé dans la pratique de la pédopsychiatrie, et donc dans celle de l'expertise. Il s'agit du dessin libre, aucune consigne n'étant donnée à l'enfant. On met à sa disposition feuilles et feutres qu'il utilise à sa guise, ou qu'il n'utilise pas. Là encore, l'évaluation d'un dessin aura recours à des signes dits « objectifs » et à d'autres dits « subjectifs ».

Du côté des signes objectifs

L'expert prend soin de vérifier que le dessin produit par l'enfant est conforme à ce que l'on est en droit d'attendre à son âge, même si on peut observer de grandes fluctuations au niveau des acquisitions et que, de surcroît, les formes graphiques choisies par un sujet lui sont propres. Malgré tout, il existe de grands repères relativement fiables : gribouillis monochromes, gribouillis polychromes, apparition de formes fermées, tout d'abord le cercle, puis l'ébauche de bonhomme, jusqu'au bonhomme complet pour arriver à un dessin porteur d'une histoire avec des représentations symboliques et imaginaires propres à chacun. Le dessin peut avoir les mêmes caractéristiques, le même rôle qu'un rêve quand il déploie toute sa richesse. Bien des enfants, dans le cadre des expertises de divorce, dessinent

deux maisons. Cela ne signifie pas toujours, même si cela paraît évident à la lecture du dessin, qu'il s'agit des deux maisons séparées de papa et de maman. L'approche est parfois plus malaisée quand il s'agit d'une représentation symbolique mettant en scène deux éléments quels qu'ils soient (oiseau, arbre, nuage…) diamétralement opposés sur la feuille. Il est tentant d'en donner une interprétation liée aux maisons des parents alors que l'enfant n'en a rien dit.
Parfois, l'enfant refait un dessin réalisé très récemment à l'école ou un dessin dont il est, par goût, coutumier. Dans ces cas, je n'insiste pas et respecte l'attitude défensive de l'enfant. Cette mise à distance de ses propres représentations et affects fait partie de l'évaluation. C'est une mise à distance des difficultés intrafamiliales qu'il faut savoir entendre comme telles.

Du côté des signes subjectifs

Il faut être prudent quant à leur extériorisation possible. On ne doit tenir comme valides, c'est-à-dire comme devant servir à l'interprétation, que les propos tenus par l'enfant lui-même. C'est l'une des règles fondamentales de l'analyse de l'enfant. Tout comme pour l'analyse du rêve chez l'adulte, seules les associations et les représentations proposées par l'analysant sont prises en compte. L'interprétation n'est jamais plus qu'une reprise, voire une mise en ordre possible, des éléments proposés par l'analysant. Il en va exactement de même de la position de l'analyste vis-à-vis du dessin d'enfant. Seuls les commentaires émis par l'enfant sur le dessin qu'il a fait ou est en train de faire doivent être pris en compte.
Toute autre manière de procéder est une source d'erreur importante. Ainsi, si l'expert propose ses propres interprétations, il est à peu près certain que l'on n'aura affaire qu'à ses représentations imaginaires à lui. Il en va de même, et le cas est fréquent, lorsqu'un parent nous apporte un dessin fait par l'enfant en sa présence à la maison. Il nous est alors demandé de donner quasi sur-le-champ l'interprétation du dessin, sans connaître les circonstances exactes où il a été produit, ni les propos qui l'ont accompagné. C'est méconnaître qu'un dessin est toujours produit par un enfant en

fonction de l'atmosphère affective du moment et tient lieu le plus souvent de communication à ce moment précis. Le dessin n'est donc pas exportable à une autre situation, notamment pas dans le cadre de l'expertise où seuls doivent être pris en compte les dessins produits devant l'expert.

> Après qu'elle a terminé son dessin, je demande à Manon de bien vouloir écrire son prénom, pratique courante, surtout comme c'est le cas ici lorsque l'enfant termine le cours préparatoire. Son prénom commence par les lettres « M » et « A ». Elle retourne la feuille et écrit « MAMAN » en écriture dite « alphabétique », c'est-à-dire en utilisant les lettres majuscules d'imprimerie.

On se trouve là aux confins de deux registres. L'écriture elle-même est source de question pour l'expert du fait de son caractère malhabile puisque, à ce moment de l'année scolaire, les enfants utilisent spontanément l'écriture dite « liée ». On doit donc en inférer l'apparition d'une difficulté dans les acquisitions. Parallèlement, quand elle écrit « MAMAN » à la place de son propre prénom, même s'il commence par la même syllabe « ma », on se pose les questions suivantes : s'agit-il d'un lapsus banal ? De la marque d'une confusion identitaire entre sa mère et elle ? D'une ellipse où l'enfant exprimerait le simple désir de faire cadeau du dessin à sa mère ? Toute interprétation parmi celles proposées ne saurait être entièrement validée que par les propos du sujet lui-même.

> Mélissa dessine un parcours très compliqué évoquant clairement un labyrinthe. Les deux pancartes indiquant l'arrivée et le départ sont visibles, mais le parcours est tortueux, presque infaisable, il amène à de nombreux culs-de-sac. Je lui demande si cela ne représente pas la situation actuelle dans laquelle elle se trouve avec ses deux parents. L'enfant repousse cette interprétation.

Je ne m'en servirai donc pas dans mes élaborations ni dans le rapport d'expertise.

> Audrey, petite fille présente et rieuse, élabore un dessin qu'elle enrichit au fur et à mesure des entretiens. Elle le commence quand elle est reçue individuellement, puis elle le continue en présence de chacun de ses parents. Quand je lui demande ce qu'elle a dessiné, elle répond, amusée : « Une danseuse, un clown et un magicien. » Cette représentation symbolique est évidente par la qualité du dessin. J'insiste : « Et ça représenterait qui ? » En riant, Audrey répond : « Maman, ma sœur et moi. »

Le dessin renvoie bien au mode de vie de la mère, gaie elle aussi, ce qui peut même faire partie des reproches du père. La fillette indique qu'elle n'a aucune doléance à exprimer ni sur cet aspect drôle de la vie chez la mère, ni sur les droits de visite chez le père. Elle ne se plaint pas non plus de la personnalité plus rigide de son père. Je peux ainsi me servir de ce dessin pour mes élaborations puisque Audrey donne l'interprétation elle-même et spontanément. Je transmettrai au magistrat l'atmosphère détendue de l'entretien et du dessin, preuves de l'équilibre trouvé et validé par elle.

Subjectivité et authenticité

Quand tous ces obstacles sont franchis, il faut bien essayer de percevoir ce qui est authentique dans la parole de l'enfant. On a, bien sûr, tendance à valider les paroles de rejet quand elles font suite à des sévices ou à des incuries graves. Reste qu'elles ne sont pas une règle générale. Toutes les paroles sont possibles dans ce type de situation. De la même manière, les sentences infantiles sont plus difficiles à valider quand le rejet se joue sur la scène des affaires familiales. J'ai de plus en plus tendance à prendre en considération des demandes de délais quand des relations ont été interrompues plus ou moins longtemps entre un enfant et un de ses deux parents : « J'ai besoin de temps », déclare l'enfant.

Cette demande sait bien prendre en compte le temps nécessaire à l'élaboration d'un apaisement possible. Elle est un bon compromis entre la difficulté relationnelle actuelle et la reconnaissance d'une filiation nécessaire.

Dans l'anecdote des flageolets, l'authenticité paraît évidente : « Je n'aime pas les flageolets. » Cette phrase est indiscutable, l'enfant fait état de ses goûts. Ce sont les adultes qui tentent de lui donner un autre sens. Lui ne dit rien d'autre.

Que penser d'un adolescent qui lance un provocateur : « Ce n'est pas mon père ! » ? L'affect de colère est réel. La déclaration, elle, est fausse.

Quand ce jeune criminel dit ne plus se rappeler le nombre de coups de couteau qu'il a donnés à sa victime, il a raison du point de vue de sa subjectivité : il reconnaît sa responsabilité pleine et entière. Il ne veut pas s'en dédouaner. Il a également raison quand il ose préciser que, dans ce type de circonstances, on n'a pas le temps de faire le compte exact des coups donnés. Il fait même preuve d'une grande honnêteté en ne cherchant pas à charger son acolyte.

L'authenticité devient indiscutable dès lors que le sujet parvient à formuler son désir et son identité.

Convergence ou divergence ?

Quel que soit le degré d'échange existant entre le juriste et l'expert, il faut toujours garder à l'esprit leurs nécessaires spécificités. Ils peuvent avoir des terrains de rencontre dans leur exercice. L'expert ne doit céder en rien sur ce qu'il estime être les fondamentaux de sa pratique. L'éthique de l'expertise en est le meilleur exemple. L'incompréhension réciproque peut amener à des malentendus. Pour les lever, il ne convient pas d'être moins exigeant dans sa pratique mais, bien au contraire, d'affirmer sa position sans détour.

Éthique de l'expertise

L'expertise peut être définie comme la photographie d'une situation à un moment donné. Ce serait une erreur technique de la part de l'expert de trop faire durer son expertise dans le temps. Il risquerait alors de glisser vers un travail d'allure psychothérapique dans la mesure où il favoriserait l'instauration d'une relation de type transférentiel et d'un espace relationnel trop intimiste entre les personnes à expertiser et lui-même.

Cette opposition entre la pratique psychanalytique et les autres pratiques n'est, en soi, pas une découverte. Il n'est d'ailleurs pas choquant que le psychanalyste puisse apporter son concours à différentes élaborations. On le sollicite, par exemple, dans le domaine de la pédagogie, de l'éducation, de la littérature, de la musique, de la peinture, de l'anthropologie, de certains domaines de la médecine et, en règle générale, dans tout ce qui touche à l'humain. Pourquoi donc être heurté par le fait que la psychanalyse s'applique au domaine juridique ?

C'est au contraire un domaine où la théorisation psychanalytique peut et doit prêter son concours. Elle apporte les données fondamentales rappelées ci-dessus, indispensables à la compréhension du développement et de la structuration de la personnalité d'un sujet. Le psychanalyste met en avant ce qui organise l'ensemble de sa pratique, à savoir l'éthique.

L'éthique, en particulier pour l'expertise en psychiatrie infanto-juvénile, repose principalement sur deux principes. Tout d'abord, ce qu'il en est de la parole du sujet. Pour être strictement conforme à la conceptualisation psychanalytique, l'éthique renvoie au respect de la parole d'un sujet. Ce qui est dit est dit ; ce qui est agi est agi ; la parole, l'action, les symptômes sont l'expression inconsciente du sujet. Ainsi, cette authenticité ne se révèle pas obligatoirement au premier abord ni à l'écoute de ce que l'on appelle le premier degré d'un discours.

Parallèlement, et c'est le second axe de la réflexion, il est important de faire au juge des propositions qui respectent au plus près les conditions les plus harmonieuses pour un sujet en voie d'organisation et de structuration de sa personnalité. Et cela, presque indépendamment des actions ou exactions commises par l'un et/ou l'autre des parents.

Il est certain que l'enfant qui perçoit ses premières images parentales, ce que nous nommons « imagos parentales » et qui se fixent dans l'inconscient du sujet, comme fondements de sa personnalité, élaborera toute sa personnalité à partir de ces images. Ainsi, quel que soit le discours conscient que l'enfant pourrait être amené à tenir, toute attaque directe commise par autrui contre l'un de ses parents mettra nécessairement en échec ces imagos. Il en va de même de tout interdit majeur et absolu de le fréquenter.

Freud, dans son *Introduction à la psychanalyse*, utilise une métaphore assez simple : il décrit un professeur donnant un cours dans un amphithéâtre et constamment perturbé par un élève chahuteur. Il met celui-ci à la porte, mais l'élève se manifeste désormais par la fenêtre. Freud essaie ainsi de démontrer les effets de l'inconscient, dans sa manifestation et dans sa persistance, tant qu'il n'a pas trouvé de voie pour s'exprimer.

Il en va de même pour ces fameuses « imagos ». Elles resteront toujours à l'intérieur du sujet et finiront par se mettre à l'œuvre le moment voulu, c'est-à-dire lors des différentes phases de sa vie. C'est classique au moment de l'adolescence où le sujet revisite et réorganise sa personnalité. Les trop grandes disparités qu'il ressent entre sa perception et le discours des adultes sont à l'origine des grandes crises de cet âge.

Le même type d'explication peut convenir à propos de ce que nous appelons les « identifications secondaires ». Elles renvoient le sujet au processus d'identifications qu'il met en œuvre ou qu'il a construites dans la relation inconsciente organisée le plus souvent avec le parent du même sexe, modèle de son fonctionnement d'adulte sexué et de citoyen pour l'avenir. L'interdiction faite à un enfant de fréquenter son parent peut ainsi avoir des effets ravageurs sur son organisation amoureuse et sociale. Parfois, ces identifications sont suffisamment solides en lui pour continuer leur œuvre. Ou il peut trouver dans la réalité d'autres adultes du même sexe pour poursuivre ce processus.

À l'opposé, cette évolution harmonieuse est fortement empêchée si l'enfant, prenant par trop fait et cause pour le parent dit « gardien », finit par s'identifier à lui. Ce processus a des effets désastreux si le parent préféré, ou parent élu, est de sexe opposé. Le petit garçon se retrouvera ainsi obligé de s'identifier à sa mère, une femme, quand la petite fille fera, elle, fonctionner ses identifications viriles.

Si l'on favorise des relations trop privilégiées et exclusives entre un enfant et son parent du sexe opposé, on prend le risque de l'installer dans la réalisation imaginaire de son propre fantasme œdipien. Le parent interdit ou proscrit ne vient plus jouer là son rôle d'interdicteur structurant de la relation incestueuse (sur le plan inconscient bien sûr) existant entre l'enfant et son parent de l'autre sexe. C'est ce qui alimente la plupart des conflits et des déboires rencontrés dans le cadre des expertises en affaires familiales.

On doit tenir pour fondamentales les images structurantes de l'enfant. Elles sont bien représentées par ses identifications maternelles et paternelles en profondeur. Elles doivent être considérées comme intangibles, car elles sont les piliers de la structuration authentique. Aucune décision ne peut répondre à une parole, à une attitude ou à un comportement immédiats. C'est donc sur les modes d'aménagements possibles de la relation parents-enfants qu'il convient de s'interroger dans les cas les plus difficiles. On ne peut pas être favorable à leur suppression pure et simple, de manière directe ou déguisée.

Tout professionnel doit renoncer, autant que faire se peut, à ses propres identifications dès lors qu'il doit prendre une décision concernant l'avenir d'un enfant. De manière involontaire, inconsciemment, ce sont pourtant ses propres identifications qui s'emparent de lui et se mettent en œuvre quand il gère les problèmes de l'enfance. Il est animé par ses propres imagos, celles qui prennent son enfance comme modèle idéal ou celles qui visent à « réparer » sa propre enfance. De plus, il doit s'interdire de s'approprier l'expertise pour valider ses combats sociaux, si légitimes soient-ils, car il ignorerait dans ce cas que ses options ne trouvent appui que sur ses propres identifications.

La position expertale, qui puise son origine dans la conceptualisation psychanalytique, doit tenir compte de ce qui peut être perçu de l'authenticité de la parole de l'enfant et des conditions d'éducation et de mode de vie compatibles avec la poursuite d'un développement psychique harmonieux. Les juristes ne sont toutefois pas tous convaincus de cette synthèse.

L'éthique et ses composantes sont source de contraintes qui exigent une élaboration profonde afin d'obtenir la finesse d'observation

requise. Le but reste le respect du sujet tout en remplissant sa mission de justice. Il ne doit pas y avoir un affrontement éthique entre la position de praticien et celle d'expert.
Ce n'est qu'au nom de ce que le praticien, en tant que sujet, a élaboré de sa position éthique qu'il accueille et transcrit les paroles qu'il a entendues lors d'une expertise. Il a donc également à faire la part de ce qui peut exister de sa propre subjectivité lors des examens ou des entretiens réalisés.
La profondeur de cette double approche dans le questionnement ne doit pas être contradictoire et aboutir à l'idée qu'il y aurait un enfermement du psychiatre dans ses options éthiques. C'est un questionnement nécessairement constant pour être dans une position juste.
Certains enfants en perçoivent toute la subtilité. Je leur pose régulièrement la question suivante : « Que voudrais-tu que je dise au juge de ta part ? »

> Un conflit oppose des parents concernant la résidence principale de Peggy et l'organisation des droits de visite et d'hébergement. L'enfant, après une longue réflexion, répond : « Tu vas lui dire de ma part, au juge, qu'il change de métier car c'est trop difficile de savoir qui ment ou qui dit la vérité. »

Dialogues et malentendus

Les droits de l'enfant requièrent l'intervention de nombreux professionnels. Chacun y a sa place, son rôle. Entrer dans le monde de la justice, c'est en accepter les règles et les codes. On est toujours surpris au début quand on reçoit la lettre d'un avocat qui dit : « Monsieur l'expert, pourriez-vous me faire savoir quand vous comptez procéder à votre premier *accedit* ? » Passé le premier moment de panique due à l'incompréhension de cette expression, il apparaît qu'il est tout simplement demandé à l'expert la date à laquelle il compte fixer un rendez-vous.
Ou encore : « Veuillez, Monsieur l'expert, considérer cet écrit comme un dire. » Dans une première approche, cette formulation ne

peut que plaire au psychanalyste puisque, pour lui, tout passe par le registre du langage oral. Quelle bonne nouvelle qu'un écrit devienne un dit ! Là encore, et dans un second temps, la réalité juridique s'impose : un « dire » est une pièce écrite par l'avocat d'une des deux parties, avec bien évidemment un double à la partie adverse, et qui, posant une question centrale selon lui, doit trouver sa réponse ou son explication dans le rapport d'expertise. Il est impossible, dans ce cas, de botter en touche et de ne pas répondre à ce dire.

Cette différence de langage et de pratique ne doit pas être source d'inhibition. Elle est au contraire l'occasion d'enrichissements respectifs, dans le respect des exigences de chacune des spécialités mises en œuvre dans le cadre des droits de l'enfant. L'avocat et les magistrats ne sont pas des psychothérapeutes. L'expert ne rend pas la justice. Il convient donc d'affirmer son assurance et ses connaissances dans sa spécialité en affichant la plus grande humilité vis-à-vis de la spécialité de l'autre.

Notre société, nos échanges interhumains sont articulés par le symbolique qui, entre autres, définit et organise les différents statuts sociaux. De nombreux malentendus et passages à l'acte naissent souvent de la confusion des statuts et des rôles.

Le travail commun de l'expert et du juriste a permis, au cours des trois dernières décennies, de faire réfléchir le praticien en intégrant, dans sa réflexion, des éléments propres au statut social de l'enfant. Ses apports théoriques ont aidé le juriste à affiner progressivement ses réponses à des situations psychiques complexes qui, de plus en plus, le poussent à sortir du cadre répressif pour s'interroger sur l'évaluation et sur l'accompagnement.

Reste que, le plus souvent, le rédacteur de rapports d'expertise fait un effort constant pour ne pas utiliser son vocabulaire technique ou théorique afin d'être lu le plus aisément et, bien sûr, compris sans ambiguïté. Cela ne semble pas être le cas du juriste qui reste, apparemment, centré sur ses propres mécanismes. Ainsi ce dialogue de sourds entre un avocat et un expert :

> L'avocat : « Docteur, quand comptez-vous procéder à l'audition de cet enfant ? »

Réponse du tac au tac de l'expert : « Mais, maître, je ne procède jamais à des auditions. » Et il poursuit, après réflexion : « Je ne sais faire que des entretiens. »

Les magistrats doivent prendre conscience de l'indispensable compatibilité entre la mission qu'ils proposent et l'exercice de la pédopsychiatrie. Bon nombre d'entre eux, aux affaires familiales comme au tribunal pour enfants, demandent encore à l'expert de ne voir qu'un seul parent. Outre qu'il s'agit là d'une expertise d'adulte, quelle qu'en soit la forme, on y trouve des questions surprenantes. Ainsi : « Dire si le parent présente des capacités éducatives compatibles avec un droit de visite habituel. » Cette question est posée sans qu'aucune évaluation de la relation parents-enfant soit faite. J'ai pris l'habitude d'écrire que j'ai été dans l'incapacité de répondre à ce point de la mission. Il n'est rien de plus subjectif que ce registre des capacités éducatives puisque leur évaluation dépend, pour une bonne part, de la relation existant entre le parent et l'enfant. Cela a été étudié à propos de la rédaction des missions. Outre les cas plus ou moins évidents de dangerosité actuelle, tout dépend également du degré de maturité et d'autonomie de l'enfant. Il est aussi à noter que l'attitude subjective du parent est foncièrement différente d'un enfant à l'autre. On doit repérer les modes et les places respectifs que chaque enfant occupe dans leur vie psychoaffective ou dans des moments spécifiques de leur histoire commune.
Parallèlement, certaines demandes émanent parfois d'un parent qui allègue des difficultés psychiatriques ou psychologiques chez l'autre parent pour mieux limiter ses droits à venir. L'absence du parent demandeur empêche la juste évaluation d'un projet éventuellement manipulateur de sa part. En tout état de cause, une expertise n'incluant pas l'enfant et ses deux parents doit être considérée comme inopérante. Il convient de refuser la mission, de se récuser, si le magistrat n'accepte pas son extension jusqu'à la réalisation d'une expertise pédopsychiatrique régulière, c'est-à-dire une rencontre avec l'enfant et ses deux parents. Un travail important reste encore à faire sur la rédaction des missions en expertise pédopsychiatrique.

Il ne s'agit pas seulement de lexiques différents. C'est réellement une méconnaissance profonde du mode d'exercice de l'autre spécialiste.
N'oublions pas que c'est en cela que les citoyens, appelés en cette occurrence les justiciables, finissent par se sentir broyés par la machine judiciaire. Comment dès lors pourraient-ils accéder à la compréhension du jugement qui leur est signifié si celui-ci se construit dans l'ignorance mutuelle des spécialités entre elles ?
Broyés par la machine, incompris, n'est-ce pas souvent le sort des parents et de leurs enfants ?
Tout un travail de conciliation et de réconciliation doit se poursuivre. Les psychanalystes d'enfants qui acceptent de travailler avec la justice essaient de réduire les frontières entre ces différents registres en progressant dans leur connaissance réciproque. Le respect des différents statuts et rôles doit, lui, être parfaitement établi, dans la recherche d'une efficacité entre oppositions et complémentarités.

DEUXIÈME PARTIE

LA PAROLE DÉFENDUE : L'ENFANT EN QUESTIONS

En guise d'introduction

Depuis de nombreuses années, les professionnels de l'enfance se rencontrent pour confronter leurs points de vue. Chacun aborde la discussion sous l'angle qui lui est propre. Ces réunions peuvent faire se côtoyer des magistrats, des assistantes sociales, des éducateurs spécialisés, des officiers de police, des pédopsychiatres, des psychologues, des avocats… Ces moments de travail permettent à chacun d'avancer sur son questionnement.

Chacun d'entre nous se sent réellement défenseur de l'enfant. Celui qui ne prend en compte que les données de sa profession en oubliant la place et le rôle des autres professionnels s'isole et nuit en fait aux intérêts réels de l'enfant. J'ai voulu, quant à moi, participer à ce questionnement. Les questions que l'on se pose et que l'on accepte de débattre en public permettent de bien repérer les certitudes ou, à l'opposé, les erreurs ou errances des raisonnements. Dans ces débats, je me situe toujours à la croisée de mes différentes activités professionnelles :

— *en tant que pédopsychiatre*, je travaille dans un centre médico-psychologique, un CMP. Les demandes que l'on m'adresse sont multiples ; la plupart du temps, des parents viennent exposer les difficultés de maturation de leur enfant qui présente des symptômes (retard de langage, énurésie, difficultés scolaires…). D'autres situations sont plus dramatiques :

familles en difficulté d'inscription sociale, familles perdues, familles maltraitantes, enfants placés... Le CMP s'occupe de la prise en charge de toutes ces difficultés ;

— *en tant que psychanalyste* d'adultes et d'enfants, je reçois dans mon cabinet libéral des patients qui veulent s'engager dans une réflexion identitaire en profondeur. Ce travail se déroule dans la plus stricte confidentialité ; il permet au psychanalyste d'être le témoin « aidant » de détresses psychiques et identitaires réelles ;

— *en tant qu'expert* judiciaire en psychiatrie infanto-juvénile, je remplis la mission qui m'est confiée par certains magistrats. Cela ne constitue qu'une petite partie de mon activité professionnelle, être expert n'étant pas un métier. C'est à son métier que le professionnel doit se consacrer, car c'est de sa pratique quotidienne qu'il nourrit son expérience et propose ses théorisations sur la scène sociale. De temps en temps, et au seul nom de cette pratique, les différentes juridictions peuvent faire appel à lui, estimant que cette compétence acquise dans la pratique aura quelque chance de répondre aux questions cruciales posées dans un dossier. C'est toujours à sa clinique et à sa théorie que le praticien doit faire référence.

Pendant de nombreuses années, j'ai été également le *superviseur* d'un centre de médiation à Nice. Dans notre domaine, le superviseur aide une équipe ou un soignant à réfléchir aux difficultés rencontrées dans la clinique et à s'appuyer sur la théorie. Il s'agissait d'une équipe émanant de la PMI (protection maternelle et infantile) qui s'occupe de la prise en charge des situations psychosociales les plus difficiles. Le projet consiste, dans la plupart des cas, à animer les rencontres entre les familles et leurs enfants qui ont été confiés au service de la DAMS. Les placements sont préconisés par le juge des enfants et font, le plus souvent, suite à des signalements pour sévices, incuries, dislocation grave des familles, maladies mentales chroniques des parents... Le service de médiation sert également de point d'appui et de réflexion à de nombreuses équipes du département. Elles viennent y exposer leurs doutes sur le fonctionnement

de certaines familles, notamment avant de diligenter un signalement auprès du substitut du procureur chargé des mineurs ou d'instruire une IP (information préoccupante) auprès du conseil général (forme administrative du signalement créée par la loi de mars 2007).
Lorsque s'est organisée une formation pour la spécialité d'avocat d'enfant, le bâtonnier du conseil de l'ordre des avocats de Nice m'a demandé d'y participer. Cette formation comportait deux niveaux. Pour le premier, les avocats, pour la plupart déjà spécialisés dans les droits de la famille, venaient compléter leur formation plus spécifiquement sur les droits de l'enfant. On leur transmettait également les connaissances de base de chacun des autres professionnels de l'enfance : assistante sociale, officier de police, magistrat d'enfants, éducateur spécialisé, psychologue et pédopsychiatre. J'étais chargé des cours de pédopsychiatrie et d'expertise. Le second niveau était plus pratique. Un groupe de six ou sept avocats venait, une soirée par mois, exposer les difficultés repérées dans la gestion d'un dossier. Ce groupe de parole est désormais appelé groupe de contrôle des pratiques. Chaque avocat acceptait, quand c'était son tour, d'exposer ses questionnements. L'expérience fut concluante.

> Un soir, un jeune avocat présente un dossier où il est le représentant d'un jeune garçon opposé à son père. Il est dans la coutume des avocats de parler en lieu et place de leur client lors des plaidoiries. Ainsi peut-on entendre dans le prétoire un avocat dire : « Quand j'ai divorcé… » ou alors : « Quand je me suis séparée de mon mari… » Fidèle à cette habitude, le jeune avocat présente son dossier en exposant les griefs qui opposent son jeune client au père. Il parle très librement et finit par dire : « Mon père… » Il se rend compte alors que c'est de lui-même qu'il parle. À son insu, il a chargé le dossier des reproches qu'il adressait encore à son propre père. Le fait de l'avoir entendu lui a permis, dans un second temps, de supprimer du dossier tous les éléments qui lui étaient personnels ; il a pu envisager la défense de son jeune client de manière plus sereine et plus efficace.

Malheureusement, les juristes ont dans l'idée qu'une formation de ce type a un terme. Au bout d'une année, après le second niveau, plus aucune formation n'est proposée.

Quels que soient les efforts fournis de part et d'autre, il y aura, et il doit toujours y avoir, un écart entre les différents professionnels s'occupant des droits de l'enfant. Mais cet écart, marque de la différence entre les statuts professionnels, ne doit pas constituer un malentendu. Une fois repéré, on peut en profiter pour créer l'espace symbolique du discours à tenir sur l'enfant et sur ses droits. Le clinicien ne peut avoir comme centre d'intérêt que la clinique, c'est-à-dire l'écoute des paroles entendues lors d'une expertise. Ainsi, il s'intéressera beaucoup plus à l'histoire du sujet lui-même qu'à l'histoire d'une procédure. Il est, par ailleurs, de son devoir de transmettre les éléments issus de son observation clinique en des termes compréhensibles par ceux qui n'exercent pas le même métier que lui.

La plupart des thèmes qui vont suivre ont trouvé leur origine soit dans des conférences publiques, soit dans des exposés préparés pour la Journée des droits de l'enfant qui se déroule à Nice depuis de nombreuses années. Tous les thèmes se situent au plus près des préoccupations habituelles des professionnels de l'enfance et d'une possible élaboration des difficultés rencontrées par les enfants lorsqu'ils ont affaire au monde judiciaire : les mécanismes de défense, l'expertise, la question de la violence, le rôle des non-dits, le placement, l'autorité parentale, les formes modernes de la famille, la médiation, l'intérêt de l'enfant…

Nous allons présenter ici non pas des dossiers complets, mais des vignettes cliniques, des fragments de dossier, ou même des phrases isolées, qui mettent particulièrement en évidence, sous une forme vivante, le point théorique ou pratique exposé.

Ces différentes situations et les questionnements qu'elles ouvrent seront abordés avec le même mode d'approche que dans la première partie de l'ouvrage afin d'en faire apprécier tous les développements possibles. En dehors de la stricte pratique de l'expertise, la conceptualisation proposée trouve aussi ses développements sur la scène sociale. C'est un exercice difficile que se vouloir défenseur des droits de l'enfant. Il existe, en effet, des pièges quasi inévitables.

Dès qu'un professionnel s'occupe d'enfants, il se trouve, comme nous l'avons vu, toujours à son insu, en résonance avec les éléments qui constituent son identité en profondeur, c'est-à-dire inconsciente, de professionnel. Intervenir dans l'intérêt de l'enfant ou prendre sa défense, ce n'est certainement pas empêcher cette enfance de se dérouler en lui proposant le modèle idéal des parents que l'on a eus ou dont on a rêvé ; ce n'est pas réparer à travers lui les ratés de sa propre histoire. C'est, au contraire, prendre en compte les données spécifiques d'une identité en formation, en renonçant à nos propres critères d'évaluation, notamment en matière de conditions éducatives optimales, voire idéales.

Défendre un enfant, c'est rechercher les conditions dans lesquelles il pourra le mieux aller à la rencontre de ce qui le constitue comme sujet, à savoir ses parents, l'histoire de sa famille avec les écueils qui lui sont propres, afin qu'il reste ou qu'il devienne un sujet capable de parler en son nom, d'organiser sa vie future et de s'inscrire dans une vie sociale et citoyenne.

Prendre la défense d'un enfant n'est certainement pas lui prendre sa parole. C'est mettre en place les conditions pour qu'il puisse laisser émerger ses questions. D'où le titre de cette seconde partie : « La parole défendue : l'enfant en questions. »

Quelques mécanismes de défense chez l'enfant

Sait-on toujours ce que l'on fait quand on prend la défense d'un enfant ? Qu'est-ce que la défense de l'enfant ? Et la défense sur le plan psychique ?
La formation de l'avocat de l'enfant a pour but d'affiner progressivement les réflexions posées à propos des droits et de la défense de celui-ci.
Ce qui paraît spécifique quand on s'occupe d'enfants, c'est le fait que la réflexion de fond est différente selon les discours : discours juridique, discours psy, discours social, discours scolaire, et tant d'autres. Ces différents discours se rencontrent ; parfois, ils se heurtent et doivent se définir très clairement les uns par rapport aux autres. En définissant ces multiples champs, nous délimitons les différents champs de compétence et leur éventuelle complémentarité.
Prenons, par exemple, le mot « défense ». Il est utilisé aussi bien dans la terminologie juridique que dans la terminologie psychiatrique et psychanalytique, mais dans des acceptions différentes, parfois contraires. Si l'on prend le dictionnaire, on observe qu'il renvoie à des sens multiples : « protection, se défendre contre, prendre la défense de, représenter les intérêts de quelqu'un, interdiction ». On voit donc bien que, dans le langage, le mot « défense » balaie un vaste champ, puisqu'il va de la protection à l'interdiction. Le psychanalyste réarticule le sens de chaque mot avec le développement

psychoaffectif de l'enfant. L'enfant, et donc l'adulte, ou l'enfant que l'on a été, est pris entre deux axes : un axe interne — celui des émotions, des besoins — et l'axe du langage. Le développement de l'enfant est un mouvement d'allées et venues entre ces deux axes. C'est le langage, ou ce que nous appelons l'ordre du langage, qui est le pôle structurant du sujet ; il lui permet de soutenir sa parole. Ce concept d'ordre du langage fait apparaître les deux sens du mot « ordre ». D'une part, il renvoie à l'ordonnancement, à la mise en ordre ; c'est ce qui permet que les choses prennent sens, c'est-à-dire direction et signification. D'autre part, « ordre » est entendu dans son sens d'injonction, de commandement.

Pour donner un exemple de cette mise en ordre, on dira simplement qu'elle est l'outil indispensable à la présentation d'un discours. Nous apprenons à l'école que la grammaire est le référentiel commun pour que l'échange langagier ait lieu. L'autre sens, celui d'injonction ou de commandement, est illustré par des expressions courantes comme « être le père d'Untel », « être la mère d'Untel », « être l'enfant d'Untel ». Ces expressions spécifient la place des deux personnes, l'une par rapport à l'autre, et le mode de relation entre eux (interdite ou autorisée). Avec ces exemples « être l'enfant de » ou « être le parent de », on définit un mode relationnel et un mode structurant pour la société, organisée par l'interdit de l'inceste qui joue un rôle fondateur. C'est le rôle de l'ordre du langage : il définit l'ensemble des relations autorisées, donc celles qui sont interdites, entre les sujets.

L'opposition est constante entre les deux axes du développement : celui des affects, des émotions, et celui de leur organisation, de leur réponse dans le registre de l'ordre du langage. Peu importe quel registre on étudie : si l'on écoute un sujet, on entendra aussi bien le message montrant les composantes de sa vie émotionnelle et affective que celui de la relation qu'il a nouée avec l'ordre du langage. Quand un psychanalyste parle de défense, il implique une observation, un repérage dans ces deux registres, émotionnel et langagier.

Du côté de l'affect et de l'émotionnel, le rôle de la défense consistera pour le sujet à ramener le calme en lui, à interpréter un signal comme quelque chose de dangereux ou qui risque de mettre son intégrité en question. C'est donc ce qu'il perçoit émotionnellement qui se manifeste souvent par l'angoisse. Une défense sert toujours à lutter contre l'angoisse.

Parallèlement, dans le registre de l'ordre du langage, les mécanismes de défense sont repérables dans la manière dont le sujet s'y prend pour ramener le calme en lui. Les transformations, les déplacements ou les élaborations que le sujet opère sont contenus dans sa parole. Il pourra intégrer en lui le signal qu'il reçoit, ou lui donner une forme suffisamment acceptable, et lui trouver une place sous l'effet des mécanismes de défense utilisés.

Il convient alors de repérer chez le sujet la défense qu'il organise et qui se manifeste toujours à l'intérieur de lui-même comme un signal de désordre, de danger, de risque d'éclatement. Parmi tous ces signaux, ce que le sujet reconnaît avant toute chose, c'est ce qu'il connaît le mieux, à savoir son propre désir. Dans tous les cas, c'est le signal d'alerte pour l'inconscient qui signe l'existence du désir. Les défenses que le sujet met en place au plus vite concernent son propre désir, dans ce qu'il a pour lui de dangereux ou d'interdit.

Par rapport au champ lexical du départ, l'acception du mot « défense » a été rapprochée de « se défendre contre » et « se défendre de ». C'est là qu'apparaît l'idée de la protection contre une alerte, un danger venant de l'extérieur, d'une part, et contre un danger qui vient de l'intérieur, d'autre part. On le retrouve dans le langage populaire : lorsque quelqu'un dit « je me défends de », il implique à la fois l'idée du danger qu'il a repéré et celle de limiter ses actes. C'est l'interdiction qu'il se propose à lui-même pour ne pas commettre une action.

Chez l'enfant, les effets des agressions extérieures ont des conséquences directes sur sa structuration, c'est-à-dire, également, sur sa déstructuration. L'une des difficultés consiste à repérer l'inscription psychique des traumatismes au-delà de la réalité des faits eux-mêmes.

On peut dès lors faire apparaître les différences réelles existant entre le discours dit « psy » et celui des juristes. Du côté du juriste, le mot « défense » a une connotation positive (prendre la défense de quelqu'un, agir dans l'intérêt de quelqu'un) et, du côté du psychanalyste, sa connotation est plutôt négative et recouvre la notion d'empêchement ou d'interdiction de la réalisation d'un désir.

Une série de mécanismes psychiques de défense sont aujourd'hui assez clairement répertoriés par la psychanalyse : l'évitement, l'annulation, la transformation en son contraire, l'identification à l'agresseur, la dénégation, l'isolation, la projection…

Pour des raisons historiques et structurelles, on peut parler de pathologies psychiques ou mentales quand un sujet n'a plus le choix entre les différents mécanismes de défense à sa disposition. Quel que soit le signal ou le danger, il mettra toujours en jeu le même mécanisme de défense. Et c'est cette fixité, cette répétition des mécanismes de défense qui connotent les grandes séries des affections mentales.

Ainsi, pour parler d'une personnalité hystérique, les modes de défense répétés sont la régression, d'une part, et la plainte corporelle, d'autre part. Ces deux mécanismes sont toujours présents et quasi exclusifs.

C'est cette fixité des mécanismes de défense qui révèle que l'on se trouve face à une pathologie. Ainsi, quand les psys s'occupent d'un enfant, ou quand les avocats prennent la défense de l'enfant, ils risquent d'être entraînés dans ce qui est pathogène chez le sujet. On appelle cela : renforcer ses défenses.

> Jules, cinq ans, m'est amené en consultation par la gardienne chez qui il est placé depuis quelques mois à la DAMS (Direction des affaires médico-sociales). Il est dans un état de grande excitation qui se traduit par une agitation motrice majeure, qui l'empêche même de rester assis. Il s'exprime avec un langage surprenant chez un enfant de cet âge, composé uniquement de mots érotiques et orduriers.
>
> Jules a été placé pour incurie parentale. La gardienne a alerté l'assistante sociale de la présence possible, dans les propos de l'enfant, d'une thématique incestueuse. Cela a été confirmé clairement lors d'une consultation. Le père a pratiqué sur lui des attouchements et on se trouve devant un cas d'inceste homosexuel père-fils dramatique, avec sodomisation, fellations, etc.

Lorsque Jules a pu parler de ce qui lui était arrivé, il y a eu une sédation immédiate de l'angoisse ainsi que des symptômes associés : agitation, langage ordurier, insomnies. De telles révélations ont amené bien sûr un signalement auprès des instances judiciaires. Malheureusement, le cortège d'investigations déclenché a eu un résultat désastreux. Le toucher rectal de l'expertise pédiatrique, les entretiens à visée médico-psychologique et la confrontation avec le père ont annulé les bénéfices de la révélation. Quinze jours plus tard, lors de la deuxième consultation, Jules s'est retrouvé dans le même état que lors de la première. Il présentait de nouveau les mêmes symptômes.

Invité à parler de tout cela, il commence à insinuer sur un ton plein de sous-entendus et avec un sourire « en coin » que « tonton [le mari de la gardienne] il est pas si gentil que ça ». Comme j'insiste pour qu'il m'en dise plus, il déclare avec un grand sourire : « pour que tonton aille en prison ».

Par ces mots, l'enfant met en place un mécanisme de défense qui lui permet de passer de la position de persécuté à celle de persécuteur. Il s'arroge le droit de punir, de châtier, de mettre en prison. Nous appelons ce mécanisme l'« identification à l'agresseur ». Ce jeune enfant, ayant subi une agression réelle aux effets psychiques ravageurs, s'est vécu en tant qu'objet de la jouissance de l'autre. Son mécanisme de défense lui permet de passer de la position de « soumis » à celle de « tout-puissant ».

La réponse judiciaire ne doit bien sûr pas donner raison à ce fantasme de toute-puissance sous peine d'empêcher l'enfant de pouvoir retrouver les voies d'une évolution psychique harmonieuse.

Je vois, lors d'une expertise sur la scène des affaires familiales, un conflit important, très virulent, où une adolescente, Amélie, refuse de rencontrer son père. Durant les différents entretiens, je n'ai « rien à me mettre sous la dent », rien n'explique les motifs du refus qu'elle exprime. À un moment donné surgit la plainte fondamentale ou, plutôt, ce qu'elle décrit comme telle. Lors du droit de visite précédent, le père a commis quelque chose de gravissime : il a acheté un shampooing anti-poux !

Je cherche à en savoir un peu plus. Cette plainte survient au moment d'un droit de visite chez le père qui s'est remarié. Il a eu un petit garçon avec sa deuxième femme. Amélie a effectué son droit de visite, jusqu'à ce qu'elle l'interrompe, au moment de l'annonce d'une maladie gravissime du bébé.

Si l'on présente les choses ainsi, on les réarticule différemment. On se trouve devant un mouvement ambivalent d'Amélie qui, de surcroît, prend fait et cause pour sa mère afin d'alimenter les conflits avec le père. Elle n'agit que dans un mouvement de jalousie vis-à-vis de sa belle-mère. Dans ce cas, la jalousie en direction de la belle-mère englobe l'enfant que le père a fait à sa nouvelle femme.

Cette jalousie, qui aurait pu être banale, s'est vraisemblablement retrouvée doublée par la maladie dont le bébé souffrait, parce que c'est la preuve, sur le plan de l'inconscient de cette jeune fille, que l'agression qu'elle fantasmait pouvait avoir une réalité.

La maladie de son jeune demi-frère vient ainsi révéler son fantasme inconscient et la culpabilité qui en découle. Elle a « déplacé » sa revendication dans un autre registre en profitant d'un acte anodin du père à travers l'achat du fameux shampooing. Ne sachant pas dire les choses autrement, je me suis autorisé à un jeu de mots dans la partie « commentaires » du rapport d'expertise : la jeune fille « cherche véritablement des poux dans la tête » de son père ! Comment ne pas entendre le déplacement qui s'opère ? On passe de l'« époux », le père, aux « poux » qu'il s'agit de chasser !

La défense, formulée ici comme le désir de ne plus se rendre en visite chez le père, correspond au processus d'évitement. Elle sert à protéger l'adolescente de son propre imaginaire par lequel elle désirerait connaître des relations privilégiées et exclusives avec lui et, par là, à manifester sa jalousie vis-à-vis de sa belle-mère. Comment accéder à cette demande ? Pourquoi la valider et priver le père des visites de sa fille ?

Quant aux relations qui existent entre les mécanismes de défense et l'interdit, il suffit de faire remarquer que l'interdit protège le sujet

puisqu'il vient lui dire : « Ça, tu n'as pas le droit de le faire. » Dans cet exemple, l'interdit vise clairement la jalousie vis-à-vis de la belle-mère, donc l'amour pour le père.
Il arrive régulièrement que se multiplient les certificats médicaux à la veille des droits de visite. C'est un embarras pour tout le monde, de quelque place que l'on observe la question. À n'en point douter, l'enfant est vraiment malade, c'est-à-dire qu'il a vraiment de la fièvre ou mal au ventre ; personne ne peut dire le contraire. Cette série de certificats médicaux apparaît quand l'enfant, à un moment donné, est pris dans le conflit entre ses deux parents. Il n'a plus, au fond, comme seul moyen que se rétracter et, ce qui n'est pas négligeable du tout, avoir une affection dans son propre corps ; cette affection le met au lit. Cela le ramène dans une position antérieure, celle où il était bébé, il se met dans une position de repli régressif. On construit ainsi des hystéries et des phobies pour l'âge adulte, puisque l'on permet à ces enfants d'adopter des positions régressives au bénéfice de l'affection somatique, du côté de l'hystérie ou de la phobie, par l'évitement de situations fantasmatiquement redoutées.
Presque à l'opposé, on peut noter que dans la plupart des cas les difficultés à gérer dans le discours de l'enfant ne sont pas, contrairement à ce que l'on pouvait attendre, nécessairement du côté de ceux dont un des deux parents est un malade mental reconnu et éventuellement suivi. Une peur ou un rejet exprimé par l'enfant serait logique. Cette formulation de rejet est claire dans le discours de l'autre parent alors qu'on note souvent la générosité du discours de l'enfant. Il est très conscient de la pathologie du parent et en fait son affaire en limitant sa demande à un simple aménagement.
Les conflits les plus importants, c'est-à-dire les cas où l'excitation psychique est la plus forte, se retrouvent dans les dossiers où il n'y a pas de pathologie réelle d'un des deux parents. Ce sont des personnalités banales, courantes. En revanche, ce qui est spécifique à ces dossiers, c'est la manière dont les ex-conjoints entretiennent une relation entre eux par le biais de leurs conflits. L'enfant finit par s'enfermer avec un des deux parents, garant de la mise en place répétitive de plaintes et doléances, dans cette conflictualité. Il développe parallèlement ses mécanismes de défense, puisque c'est le seul

moyen dont il dispose pour se mettre à l'abri de ce désordre psychique dans lequel le placent ses parents.

Ce type d'attitudes défensives d'un enfant n'est pas rare. Il les formule quand il a l'impression que plus personne ne peut l'entendre ou prendre sa défense et quand il se sent trop écartelé entre deux discours parentaux contradictoires. Il adopte alors une attitude de défense, de repli sur lui-même qui peut entraver tout le dynamisme nécessaire à son évolution. Trop de « défenseurs » de l'enfant pensent encore que seules ses doléances immédiates doivent être retenues. Ils ne réalisent pas qu'ils ne font que renforcer ses défenses psychiques et compromettent son avenir.

L’expertise : de quel outil s’agit-il ?

Un outil de travail est-il mauvais en soi ? Le juriste a-t-il conscience des règles de l’expertise en pédopsychiatrie ? Qu’y recherche-t-on, notamment dans les expertises à caractère pénal ? Dans quel but ? Travaille-t-on pour l’avenir ?
Les demandes d’expertise ont un caractère moins objectif qu’il n’y paraît. Elles sont soumises à des sortes de phénomènes de mode, variant au gré du discours social du moment.
Ces quinze dernières années ont vu une évolution des demandes de bon nombre de mères qui veulent que soient refusés au père l’attribution du droit de visite ou d’hébergement et le partage de l’autorité parentale. Il y a quinze ans, tous se retrouvaient suspectés d’alcoolisme ; il y a dix ans, ils étaient sidéens ; et, il y a cinq ans, incestueux. Actuellement, la tendance est à la violence conjugale. Ainsi, des conflits posés sur la scène des affaires familiales sont quasi « détournés » sur la scène pénale en empruntant des thèmes issus de l’« air du temps ». Même les gendarmes et la police adoptent une très grande prudence quand ils ont affaire à un enfant dont les parents sont séparés ou en cours de séparation. Quelques missions commencent à tenir compte de ce facteur.
Si l’on aborde l’aspect pénal de l’expertise, il faut rappeler ce qu’est l’examen pédopsychiatrique tel qu’il a été présenté dans la première partie de l’ouvrage. Il doit être réalisé conformément aux règles de l’art. Toute modification du protocole entraîne des signes davantage

produits par les conditions de l'examen que par l'examen lui-même. Retenons ceci : l'examen en pédopsychiatrie comporte nécessairement une rencontre avec l'enfant et une rencontre avec les parents.

Une question est cruciale : lorsque la justice s'adresse au praticien, notamment pour des expertises pénales, bien souvent elle lui demande de ne pas exercer son art avec la même rigueur que dans la pratique habituelle. Le juriste argue de questions procédurales et demande ainsi à l'expert de pratiquer de « mauvaises expertises » à partir desquelles des décisions importantes vont pourtant être prises (retrait de l'enfant, incarcération du parent…). Le magistrat dispose de plusieurs arguments pour empêcher l'exercice régulier de l'expertise. Il pense que l'organisation d'une confrontation lui est réservée alors que l'expert n'a à l'esprit que l'évaluation de la relation parents-enfant. Il peut également arguer de l'interdiction de relation entre la « victime » et son « agresseur », si ce dernier est un des deux parents. Le magistrat oublie en cela que l'expert est un auxiliaire de justice assermenté et que cette interdiction ne peut pas concerner ses investigations. L'argument est souvent soulevé par le parent qui a porté plainte.

Dans ces dossiers, je reçois l'enfant seul, quel que soit son âge. Le parent accompagnateur attend dans la salle d'attente. L'écouter reviendrait à ne prendre en compte que sa thèse sans avoir pu entendre l'autre parent. Ainsi il peut m'arriver de passer toute la consultation à faire faire des dessins à un enfant de quatre ou cinq ans sans que soient évoquées clairement les motivations de l'expertise ; je lui pose tout au plus une question concernant ses relations avec ses parents. Je n'insiste que si l'enfant ouvre la voie du côté d'une doléance éventuelle. Dans mon rapport, je fais principalement état du fonctionnement psychique de l'enfant.

Il ne nous est jamais demandé, dans les expertises pénales, de rencontrer les parents. C'est même interdit si l'un des parents est le mis en examen ; et c'est tout simplement ignoré si le mis en examen est un tiers. Les expertises pénales deviennent ainsi parcellaires, peu interprétables.

Comment se fait-il que, lorsqu'on bascule du côté d'une intervention portée en justice, une partie des règles de l'art n'est pas appliquée ou pas applicable ? Il est interdit à l'expert de respecter ces règles. Il est difficile, également, de proposer sa récusation chaque fois, si l'on pense à l'intérêt de l'enfant. Un travail de formation des magistrats reste à entreprendre pour leur faire accepter les fondamentaux de la profession de pédopsychiatre ou de psychologue d'enfant.

Un autre aspect est qu'un sujet est, en quelque sorte, un modèle original. Aucune identité ne ressemble à une autre. Il ne devrait donc pas y avoir de mission type. La mission type est celle qui, pour des raisons évidentes de commodité, est enregistrée dans les programmes informatiques des tribunaux.

On pourrait dire au juge : « Posez-moi la question que vous vous posez », parce que chaque dossier pose *sa* question, qui n'est rien d'autre que celle qui, justement, est spécifique à l'identité du sujet concerné par le dossier. Chacun pose sa question, chacun de sa place, avec ses mots et ses doutes, indépendamment de son âge.

L'expertise, en pédopsychiatrie, doit se contenter de répondre aux questions posées et rédigées par le juge. Là est sa mission. Quel est le but réel d'un examen en pédopsychiatrie ? C'est d'aller à la rencontre du fonctionnement psychique d'un enfant, c'est-à-dire du mode de relation qu'il a organisé à lui-même et à l'autre. À l'exclusion de tout autre but !

Mais il arrive qu'un autre but soit implicite : l'expertise est parfois demandée pour appuyer, obtenir ou annuler une révélation. C'est fréquent quand sont suspectées des attitudes perverses d'un parent sur l'enfant. Si elle devient un lieu de révélation, c'est de surcroît par rapport à son but premier, puisque la révélation est étrangère à la recherche de l'évaluation d'un fonctionnement psychique. Le juriste confond recherche d'une structure de personnalité et recherche de la réalité d'un acte.

Quant à moi, j'ai toujours travaillé de la même façon : je laisse parler l'enfant à sa guise et je prends souvent le risque de ne pas aborder ce thème. Parfois, je le fais de manière indirecte en posant des questions très ouvertes comme : « Tu avais dit quoi, déjà ? » Si l'enfant est dans cette réflexion, il l'aborde quasi spontanément à la suite de cette interpellation. Dans le cas contraire, il ne dit rien. Cette technique a l'avantage de ne jamais orienter les réponses.

J'utilise parfois des biais quand la thématique de sévices est comprise dans la mission. Je pose alors des questions sur le ton d'une conversation banale : « Il est gentil papa ? » ou : « Il est méchant ? » L'enfant entreprend son discours plus facilement.

> Il s'agit d'une affaire où il y a suspicion de violences paternelles. Hugo a l'air en bonne relation avec son père, confiant et serein avec lui. Il n'a pas abordé spontanément cet aspect des choses. Je l'interpelle : « Tu as dit que papa te tapait. » Il répond : « Oui. » Il décrit quelques gestes plutôt insignifiants. Alors, je lui propose de mimer ces gestes et de les trouver tous. Hugo montre une gifle derrière la nuque et s'arrête. Quand je lui dis : « Et sur le bout du nez ? », il confirme. Quand je lui dis : « Est-ce qu'il prend une fourchette et te pique sur le ventre ? », il rit et confirme.

Dans tous ces cas, on est sûr d'une seule chose : Hugo donne à l'adulte la réponse supposée lui plaire.

On retrouve cette attitude dans les expertises dites « de crédibilité ». L'expert ne peut faire état que de ce qu'il a repéré du fonctionnement psychique. Il sait dépister les pathologies où l'on retrouve habituellement une tendance à la déformation de la réalité : affabulation, manipulation, délire… Même quand l'expert déclare qu'un sujet est crédible, il pense qu'il n'a retrouvé aucun signe propre à évoquer ce type de pathologie. Pour autant, il lui est impossible d'affirmer que les faits ont eu lieu dans la réalité.

Dans le cas d'une demande d'expertise en urgence — presque toujours durant les vingt-quatre heures de garde à vue d'un adulte suspecté de sévices —, il n'est pas rare que la mission soit mal motivée, mal explicitée ou mal formulée. C'est inévitable puisqu'il ne peut pas y être écrit de fausses accusations. Ce n'est alors qu'au cours de l'entretien qu'on peut définir au fur et à mesure le sens exact de cette mission. Cependant, il ne peut pas être question pour l'expert d'aborder abruptement une thématique aussi grave. J'ai toujours à l'esprit « de ne pas créer une situation anxiogène ou traumatogène pour de pures raisons expertales ». Je reprends cette formule dans mes rapports d'expertise en ce type de circonstances.

Il convient aussi de lutter contre les interprétations trop rapides faites par certains du dessin d'une maison haute et pointue, qui évoque immédiatement pour eux l'inceste ou l'abus sexuel : l'enfant aurait vu, dans la réalité, un pénis en érection. Alors que ce type de dessin de la maison phallique est normal et quasi automatique par tout enfant de quatre ou cinq ans !

Pendant ces vingt-quatre heures de garde à vue d'un adulte suspecté de maltraitances diverses, les autorités judiciaires ont besoin d'un maximum de preuves. Il est arrivé à des enfants d'avoir été, dans la même journée, examinés par le médecin légiste, interrogés par l'officier de la brigade des mineurs et amenés devant l'expert. On génère ainsi, comme dit plus haut, des artefacts, des signes davantage produits par les conditions de l'examen que par l'examen lui-même. Il faut les signaler en préambule du rapport car ces enfants sont mis en difficulté et en position pathogène par les professionnels eux-mêmes. Il importe de supprimer les effets pathogènes et traumatisants de nos propres investigations. Une réflexion des différentes professions de la protection de l'enfance a d'ailleurs été entreprise à ce sujet.

Existe-t-il, par ailleurs, des signes spécifiques évoquant les sévices sexuels ? On peut répondre aussi bien par oui que par non à cette question. Hormis les limites posées par les deux tranches d'âge déjà évoquées (trois-cinq ans et adolescence), on peut noter souvent l'aspect très cru, parfois argotique et grossier du langage de ces enfants, qui sont dans des états d'excitation psychomotrice, langagière et érotique constants.

L'apaisement après la révélation est un signe spécifique. Mais, parfois, les troubles réapparaissent au moment des investigations de la brigade des mineurs et du médecin légiste, parce qu'il s'agit d'un moment très difficile pour l'enfant.

La confrontation avec le parent (ou l'adulte) suspecté pose également problème. Il est très difficile, pour un enfant, d'accuser un de ses parents, en sachant de manière consciente ou inconsciente qu'il va l'envoyer en prison. Il est également très douloureux pour lui de se retrouver face à la réminiscence ou à l'évocation brutale de souvenirs traumatisants.

Cela amène à s'interroger sur l'existence, presque toujours présente, du sentiment de culpabilité de l'enfant alors que c'est lui qui a subi les sévices. L'enfant qui subit des sévices n'a comme représentant de la loi que le parent lui-même. L'enfant a le savoir de l'interdit de l'inceste. Or c'est celui qui représente la loi à la maison qui lui montre la voie de la transgression. L'enfant finit par éprouver de la culpabilité, au sens psychique du terme, puisque c'est lui qui, au regard des règles intrafamiliales, se retrouve transgresseur. Pour les mêmes raisons, il vit une véritable épreuve au moment de la dénonciation du parent. Il lui faut énormément de courage, et bien souvent avoir subi de grandes douleurs, pour faire la part entre les règles habituelles et leur dévoiement pervers à l'intérieur de la famille.

À propos du devenir des sévices, tout est possible. On peut citer le cas de plusieurs artistes (Barbara, Marie Laforêt, Niki de Saint Phalle[1]...) — ce qui n'exclut ni les douleurs subies ni tous les anonymes qui restent en souffrance — dont les révélations prouvent, bien des années plus tard, que chaque sujet fait du traumatisme subi ce qu'il veut ou ce qu'il peut. La question de fond est donc moins celle du traumatisme lui-même que celle de la place que le traumatisme va prendre, avec le temps, dans la structure psychique du sujet. Toutes les évolutions sont possibles dans une palette qui va du pire au meilleur. Citons : la honte, l'inhibition, la révolte, le militantisme dans des associations...

Les enfants qui ont subi des sévices (de toutes sortes) ne présentent pas une pathologie spécifique à l'âge adulte. Il n'y a donc pas de pathologie propre au devenir des sévices, à la limite près qu'il s'agit bien souvent de phénomènes transgénérationnels, c'est-à-dire répétés à travers les générations.

Chaque parent est le transmetteur d'une culture à double face : celle du pays de naissance de l'enfant avec ses traditions et coutumes et celle spécifique à la famille — cette dernière ayant été le lieu de l'origine du plaisir, mais également de l'origine des interdits. Ces éléments transmis concernent autant les interdits structurants que le « mode à jouir », la jouissance, qui régnait dans la famille d'origine ou dans celle où l'enfant a été élevé. D'une manière toute naturelle, l'enfant, devenu adulte, aura tendance à répéter sur ses propres enfants ce dont il est l'héritier.

J'ai beaucoup entendu parler de ces cas au centre de médiation

1. Barbara, *Il était un piano noir...*, Fayard, 1998 ; Marie Laforêt, entretien dans *Paris Match*, 1998 ; Niki de Saint Phalle, *Mon secret*, La Différence, 1994.

lorsque j'y étais superviseur. Les enfants y sont reçus avec leur famille à un rythme régulier qui fait presque l'objet d'un « contrat ». La plupart sont des enfants retirés à leur famille après une décision de justice prise par le juge des enfants. Ils ont subi des sévices à des degrés divers : incurie, sévices graves (physiques ou sexuels). D'autres sont des enfants de malades mentaux chroniques incapables de se charger de l'éducation de leur enfant. Les enfants sont donc placés dans une famille d'accueil ou dans un foyer. Le centre de médiation organise des rencontres, souvent en présence d'une éducatrice ; puis les rencontres peuvent s'élargir jusqu'à la mise en place d'un droit de sortie ; on envisage parfois un retour dans la famille. Actuellement, les conclusions sur le plan des résultats thérapeutiques sont très modestes. On essaie de travailler autour du concept de répétition. Ainsi, lorsque l'équipe travaille avec des enfants ayant subi des sévices, sa principale fonction consiste à éviter que ces enfants ne reproduisent ces sévices sur leurs propres enfants.

Deux notions doivent guider les professionnels : le droit à l'identité et l'intérêt supérieur de l'enfant. Cette dernière notion est difficile à saisir, y compris dans sa définition juridique ; l'expert s'appuie tant sur son appréciation personnelle que sur des éléments de sa vie citoyenne. Cette notion ne fait pas partie du corpus théorique ; elle n'appartient qu'au lexique juridique. Cependant, quand on pose les choses en termes d'intérêt supérieur de l'enfant et d'identité, on ne se trompe jamais, à condition toutefois d'entendre ce concept dans sa visée prospective. Nous reviendrons sur ce point. Elle oblige à mettre la difficulté de l'enfant en perspective en ayant surtout à l'esprit de conserver, le mieux possible, les conditions de sa maturation psychique. Priver un enfant de la confrontation à ses parents revient à lui retirer le droit de se construire et l'obliger à renoncer à la plus grande part de son identité réelle.

L'intérêt supérieur de l'enfant doit se référer à la possible inscription du sujet dans le corps social lorsqu'il aura atteint l'âge adulte. Il y accédera en étant au plus près de ce qu'il est en tant que sujet. C'est cette préoccupation qui guide l'expert, qui est pourtant parfois pris dans l'étau d'une double exigence : accéder à la demande du magistrat et respecter la construction de l'enfant.

Violences et protections

La violence est-elle un mécanisme simple ? En fait-on l'estimation exacte ? Est-elle un mécanisme de destruction de l'autre ou un mécanisme de défense ? Comment l'institution la gère-t-elle quand elle l'a repérée ? Sait-elle percevoir la violence qu'elle est capable de produire ?
La violence est plurielle dans ses manifestations, son expression clinique. La tendance générale vise à ne considérer que les effets de la violence.
Le mot « violence » vient du latin *vis* qui désigne d'abord la « force ». La violence, c'est la force déréglée qui porte atteinte à l'intégrité physique ou psychique d'autrui. Elle peut tendre éventuellement à la destruction totale. Psychiquement, l'évaluation des processus qui conduisent à la violence n'est pas aisée à percevoir d'emblée, d'autant qu'ils sont multiples. Ces notions sont découpées en quatre volets en fonction de la graduation de la ou, plutôt, des violences.

Premier degré. La violence « ordinaire » dans un collège

Au début de l'année 1991, au plus fort de la guerre du Golfe, une consultation au CMP est demandée en urgence par la direction d'un collège du département. Il s'agit de gérer rapidement le problème posé par un jeune adolescent d'origine maghrébine, Ismaël, qui se montre violent, selon les termes utilisés par les adultes, et qui a, notamment, fait des dégradations sur le mur du collège. Il a écrit en grosses lettres : « SADAM VAINCRA. »

Lors de la consultation, Ismaël apparaît comme un jeune au contact facile, voire agréable. Il ne présente aucun signe de désorganisation de la personnalité. Il finit par expliquer assez simplement qu'il y a dans son collège deux clans, celui des Maghrébins et celui des Français. Il explique que le groupe des Maghrébins s'est formé en réponse aux constantes invectives racistes émanant du groupe français.

Dans cet exemple banal, on se rend compte que ce jeune homme a choisi dans sa communauté un personnage susceptible de devenir un emblème valeureux. Ce choix est une réponse à l'hostilité qu'il ressent (ou qu'il imagine ?). Il cherche naturellement une image au sein de sa propre culture car, dans la culture d'accueil, au collège, les possibilités d'identification lui sont refusées. On se trouve donc dans le cas d'un processus d'identification perçu comme impossible par le sujet. Resterait également à s'interroger sur le qualificatif de « violent » appliqué à l'acte commis par le collégien. Le mot est utilisé avec une trop grande facilité dans le discours social actuel. Malgré tout, la rébellion du collégien et le fait qu'il s'en soit pris aux murs de l'établissement sont à considérer comme un premier pas vers la violence.

Deuxième degré. La maltraitance physique du parent envers son ou ses enfants

Elle renvoie à une trop grande identification du parent à l'enfant, à l'impossible différenciation de leurs vies psychiques. En voici trois exemples cliniques.

Un jeune père (vingt-trois ans) maltraite sévèrement son fils Jonathan âgé de quelques mois (jusqu'à lui infliger une fracture du crâne). Quand on les reçoit en consultation, on est surpris par l'aspect extrêmement esthétique et en miroir de leur présentation. Le père arrive en tenant tendrement son enfant dans les bras ; ils sont habillés tous les deux de la même manière dans un dégradé de bleu pastel, présentant ainsi un tableau d'harmonie et de raffinement achevé.
Lors de l'examen du bébé par le pédiatre, et ce au cours de nombreuses consultations, le père s'allonge également sur la table d'examen, montrant par là en quoi il est, lui aussi, un bébé.

Une mère, qui semble bien intégrée socialement, a eu deux enfants de géniteurs inconnus. En rentrant de son travail, elle vit recluse chez elle, dormant dans le même lit que ses enfants, dans une existence fusionnelle et sans langage. L'aîné des enfants fait l'objet d'un signalement pour sévices physiques graves.

Un jeune père a fait subir à son bébé Armand des sévices physiques dont la description et l'évocation sont de l'ordre de la monstruosité puisque, outre les ecchymoses classiques et la fracture du crâne, on observe des blessures graves de la bouche du bébé. En effet, dans ses accès de violence, le père maltraite Armand en lui infligeant des blessures avec le biberon quand il tète.
Au cours de la prise en charge du père, on apprend que son propre père et sa propre mère l'ont abandonné alors qu'il était tout bébé, à l'époque où lui-même prenait le biberon.

Dans ces trois cas apparaît le rôle de la non-différenciation psychique dans la genèse de la violence et l'évolution pathologique de l'agressivité. En effet, l'agressivité joue un rôle fondamental dans la structuration de la personnalité du sujet. Elle permet de distancier l'amour. Le sujet a besoin de cet amour pour se développer, mais il a aussi besoin d'élaborer la séparation d'avec l'autre (souvent la mère)

pour se reconnaître autonome et sujet à part entière. C'est l'agressivité qui lui permet cette mise à distance de l'autre par les moments de rejet et de liberté qu'elle organise.
La répétition de cette mise à distance de l'autre permet au sujet de s'organiser progressivement. D'une part, il est sûr de retrouver la situation aimante, d'autre part, il est certain de se retrouver lui-même par l'expérimentation de ses capacités d'autonomie psychique. Cette mise à distance s'organise d'ailleurs dans le langage, qui finit par être le représentant de l'autre et des expériences partagées avec lui.
Dans les exemples ci-dessus, on a affaire à des parents ne supportant pas de vivre ces moments de séparation d'avec l'enfant. La violence s'interprète comme une sorte d'autoagression par effet d'interversion des rôles : dans l'essai de séparation, le bébé devient véritablement le persécuteur psychique du parent qui se sent abandonné et rejeté.
Ce sont de véritables processus paranoïaques : le parent subit un effondrement narcissique dès qu'il ressent cet abandon dont il tient l'autre pour responsable et projette cet effondrement à l'extérieur de lui-même. Le garder à l'intérieur de lui-même serait, en fait, s'en reconnaître l'auteur ; c'est pour lui intolérable. L'autre (l'enfant) devient dangereux, persécuteur.
La violence du parent devient ainsi naturellement une protection contre ce danger.

Troisième degré. La maltraitance sexuelle sous sa forme intrafamiliale, l'inceste

À vrai dire, la forme extrafamiliale de la maltraitance sexuelle, appelée généralement pédophilie, n'est qu'une tentative de mise à distance, par une solution de type pervers, de la forme fondamentale que représente l'inceste lui-même.
Nous sommes là véritablement devant la non-reconnaissance de l'interdit. Comme nous l'avons dit, la parole est le support de l'expé-

rience de séparation. Cette parole a comme support le langage, lui-même porteur de toutes les représentations symboliques organisant les échanges dans l'espèce humaine. C'est l'appropriation progressive, par l'enfant, du langage qui lui permet, dans le même temps, d'être littéralement traversé par le symbole. Il acquerra ainsi les représentations structurantes portées par les interdits fondamentaux (l'anthropophagie et l'inceste).

La représentation des interdits n'est qu'une élaboration symbolique des phases précédentes de la structuration de la personnalité, à savoir l'élaboration des séquences présence-absence et amour-haine. L'enfant est au moment de la reconnaissance et de la différenciation sexuelles.

La loi et ses représentations deviennent véritablement l'inter-dit, ce qui est dit entre deux personnes. La parole devient quasi naturellement l'expérience d'échanges entre deux êtres humains leur permettant de remplacer petit à petit les expériences de corps-à-corps par des expériences de mise à distance représentées par les échanges langagiers.

L'enfant est, entre trois et cinq ans, dans ce qu'on appelle depuis Freud le temps œdipien du développement de la personnalité. Il s'agit d'un temps structurel indispensable où l'enfant est dans le renoncement à la relation privilégiée qu'il avait nouée jusqu'à présent avec son ou ses parents.

Ce passage, cette structuration, est une phase complexe où l'enfant a à renoncer au plaisir éprouvé au cours de la phase antérieure dans la relation quasi exclusive avec son ou ses parents. Il découvre les relations sociales et va vivre ses émotions avec les personnes de son âge, extérieures à la famille.

La situation devient inextricable quand l'un et/ou l'autre des deux parents n'est plus capable d'être porteur des interdits. Le parent, dans ce cas, retourne à sa propre position infantile et demande à l'enfant de rester avec lui dans la position préœdipienne, celle de l'attachement affectif privilégié avec lui.

Ici encore, l'expérience montre que le plus souvent nous avons affaire à des structures familiales complexes où l'autre parent, généralement la mère, est complice de la relation incestueuse entre le père et l'enfant. On peut citer une phrase maintes fois entendue dans les propos de certaines mères d'enfants ayant subi l'inceste.

Pour expliquer la relation exclusive entre le père et l'enfant, elles disent : « Il n'y a qu'elle qui pouvait calmer son père. »

On observe ainsi de nombreuses scènes familiales où le père rentre à la maison, après avoir bu ou non, et montre des comportements violents et agressifs. La mère envoie elle-même sa fille dans la chambre du père. Cela se passe le plus souvent dans des familles carencées affectivement. D'ailleurs, quand les mères équilibrées découvrent l'inceste après les révélations, elles demandent toujours le divorce pour jouer, enfin, le rôle protecteur qui leur revient. Elles sont clairement complices si elles restent avec le père après les révélations.

Il y a aussi de nombreux cas où l'enfant est également demandeur de cette relation incestueuse, privilégiée, avec son parent. Le parent profite alors de la demande de l'enfant.

Le parent est pour l'enfant le représentant des interdits et de la loi. L'enfant ne peut imaginer que le parent puisse commettre un acte qui serait mauvais pour lui, ou qui serait interdit. Devenu adulte lui-même, dans le processus naturel de l'identification à son parent, il reproduira avec ses enfants les comportements dans lesquels il s'est structuré. C'est ainsi que l'on explique la répétition transgénérationnelle. La transmission aux générations qui suivent se fait de manière inconsciente. Elle s'effectue de façon subtile par des répétitions de gestes quotidiens, des rappels de prénom dans la lignée, des partages d'émotion dans le non-dit. L'enfant se retrouve porteur inconscient de ces répétitions. Ce phénomène peut se transmettre sur plusieurs générations. Sa cause en est toujours un accident traumatique important sur lequel a été posée une interdiction de parler, souvent un crime, un inceste, un deuil, une séparation brutale, un fait de guerre, etc.

Pour donner un exemple précis de ce type de difficultés, il suffit de citer un cas que l'on pourrait qualifier d'exemplaire :

> Il nous est amené au CMP un frère et une sœur, tous les deux adolescents (quatorze et seize ans). Ils ont été retirés en urgence de leur milieu familial pour être placés en foyer dépendant du service de l'aide à l'enfance. Le motif du placement est clair : il s'agit d'une réelle liaison incestueuse avec attouchements, par-

tage de lit… qui a duré pendant trois ans, à savoir de huit à onze ans pour l'un et de dix à treize ans pour l'autre.
En faisant un retour approfondi sur l'histoire familiale, il est apparu que les conduites incestueuses se reproduisaient de génération en génération. En effet, la mémoire familiale directe pouvait faire remonter ce type de pratique à la génération des arrière-grands-parents maternels. On y trouvait, selon les générations, des incestes père-fille, frère-sœur, beau-père-belle-fille, grand-père-petite-fille…

Ce cas illustre très clairement comment cette pathologie se reproduit quasi à l'identique au fur et à mesure des générations.
La prise en charge au CMP de cette fratrie était évidente : de manière un peu exceptionnelle, j'ai décidé de les prendre ensemble en psychothérapie afin de leur permettre de retrouver, ou de trouver, un mode de fonctionnement vraiment fraternel. Ils ont d'ailleurs abordé les faits qui étaient à l'origine de leur placement avec une relative facilité. En fait, ils sont même arrivés à dire, à propos de leur conduite incestueuse : « On ne nous avait pas dit que c'était interdit. »
En tout état de cause, les parents ne peuvent transmettre que les seuls interdits qui les traversent et qui les structurent eux-mêmes. Ce n'était, bien sûr, pas le cas dans cette famille où les parents ne pouvaient transmettre que les comportements qu'ils avaient subis eux-mêmes de leurs propres parents. Ils ne pouvaient donc pas transmettre l'interdit de l'inceste qui est l'une des composantes fondamentales d'organisation sociale.
À la fin de cette psychothérapie, le frère et la sœur ont, chacun, choisi, pour la fille, un petit ami, et pour le garçon, une petite amie, qui marquaient bien leur reconnaissance de cet interdit majeur et le choix amoureux extrafamilial qu'ils devaient faire.
L'interdiction initiale posée par le juge des enfants, qui les empêchait de se rencontrer, a fini par être levée par le juge lui-même. Des week-ends ont pu être organisés, et même des vacances, que le frère et la sœur vivaient de manière sereine et adaptée, assurés qu'ils étaient de leurs comportements, frappés désormais du sceau des interdits structurants.

Un autre point mérite qu'on s'y arrête. Nous avons vu qu'il y avait deux moments charnières de la structuration de la personnalité : celui de la phase œdipienne, entre trois et cinq ans ; puis celui de la poussée pubertaire, au début de l'adolescence. Dans ces deux phases, l'enfant et le préadolescent remettent en œuvre, sur le plan psychique, la question du trop grand attachement qu'ils éprouvent pour leur parent et la difficulté qu'ils rencontrent dans leurs expériences de séparation.

Dans ces deux périodes de la structuration de la personnalité, on observe les fantasmes amoureux de l'enfant pour le parent de l'autre sexe. Ces types de fantasmes, mélange entre la thématique de trop grand attachement affectif et celle spécifique à la période œdipienne — celle renvoyant à la sphère génitale —, sont normaux. Les professionnels doivent donc être prudents quand des allégations d'inceste sont tenues par des enfants de trois-cinq ans ou de douze-quatorze ans.

Cependant, existe-t-il des signes spécifiques de l'abus sexuel ? On évoque souvent : les troubles du comportement d'apparition récente et brutale à type d'agitation ou de repli ; les chutes inexpliquées du rendement scolaire ; l'apparition, dans le vocabulaire de l'enfant, d'une thématique grossière et ordurière ; l'apparition de conduites autoérotiques inadaptées et exhibées ainsi que celle d'une recherche trop fréquente du corps-à-corps ; le refus par l'enfant de rencontrer telle personne en rappelant que, dans 98 % des cas, l'enfant connaît bien son agresseur intrafamilial (parent, oncle, grand-parent) ou extrafamilial (éducateur, animateur de centre de loisirs…). Ces signes cliniques sont les mêmes que ceux que l'on retrouve dans les tableaux de maltraitance physique, ce qui tend à prouver leur similitude structurelle. D'autres signes ne sont pas spécifiques puisqu'on les retrouve chez des enfants ayant toutes sortes de difficultés de développement : troubles du sommeil, de la propreté, du comportement, de l'alimentation…

Ces signes perdent toute valeur fiable :

— pendant les deux périodes évoquées plus haut (trois-cinq ans et douze-quatorze ans) puisque ce sont naturellement les périodes de l'autoérotisme normal et structurant ;

— quand les actes incriminés interviennent dans une atmosphère conflictuelle (divorce, conflits familiaux divers, opposition avec l'école sur un échec chronique ou avec le centre de loisirs...). On parle alors d'« enchâssement conflictuel », expression qui définit un sujet pris dans une situation trop lourde pour lui et dans laquelle, à l'instar de la pierre de la bague sertie dans le chas, il se sent enserré. Il veut en sortir en trouvant n'importe quelle position affective de nature à susciter l'aide d'autrui. Elle est d'autant plus facile à obtenir dans le cas d'une séparation puisqu'un des parents sera enclin à trouver de nombreux griefs contre l'autre. Il ne s'agit pas d'un mensonge, au sens strict, mais d'un fantasme qui devient commun et convaincant, créé quasi inconsciemment par la souffrance psychique de chacun.

Il ne fait aucun doute que tout dommage subi par l'enfant doit être reconnu et exprimé. On fait référence ici aux sévices les plus graves que peuvent avoir subi certains enfants, sévices physiques ou sexuels. C'est dans cet espace de parole que l'enfant peut se reconstruire, en sachant notamment que l'adulte responsable de ces exactions, bien souvent l'un et/ou l'autre de ses parents, a commis un acte que l'on doit résolument qualifier de hors la loi. C'est le plus sûr moyen pour lui d'intégrer psychiquement l'existence et l'efficacité des interdits structurants. C'est ce qui se joue la plupart du temps lorsqu'on est dans ce moment particulier appelé la « révélation ».
C'est une première tentative, par l'enfant, de mise à distance du système dans lequel il était pris jusqu'à présent. Il sort du statut d'« objet » où il était enfermé pour le seul « plaisir » de l'adulte responsable.
En revanche, il est difficile de montrer plus d'objectivité quant aux suites à donner à une punition possible de l'adulte. Certains ont tendance à dire que la punition de l'adulte serait en soi thérapeutique pour l'enfant. Les voies d'élaboration et de guérison ne peuvent être que spécifiques au développement psychique possible que le sujet lui-même en aura fait. Il convient par ailleurs de ne pas laisser s'enfermer l'enfant qui a subi ce type de sévices dans la position de victime. Ce serait encore l'aliéner à un autre type de désir ou à un autre type de pression que ceux qu'il a déjà subis.

La guérison passe par la mise en place d'un nouvel espace psychique où l'enfant retrouvera sa liberté subjective sans se figer définitivement dans une position de victime qui l'en empêcherait. Il convient d'ajouter que si la société actuelle est prête à reconnaître l'inceste père-fille, elle est encore aveugle sur les autres formes cliniques (père-fils, mère-fils, mère-fille). Le cas qui suit illustre un signalement d'inceste père-fille au milieu des années 1980 et montre les progrès accomplis depuis cette époque.

> Au CMP, je reçois une mère, accompagnée de son père, avec la demande d'un bilan de retard de langage indiqué par l'école pour sa fille aînée, Isabelle, âgée de quatre ans. La fillette présente un tableau de retard global du développement de la personnalité. Le grand-père maternel est omniprésent.
>
> Le discours finit par s'ouvrir : la jeune femme et son père ont eu une relation incestueuse pendant de nombreuses années. À cette époque, le père a été condamné à dix-sept ans de prison. Le jour de sa sortie, c'est sa fille qui vient l'accueillir à la porte de la maison d'arrêt. Ils vivent ensemble depuis. Quoiqu'ils le dénient tous les deux, il paraît évident que le grand-père est bien le père d'Isabelle et de sa petite sœur Mathilde. La suite de l'entretien révèle que l'enfant dort dans le lit de ses parents. Mathilde assiste à la consultation. Elle présente, à l'observation simple, le même type de tableau clinique qu'Isabelle. Incidemment, la mère dit : « Maintenant c'est la petite qui vient dormir aussi avec nous. »
>
> Il est évident que les fillettes sont en réel danger du même abus que celui que leur mère a déjà subi durant son enfance. Un signalement est rapidement diligenté auprès du procureur de la République. Mais ses services, à la lecture du signalement, n'ont fait qu'un seul commentaire : « Fantasme de psychiatre ! » Et il n'a été donné aucune suite à ce signalement.

Heureusement, les choses ont favorablement évolué en vingt ans. Ce type de signalement est désormais pris au sérieux. Et pourtant, il n'est toujours pas possible de voir instruits certains dossiers de sévices psychiques. Nous faudra-t-il vingt-cinq ans de plus pour les faire reconnaître ? Il s'agit de toutes ces situations où le(s) parent(s) prend(prennent) leur(s) enfant(s) en otage dans une relation les privant de toute liberté psychique. Ils les enferment aux seules fins de leurs jouissances psychiques. Ces types de sévices ne laissent aucune trace sur le corps, aucun passage à l'acte ne peut y être retrouvé. Cependant, ils sont encore plus destructeurs de la personnalité de l'enfant.

Quatrième degré. La violence institutionnelle

On l'appelle désormais la maltraitance institutionnelle. Elle est d'autant plus intéressante à étudier qu'elle concerne, a priori, des professionnels supposés avertis des difficultés psychiques. Cependant, je m'autorise à la repérer comme quatrième degré de la violence parce qu'elle met en scène de nombreux acteurs et qu'elle s'exerce chez des professionnels de la prévention. Ses effets peuvent être au moins aussi destructeurs que la maltraitance contre laquelle ils sont censés lutter.
Lorsque ces cas de maltraitances physiques, psychiques ou sexuelles sont portés à la connaissance des équipes spécialisées, bien souvent ces différents acteurs sociaux ou médico-sociaux se retrouvent porteurs, eux aussi, de la même violence que celle dont ils ont la charge. C'est ainsi qu'il faut comprendre la violence qui se dégage de certaines synthèses à propos de familles prises en charge par des équipes différentes. Chacun des intervenants finit par s'identifier au sujet dont il a la charge. Des conflits importants opposent alors les équipes ayant en charge le ou les parents et celles ayant en charge l'enfant, reprenant ainsi à leur propre compte la conflictualité régnant dans la famille en question.

Un enfant est confié depuis de nombreuses années à une gardienne dont la marginalisation devient inquiétante. De toute évidence, celle-ci n'obtiendrait pas l'agrément aujourd'hui. Une discussion violente s'engage entre ceux qui sont partisans du maintien du lien entre l'enfant et la gardienne et ceux qui sont partisans du retrait de l'agrément.

Une jeune femme malade mentale vient d'accoucher. Dans les jours qui suivent, une équipe sociale vient lui faire signer les papiers d'abandon afin que l'enfant soit adopté, sans lui expliquer qu'il s'agit d'un abandon définitif. D'autres équipes ont heureusement pu intervenir afin que, dans le délai légal de trois mois, la jeune femme revienne sur sa signature et reprenne son enfant.

Il faut aussi s'interroger sur les effets violents des signalements. Bien souvent, les investigations auxquelles sont soumis les enfants (interrogatoires de police, examens pédiatriques, expertises médico-psychologiques) ont des effets encore plus dévastateurs que les faits pour lesquels ils ont été déclenchés.
On retrouve la même violence dans les décisions de retrait d'un enfant de sa famille, sans que personne ait songé à lui expliquer à aucun moment ni pourquoi ni comment les choses vont se passer. Il en est malheureusement de même pour certaines décisions de remise d'enfants à leur famille après un temps de placement. Elles ne sont pas entourées de plus de garanties ou de paroles que celles qui avaient entraîné le retrait.
Chacun peut être envahi, à son insu, par les mêmes phénomènes que ceux qu'il est en train de dénoncer, tant il est vrai qu'ils sont strictement identiques à ceux par lesquels chacun passe dans les différentes étapes de développement et dont il garde les images très profondément ancrées dans son inconscient.

Tous ces exemples décrivent des défaillances de l'ordre symbolique, c'est-à-dire des représentants de la loi. La prise en charge des familles s'étale sur une durée très longue pendant laquelle les équipes essaient de devenir progressivement un support identificatoire possible. Dans le même temps, il leur est difficile de ne pas tomber dans le piège de s'identifier elles-mêmes à ces familles. La transmission de ce savoir peut permettre des évaluations plus justes et, par là, faire participer chacun d'entre nous au progrès de l'humanité dans la protection réelle de ceux qui en constitueront l'avenir, les enfants.

Secrets et mensonges

Ne confond-on pas secret et non-dit ? Structure et conjoncture ?
De nombreux dossiers judiciaires, de multiples demandes de soins ont pour point de départ la possible levée d'un secret. Aussi est-il logique que les professionnels s'interrogent sur ce concept si présent dans les prétoires et dans les cabinets des cliniciens.
La notion de secret n'est pas univoque. Elle recouvre le champ large de la clinique, de l'histoire, de la sociologie, des différentes pratiques professionnelles… La plupart des cas soumis à l'expertise comportent leur part de secret, parfois simple non-dit ou, à l'opposé, déni absolu.
Certes, il serait plus aisé d'en juger en fonction de critères de valeur séparant de manière absolue le bon du mauvais. Mais les choses sont plus complexes, ce que nous allons étudier avec deux exemples extrêmes sur le plan psychique. Dans les deux cas, il s'agit de l'arrivée dans une famille de race blanche d'un enfant de race noire.

> Le premier exemple est tiré du film du Britannique Mike Leigh, *Secrets et mensonges* (1996), d'où le titre de ce chapitre.
> Une jeune femme noire décide de partir à la recherche de sa véritable mère. Elle découvre que cette dernière est blanche et a une autre fille de vingt ans. Le film traite donc de l'apparition intrusive de cette jeune fille noire dans une

famille anglaise au fonctionnement apparemment banal. Parallèlement à l'acceptation progressive de cette nouvelle arrivante et de son identité réelle se créent les liens maternels, filiaux et fraternels qui permettent la levée des non-dits et le renoncement au fonctionnement hypocrite de cette famille.

Le second exemple est issu de la clinique. Un enfant noir naît dans une famille blanche. Il est, bien sûr, le fruit d'une liaison passagère qu'a eue la mère. Il lui a été expliqué que, « bien souvent, les gènes pouvaient sauter plusieurs générations avant de réapparaître ». Pour élaborer une équation identitaire acceptable à ses yeux, dès l'adolescence le garçon a dû se proposer une hypothèse délirante, lui faisant recréer une filiation imaginaire. Ainsi il s'est trouvé un père parmi les sommités africaines ; ses origines, créées par le délire, viennent redonner un sens à son identité. Mais cette construction imaginaire et délirante l'a enfermé définitivement dans un état schizophrénique.

Le concept de secret peut s'élaborer dans deux registres complémentaires : d'une part, sur le versant général, historique et social ; d'autre part, sur le versant de l'individualité, de la clinique (au sens de l'examen clinique) et de sa place dans la structuration de la personnalité.

Le secret : données générale, historique et sociale

L'étude des civilisations anciennes, des peuplades dites « primitives », révèle qu'elles ont toutes un temps où le secret est institutionnalisé, au cours d'un culte. Il s'agit de rituels et cérémonials religieux ou de délibérations secrètes. On retrouve cette notion dans les pratiques laïques modernes où l'organisation sociale prévoit, dans le cadre des activités professionnelles, des moments institutionnels où s'exerce le secret.

Le modèle type reste toutefois le modèle religieux. Le représentant du culte se sépare du groupe pour accomplir un acte rituel destiné à la divinité. Autrefois, de nombreuses fonctions, devenues sociales depuis, étaient laissées à la charge du religieux. Les exemples sont nombreux et je n'en citerai qu'un seul. Lorsqu'on visite le temple de Kom-Ombo, en Égypte, on apprend qu'autrefois, lors de la fête annuelle, la statue du dieu effectuait un périple. Les Égyptiens la portaient dans une barque jusqu'au Nil. Pendant cette sortie, le dieu jouait son rôle de fécondation et de protection. La statue était ensuite ramenée dans le temple par le grand prêtre et elle restait enfermée toute l'année dans le Saint des Saints. Même le pharaon n'y avait pas accès. Avant de se retirer, le grand prêtre répandait sur le sol une poudre blanche afin d'être assuré que nul ne pénétrerait en ce lieu.
Mais tout cela n'est que prétexte, le cérémonial n'a pas d'autre sens et de fonction que de représenter le principe du secret.

Le secret fait partie intégrante de la structure d'une civilisation. Des lois régissent l'interrelation de ces éléments quels que soient le lieu ou le moment.
Tous les types de rituels anciens sont délimités par deux bornes : le rituel d'ouverture où se pratique la purification qui comporte un cérémonial et des interdits importants. Par extension, les notions de pureté et d'impureté concernent tous les registres de la vie (alimentation, soins du corps, naissance et mort…). Quant au rituel de fermeture, il donne souvent lieu à un sacrifice, qui doit être compris comme la symbolisation d'une privation en hommage à l'entité spirituelle ou divine. Il ne s'agit pas seulement de s'attirer les bonnes grâces de la divinité par cette offrande. De nombreuses religions, d'ailleurs, décrivent le sacrifice du héros pour la sauvegarde du groupe.
Le secret vient scander les deux moments fondateurs et mystérieux de l'existence humaine : celui de la naissance et des origines, puis celui de la mort et du devenir. Il n'est donc pas surprenant de retrouver dans les mots « secret », « sacré » et « serment » une étymologie commune. Ces trois mots font référence à ce qui est *séparé*. Ce terme qualifie un acte, un mot, une catégorie d'individus, isolés de leur lieu d'appartenance initial pour jouer un rôle spécifique.

Ce rôle est dit « sacré ». Il a pour but de faire fonctionner le rituel dont une partie est secrète. Ce rituel est destiné à la divinité et est lié notamment aux questions concernant le début et la fin de la vie. Le moment initial, marquant la prise de fonction de celui qui représente le groupe, est l'occasion d'une prestation de serment. On le retrouve dans le monde moderne dans certaines professions où un serment inaugure la pratique (médecins, avocats, juges, experts, prêtres...).

De manière générale, sont soumis au secret — conformément aux traditions les plus anciennes — ceux qui par leur pratique ont accès à l'intimité d'un sujet. C'est ce qui appartient au sujet au plus profond de lui-même et qui est séparé de ce qu'il livre habituellement au groupe dans sa vie quotidienne.

Fidèle à son ancêtre lointain le sacré, le secret vient sceller l'acte liant deux personnes se séparant momentanément du groupe. Elles réfèrent leur parole non pas à leur interrelation subjective, mais à une instance tierce, morale et qui leur est supérieure.

Le groupe et l'institution prévoient ainsi des moments et des lieux séparés des actes du quotidien et soumis au secret. Cette organisation montre que, pour assurer sa cohésion, la société a besoin de ces moments individualisés, soumis à des règles strictes et à des interdits, comme on les retrouve dans le « secret professionnel ».

Le secret a un rôle universel. Il est reconnu par la société, c'est donc qu'elle a besoin de moments où il est prévu et organisé pour la sauvegarde de l'ensemble du groupe social. C'est bien la raison pour laquelle on en retrouve la trace depuis l'origine de l'humanité et qu'il est intact à l'époque moderne.

Secrets et structuration de la personnalité

C'est à Freud qu'il revient, le premier, d'avoir fait le lien entre les fondements historiques de tous ces rites et la clinique. Dans *Totem et Tabou*, Freud rattache les rituels sacrés et les interdits à certains troubles présentés par les patients névrosés, notamment obsessionnels. Il en conclut que, à l'instar des civilisations, le sujet construit sa personnalité à partir du processus de refoulement, de mise à l'écart, de certaines pulsions. Avec elles, les représentations psychiques seront également et principalement refoulées. Ainsi, Freud découvre que le propre de la vie psychique consiste en ce qu'il existe une barrière entre ce qui est conscient et ce qui est inconscient.

D'une certaine manière, la motion refoulée devient secrète pour ce sujet lui-même. Elle émergera de nouveau, certes privée de son sens primitif, sous la forme de symptômes ; c'est ce qu'on appelle le « retour du refoulé ». La psychanalyse d'un sujet consiste également à faire interpréter par le sujet lui-même le sens caché et profond de ses symptômes.

Ce mécanisme de refoulement est indispensable à la structuration de la personnalité. Suivant les différentes étapes, le sujet intègre les interdits structurants dans le même temps qu'il est obligé de faire disparaître les passages à l'acte correspondant aux différentes motions non conformes. Ces interdits concernent, en fait, les deux questions fondamentales auxquelles chacun est confronté : l'origine de la vie et sa fin — renvoyant au demeurant aux deux interdits fondamentaux de l'humanité, le cannibalisme et l'inceste.

À propos de l'inceste, ce qui est fondamental et structurant pour l'enfant est que la sexualité parentale lui reste secrète. Il n'y est pas mêlé comme spectateur ou comme intervenant, cet acte doit lui rester secret. C'est dans l'écart existant entre cette réalité et son fantasme que l'enfant accomplit son travail psychique. Il élabore lui-même l'hypothèse concernant la question de ses origines. C'est ce que les psychanalystes appellent la « scène primitive ». Elle ne correspond pas à une information directe sur la sexualité de ses parents, mais bien plutôt au scénario imaginaire qu'il s'en est proposé. Et cela est déterminant pour son désir et son identité psychique.

Dans les siècles précédents, lorsqu'on racontait aux enfants qu'ils étaient nés dans les roses ou dans les choux, on ne « fabriquait » pas plus de névrosés qu'à l'heure actuelle puisque, de toutes les façons, ils devaient accomplir ce même travail d'élaboration psychique qu'aujourd'hui.

Les parents qui transgressent l'interdit, les parents abuseurs, sont ceux qui, pour le seul et unique motif de leur propre plaisir, font participer l'enfant à leur intimité. Ils le privent ainsi de tout le travail psychique nécessaire à la structuration, c'est-à-dire la création d'un espace symbolique entre le réel et l'imaginaire. Le réel, trop cru, vient combler ou empêcher la création de l'espace symbolique.

Ces grandes transgressions sont souvent punies d'une incarcération. On peut penser que cette mise à l'écart aurait pour seul but la protection de la société. En fait, il est aussi rappelé au transgresseur qu'il n'a pas su garder son secret. Dans le langage courant, ne dit-on pas « mettre au secret » pour parler de l'emprisonnement ?

Par ailleurs, le développement de l'enfant connaît un moment fondamental, celui où le mensonge apparaît. Celui-ci ne peut advenir que lorsque l'enfant a acquis une autonomie psychique suffisante vis-à-vis de ses parents pour savoir que nul n'est maître de sa propre pensée, si ce n'est lui-même. Il est devenu confiant en lui-même et autonome, sûr que ses parents, contrairement à ce qu'il imaginait précédemment, ne pourront pas lire dans ses pensées. Cette apparition du mensonge est la preuve qu'il a acquis le stade de l'autonomie psychique. C'est plus tard qu'il pourra se passer du mensonge et assumer librement sa position originale et la porter à la connaissance de tous. Les mensonges des adultes sont le maintien chronique de cette position spécifique de l'apparition du mensonge, où seule compte l'affirmation de l'autonomie de pensée et de l'opposition aux parents. C'est le maintien d'une position infantile.

Dans les deux exemples choisis plus haut, on assiste au discours tenu par deux familles où le secret concerne les origines du sujet. Dans le film, la question sur les origines se dévoile, accompagnée d'une levée progressive des non-dits. L'espace symbolique n'a pas été attaqué et chaque élément du discours a antérieurement sa place. La révélation ne fait que la désigner précisément. Dans le second exemple, le maintien du mensonge crée un écart trop important ; toute hypothèse plausible devient impossible pour le sujet. L'écart se situe entre les éléments dont il dispose et le discours qui lui est tenu. Il n'a plus pour solution que de s'enfermer dans la construction imaginaire, qu'on appelle le délire. Il se met dans le même temps à l'écart de toute inscription citoyenne et adulte. Ce type de mensonge est une attaque contre la structure du langage. Il a comme effet d'en supprimer tout un champ. Il interdit au sujet toute symbolisation.

Ces concepts qui peuvent paraître très théoriques se retrouvent dans toutes les pratiques psychothérapiques. Deux notions ayant trait à la mise à l'écart, volontaire ou non, de certains mots, images ou représentations sont utilisées constamment par les psychanalystes. Ce sont la dénégation, d'une part, et le déni et la forclusion, d'autre part.

La dénégation

La dénégation est un mécanisme de défense assez simple, par lequel le sujet s'autorise l'émergence de ses propres représentations uniquement sous leur forme négative : « Je n'aime pas ceci ou cela », seule formulation autorisée pour dire : « J'aime ceci ou cela. » Ce type de dénégation est courant dans le langage quotidien : « Je n'aime pas Untel. » La mention d'Untel dans le discours suffit pour attester l'intérêt porté en fait à l'autre. Ce n'est pas la forme négative qui diminue l'investissement psychique. Elle n'est que la forme acceptée par notre pensée consciente en opposition au véritable sentiment inconscient.

Le travail psychothérapique ou psychanalytique consiste à faire accepter par le sujet les représentations refusées. La dénégation est l'un des mécanismes les plus fréquents dans les conflits intrafamiliaux et dans leur extension, les secrets de famille.

> Marc, une quarantaine d'années, a commencé une analyse depuis trois ou quatre ans, après le décès de ses parents. Il lui reste un fond de tristesse qui ne passe pas. Ses symptômes, à l'origine de sa demande d'analyse, s'atténuent mais ne disparaissent pas. Une interprétation s'impose à moi. Je l'étudie dans tous les sens ; je la trouve vraie et conforme à tout ce qu'il a dit en séance depuis le début. Un jour, presque par surprise, je m'entends lui dire : « Monsieur, vous ne me croirez pas…

Pourtant, vous êtes un enfant adopté. » Rien, dans son discours direct, ne pouvait évoquer cette idée. J'étais sûr de mon interprétation, c'est tout. Son discours contenait des trous, un manque de lien logique entre certains souvenirs.

Il interroge alors son entourage qui le convainc de l'imbécillité de cette thèse. Je m'obstine, lui répétant cette même phrase à plusieurs reprises. Il déclare, chaque fois : « J'ai demandé à mes tantes si j'étais adopté, elles m'ont assuré que non. » Un jour, il commence sa séance en disant : « J'ai téléphoné plusieurs fois à l'ancienne secrétaire de mon père pour lui demander si j'étais un enfant adopté. Elle m'avait toujours répondu que non. J'ai eu l'idée de poser la question autrement et je lui ai dit : "Te rappelles-tu l'endroit où papa a rangé les papiers d'adoption ?" Sans hésiter, elle me l'a indiqué. »

De nouvelles voies de symbolisation s'étaient ouvertes à lui : il avait enfin trouvé la manière dont il fallait poser sa question.

La formulation par l'analyste lui a rendu un savoir qu'il avait déjà mais qu'il s'était interdit. Tout le champ de la parole s'ouvre et, avec lui, toutes ses capacités de communication et d'échanges avec autrui. Une seule condition était nécessaire : s'accepter comme sujet.

Le déni et la forclusion

Le déni est un autre mode de défense consistant en un refus par le sujet de reconnaître la réalité d'une perception traumatisante. Ici, pas de forme négative mais des paroles du type : « Je sais bien mais quand même. » La réalité est bien perçue mais elle est rejetée, sa perception limitée.

La forclusion, terme introduit par Jacques Lacan, définit un mécanisme supplémentaire qui consiste en un rejet primordial d'un signifiant fondamental, signifiant rejeté hors de l'univers symbolique du sujet. C'est l'un des mécanismes à l'origine de la psychose. Là sont détruits des pans entiers de la réalité et du langage. Il s'agit véritablement d'une disparition définitive. C'est la clé de voûte de tout l'édifice

symbolique. Les mots n'y sont plus articulés entre eux, réorganisés par le sujet dans une construction imaginaire à l'origine des délires.
Le jeune homme noir, dans l'exemple cité plus haut, fait disparaître de son inconscient toute idée de la faute maternelle. Cependant, il est bien obligé de se trouver un père valeureux. Il choisit donc comme père l'un des emblèmes de la décolonisation africaine. Cela a l'avantage de sauver l'image maternelle qui, certes, a fauté mais avec l'une des grandes figures du siècle. Il fait ainsi disparaître de son identité le père symbolique, à savoir le mari de la mère. Il y perd aussi l'opérateur symbolique qui organise toute la chaîne signifiante.
Le travail psychothérapique est alors très difficile : il sera recherché avec le sujet toutes les formulations possibles, jusqu'à ce que l'une d'elles trouve enfin un mode d'accès dans sa vie psychique et qu'elle y reste, parfois sous forme de suppléance (sorte de paroles plaquées et à l'allure un peu artificielle).
On pourra ainsi, en fonction de tous les mécanismes décrits, décliner la série des secrets existant dans le réseau social : secret d'État, secret de famille, secret de Polichinelle, secret de fabrication, secret professionnel, secret partagé ou secret personnel, secret d'alcôve, secret des délibérations… avec leurs difficultés d'élaboration.
On retrouve ce type de difficultés dans le débat actuel à propos des enfants adoptés, exactement à la charnière de cette dualité faite à la fois du droit de chaque sujet à connaître ses origines et du droit de toute femme d'accoucher sous X.
Le concept de secret, à l'instar de tous les concepts, présente une dualité, un rôle positif et structurant et un rôle négatif. Positif par le jeu des interdits qui lui sont adjoints ; parmi les droits fondamentaux de l'enfant, on devrait ajouter le droit au secret, que ce soit le secret de l'enfance ou le secret de la vie intime des adultes à l'égard desquels les enfants doivent être tenus à l'écart. C'est par la succession des différentes phases de la structuration de la personnalité et par le jeu des hypothèses qu'il aura émises qu'il s'appropriera progressivement les spécificités de chaque étape dont il avait été tenu à l'écart jusqu'alors, c'est-à-dire jusqu'au moment où il aura pu également s'en approprier les interdits.
Un rôle négatif lorsqu'il devient destructeur, ravageur, et emporte

avec lui une partie importante du monde des représentations et du langage, interdisant dès lors à l'enfant de s'approprier, pour les différentes phases de son développement, l'outil nécessaire à ses élaborations.

Le travail du clinicien — comme celui de l'expert — consiste à évaluer correctement les mécanismes en cause. Une règle assez simple paraît émerger :

> — le secret est un droit ou un devoir quand il lie deux (ou plusieurs) personnes sous l'organisation d'une instance morale à laquelle ils se soumettent, qui leur est supérieure comme par exemple l'ordre public, l'intérêt supérieur…
>
> — le secret est une déviance lorsqu'il est au service du plaisir d'une personne aux dépens d'une ou de plusieurs autres.

Il suffit pour le comprendre de se référer au sens du mot « interdit » : littéralement, « ce qui est dit entre ». C'est une parole émise par un tiers entre deux autres et organisant du même coup le champ des possibles ou des impossibles dans leur relation.

L'expertise, contrairement aux idées reçues, n'est pas nécessairement un moment de levée du secret ou du non-dit. Pour le psychanalyste, cette levée est le fruit d'un travail long, d'une élaboration volontaire du patient. Un élément important pouvant opposer les mondes judiciaire et psychothérapeutique est ainsi mis en évidence : leurs temporalités sont très différentes. Au travail patient de l'un répond la demande urgente de l'autre.

Protection et placement

Pourquoi prend-on la décision de placer un enfant ? Cette protection est-elle réelle ? Quelles en sont les limites ?
Le concept de placement est visité par chacun de manière très différente selon son métier : juridique, social, pédopsychiatrique, psychologique, éducatif, scolaire, et il n'est pas évident d'en faire une synthèse. Ce qui compte quand on s'occupe de l'enfance en général, et des enfants en particulier, c'est de savoir quel métier on exerce. Chacun a son strict domaine d'intervention déterminé par la formation professionnelle initiale et la place occupée dans l'échiquier de l'évaluation ou de la prise en charge. C'est pourquoi on pourrait aborder la question du placement sous cette forme : « Le placement, indications, contre-indications et éthique ». Autrement dit, le placement doit être indiqué uniquement lorsqu'il apparaît comme la seule solution possible, après avoir éliminé toutes les autres.
La position éthique est centrale en la matière. Il n'est pas question de morale, de lois, même si nous respectons tous volontiers les lois de la protection de l'enfance quand cette protection doit être exercée. La position éthique de chaque intervenant le détermine à délimiter clairement sa place, son degré d'intervention, tout en ayant constamment à l'esprit le premier précepte du serment d'Hippocrate : *« primum non nocere »*, « d'abord ne pas nuire ».
La conséquence directe en est « l'expression des droits de l'enfant », qui en fait bien apparaître la dimension plurielle. Effectivement,

l'enfant, qui est notre avenir, a des droits. Il est aussi le point de rencontre des différents discours. La première façon de ne pas nuire est donc bien de délimiter avec précision les différents champs d'intervention des professionnels de l'enfance. Rien ne serait pire qu'un éducateur qui se prendrait pour un parent, un juge pour un thérapeute ou un pédopsychiatre pour un assistant social. Cette confusion de statuts aurait pour effet d'aggraver la situation déstructurante à l'origine de l'intervention puisqu'il s'agit d'enfants qui n'ont pas pu, du fait de leur éducation, mettre en place la dimension symbolique nécessaire. L'un des aspects essentiels du travail du psychanalyste dans la cité s'exerce dans ce registre. Quand, au cours d'une expertise, le juge demande : « Quel traitement préconiser ? », il faut lui répondre sans hésiter : « Vous rendez une ordonnance de justice, pas une ordonnance médicale. »

La question de la reconnaissance des différents statuts est primordiale. La plupart des enfants ayant affaire à la justice n'ont pas été initiés correctement au symbolique au sein de leur famille. Les professionnels seraient dans le même genre de carence s'ils ne faisaient pas fonctionner leurs statuts conformément à leurs définitions exactes.

Parallèlement, le droit fondamental de l'enfant n'est-il pas le droit à l'identité ? L'identité, ce n'est pas seulement le droit à un nom, c'est le droit à être inscrit dans la transmission d'une culture et d'une histoire familiale. Ce droit est le droit minimal qui permet à un sujet de se construire à sa vitesse, à sa manière propre. Les psychanalystes parlent du « temps » du sujet. Chaque sujet a son temps pour se construire, et ce n'est pas le temps du psychiatre, ni celui de l'éducateur, ni celui des différents intervenants. Quand on assiste au développement de cette identité, on a toujours l'impression qu'il est trop lent ou trop rapide ; c'est parce que l'on prend comme référence, tout à fait inconsciemment, notre propre temps subjectif. Ne pas conserver la neutralité dans ce registre, c'est prendre sa personnalité comme référence pour autrui. La question du temps renvoie à la disposition éthique de l'accompagnant.

Les exemples de prise de position automatique, réflexe pourrait-on dire, sont multiples quand on évoque la question du placement. En voici un, l'histoire très compliquée d'un retrait d'enfant à la naissance. Les circonstances entourant ce type de situation sont toujours dramatiques, et la décision d'un placement précoce doit rester exceptionnelle tant ses effets peuvent être destructeurs.

> Le frère aîné de cette petite fille, Charlotte, a été placé parce qu'il y avait une situation de dangerosité révélée par les travailleurs sociaux pendant la seconde grossesse de la mère. Encore en salle de travail où elle vient d'accoucher de Charlotte, elle voit soudain « débouler » des travailleurs sociaux qui prennent le bébé pour le placer en pouponnière. Cette décision a été prise sans qu'aucune évaluation réactualisée n'ait été faite : le frère aîné a été placé ; sans réfléchir, on place la fillette dès sa naissance !
>
> Reprenons l'historique de ce dossier. Il s'agit d'un couple dont l'image est à l'opposé des modèles habituels. Le père a plus de soixante-dix ans. Il a quitté de manière bruyante et tapageuse sa vie antérieure lorsqu'il a rencontré la mère. Celle-ci est âgée d'une trentaine d'années. À cette structure conjugale inhabituelle s'ajoute un autre facteur : le couple héberge la propre mère du père, la grand-mère paternelle, qui a largement dépassé quatre-vingt-dix ans et présente un tableau de délabrement sénile qui peut l'amener à jouer avec ses matières fécales, qu'elle répand parfois sur les murs de la maison.
>
> Les services sociaux alertés se prononcent rapidement en faveur du retrait du fils de ce couple. Leurs éléments d'appréciation reposent principalement sur le manque d'hygiène évident dans lequel cet enfant est éduqué, les parents ne semblant pas, à leurs yeux, y apporter une solution efficace. Par ailleurs, il y a une sorte d'implicite dans l'indication posée. Outre la présence de la grand-mère au comportement désadapté, il est également sous-entendu des éléments renvoyant au fonctionnement du couple : comment ne pas penser que cette jeune femme ne peut qu'être l'objet du fonctionnement pervers de ce vieux monsieur ? Personne n'a réussi à imaginer que la formation de leur couple s'est faite sur un mode librement consenti de part et d'autre.

C'est ainsi que, à l'étude du rapport d'enquête sociale, le juge se prononce en faveur du retrait du frère aîné et du bébé qui allait naître trois ou quatre mois plus tard. Charlotte, retirée à sa mère au moment de l'accouchement, est restée plus de deux ans à la pouponnière ! Je suis alors désigné par la juge des enfants pour une expertise. La fillette est, de toute évidence, carencée par l'éducation institutionnelle. Enfant entièrement élevée en institution, elle est privée d'identité. Elle est parfaitement adaptée sur le plan de la sociabilité ; elle est souriante et ne montre aucun signe d'angoisse ; elle n'a pas peur de l'adulte étranger ; elle va de l'un à l'autre avec une apparente aisance. À y bien regarder, on se rend compte qu'elle ne fait aucune différenciation entre les adultes : pour tous, le même sourire ; pour tous, la même indifférence en profondeur. Ils sont interchangeables : la mère, le père, l'expert ou l'éducatrice accompagnante. Sa relation à autrui ne s'est pas construite à partir du lien affectif et symbolique fondamental à sa mère puis à son père. C'est de cette sécurité que se déduisent, par complémentarité ou par opposition, les autres relations. Priver un enfant de ce référent primordial, c'est lui interdire la capacité à reconnaître, par la suite, la différence symbolique existant entre tous les êtres humains.

L'examen psychiatrique pratiqué lors de l'expertise révèle qu'aucun des deux parents ne présente de troubles psychiatriques. Encore plus grave, on a juste omis de signaler un fait au juge des enfants : la grand-mère paternelle est décédée avant la fin de la grossesse de la mère ! Ainsi le retrait de Charlotte à la naissance n'a reposé que sur le rapport d'enquête sociale antérieur, alors que les éléments de nature objective n'étaient plus d'actualité.

Je termine mon rapport d'expertise par cette phrase : « Le placement de ce bébé à la naissance n'a reposé que sur des appréciations subjectives. Personne n'est à l'abri de ce genre d'erreur d'interprétation, qu'il soit éducateur, assistante sociale, expert… ou magistrat. » Le jour où je dépose ce rapport, je reçois un coup de téléphone de la juge des enfants,

> qui me dit : « Je viens de terminer la lecture de votre rapport ; j'en ai les larmes aux yeux… »

Pourtant, ce rapport n'était empreint d'aucune sentimentalité. C'était une présentation simple des signes objectifs retrouvés dans l'examen. Certes, j'y expliquais clairement comment le placement du bébé n'avait été préconisé que d'après des signes subjectifs émanant des enquêteurs. J'y décrivais également le défaut d'humanisation de la fillette. La magistrate avait effectué un travail de symbolisation. Mais ce n'est pas son émotion qui est importante, c'est le fait qu'elle renonce à ses certitudes. La question du placement de cette enfant avait changé de place dans son raisonnement, donc dans l'ensemble de son édifice symbolique. Ce type de travail psychique passe toujours par des moments de faiblesse qu'il nous faut savoir accepter et supporter et qui témoignent d'une modification de nos positions antérieures pour peu que nous ayons accepté que l'autre a quelque chose à dire qui nous était inconnu jusque-là. Dans ce cas, il fallait également prendre conscience des conséquences du placement intempestif pour l'enfant et son identité.

Quand je fais un signalement dans ma pratique quotidienne, je le lis toujours moi-même aux parents. Je ne le rédige pas avec eux, mais je leur dis : « Voilà ce que j'ai écrit, voilà l'embarras où je suis avec votre famille… La loi me reprocherait d'avoir laissé passer cette situation-là, et c'est moi qui me retrouverais en prison demain. Je ne peux pas risquer cela pour vous. » Les parents l'entendent très bien. Cela peut être l'un des moments fondateurs de la prise en charge thérapeutique.
Cet effet de vérité traverse parfois certaines synthèses entre équipes. Elles peuvent devenir un peu routinières sauf lorsque nous acceptons ensemble qu'il se passe quelque chose, dont nous n'arriverons jamais à rendre compte à nos supérieurs. Cela m'est arrivé quelquefois lors de réunions pluridisciplinaires où nous prenions le risque de nos propres paroles, de nos propres errances, de nos propres errements. On se rend compte — pas magiquement, mais parce qu'on connaît à peu près les lois du langage et du fondement de

l'identité — que lorsqu'il y a eu souffrance des professionnels durant la réunion, quelques semaines plus tard les enfants vont mieux. Mais cela demande de supporter psychiquement la souffrance de la famille que nous avons en charge, sans prendre aucune décision ; il suffit de la vivre pour pouvoir l'élaborer. Dans le langage et dans le symbolique, il n'y a pas d'économie possible.

Une fois le placement effectué, les choses ne se passent jamais comme prévu. Les professionnels espèrent voir le calme revenir. Le dossier n'est pas classé. Au contraire, la véritable prise en charge commence. Si on ne le fait pas, on assiste à des passages à l'acte réitérés. Les enfants souffrent, ils se sentent mal. Certains imaginent que le changement de placement sera la bonne solution. Il n'en est rien. Aucune parole ne leur a été dite sur le placement, ses causes, sa durée…

> J'ai le souvenir d'une fillette que les services sociaux sont venus chercher à 16 h 30, à la sortie de l'école, sans qu'elle ait été prévenue. Elle était déjà venue quelquefois au CMP avant ce placement. Au cours d'une consultation, elle prend son courage à deux mains et me dit : « Monsieur, j'ai la même culotte depuis trois jours » ! Elle a dû dépasser le sentiment de pudeur habituel à cet âge pour oser dire cela à un monsieur. Fort heureusement, la confiance s'était installée entre nous au cours des entretiens précédents.

On ne peut s'étonner des incidents qui surviennent par la suite. Ces méthodes peuvent entraîner des changements et des ruptures de placement. C'est souvent le cas quand les causes réelles du malaise n'ont pas été assez analysées.

On le voit avec ce qu'on appelle couramment des « fugues » : des adolescents qui quittent le lieu de placement pour « aller chez papa ou chez maman ». Ce n'est pas une rupture du placement, c'est un mouvement d'allée et venue entre le foyer et la maison ; c'est à nous d'analyser ce que ce mouvement entre le lieu d'accueil et la maison signifie. Qualifier ces mouvements de « fugues » revient à leur donner immédiatement un caractère de délinquance en refusant d'en analyser la dimension imaginaire ou symbolique véritable. Les personnels sont obligés de le signaler à la police ou à l'administration. Ils le disent clairement : « On sait bien qu'il (elle) sera de retour demain matin, mais on est obligés. » En soi, le fait ne serait pas grave, quelques papiers de plus dans le dossier. Cependant, quand un autre professionnel s'empare de ce dossier, il y découvre la trace de vingt ou trente fugues et risque de considérer que ce jeune souffre de troubles du comportement et de la conduite.

Il faut aussi s'interroger sur les ruptures de placement qui peuvent intervenir, souvent du fait des professionnels. De très nombreux placements sont interrompus au début de l'adolescence alors qu'on sait que la première rupture est annonciatrice de toutes les autres ; nous en avons tous l'expérience. Le jeune ira ensuite de famille d'accueil en foyer puis de foyer en foyer, indéfiniment.

Des placements sont aussi interrompus pour raisons administratives : certains foyers ne sont habilités que pour répondre aux urgences ; l'enfant n'y est placé que temporairement, le temps qu'il faut pour mettre en place un placement définitif. Bien souvent, ce premier placement peut durer plusieurs mois ; dès que l'enfant a trouvé ses marques, on le déplace vers une autre structure d'accueil, l'entraînant dans une série d'expériences d'abandon et de chaos affectif. Ce qui manque dans tous ces cas, ce sont les paroles vraies. Il n'est jamais trop tard pour faire ce travail.

> On m'adresse Benjamin, jeune adolescent, à la consultation du CMP parce que le collègue qui le suivait en thérapie depuis quelque temps était parti. Un gros dossier concernant ce jeune est donc posé sur mon bureau. Je n'aime pas faire connaissance avec les enfants ou les jeunes gens après avoir lu leur dossier. Je préfère les écouter d'abord.
>
> Quand il a vu ce gros dossier, Benjamin m'a demandé s'il s'agissait du sien et m'a indiqué qu'il aimerait le lire. Je lui ai répondu : « Cela sera sans doute très long, mais au fond c'est le travail que je vous propose. Nous allons faire connaissance comme ça, en lisant votre dossier. » La lecture du dossier a duré des mois et des mois, jusqu'à mon départ en vacances.

À mon retour, je demande à la secrétaire de lui fixer un rendez-vous, mais il ne revient pas. J'ai compris bien plus tard que le travail que l'on avait à faire ensemble était terminé. Il voulait lire son dossier. Cela a été un temps de partage très étonnant, où il a été très régulièrement autocritique de ce qui lui était reproché. Il a fait tout un travail de remémoration des troubles du comportement qui avaient amené à des placements. Je pense qu'il a eu raison de ne pas revenir. Ce travail était terminé. Benjamin avait trouvé les mots qui lui convenaient pour relire son histoire où les placements avaient été si nombreux.

Ce qui est étonnant aussi, c'est qu'on sait à peu près ce qu'il faut faire, mais qu'on ne le fait pas. Françoise Dolto, au début des années 1980, a étudié cette question du placement. Elle présentait tout ce qui est discuté aujourd'hui, le respect des places et des statuts de chacun, et elle proposait l'idée toute simple que, s'il fallait faire un placement, ce devait être un placement de la famille dans son intégralité. Elle imaginait une sorte d'hôtel familial, où il y aurait des temps de repli de la famille sur sa propre cellule et des temps de vie en commun, où les éducateurs interviendraient dans l'accompagnement de cette famille. On limiterait ainsi une grande partie des dégâts occasionnés par les expériences de séparation, notamment pour les jeunes enfants.
Cela permettrait en plus un vrai travail sur la fratrie. Car quand on place un enfant, faut-il également placer la fratrie ? La discussion est complexe : si l'on retrouve des signes « objectifs » de maltraitance ou d'incurie, on se trouve face à un dysfonctionnement familial d'ensemble. Si on plaçait la famille entière, on n'aurait pas de problèmes et on permettrait peut-être aux parents de se réinsérer, de chercher du travail, de reprendre leur propre humanisation. C'est une idée qui a plus de vingt ans et qu'on n'a pas encore vue en application. À l'opposé, si les difficultés ne concernent qu'un seul enfant, pourquoi la seule réponse possible serait-elle de le placer, lui ? On aggrave encore ce qui le différencie de sa fratrie en l'excluant, au lieu de se donner les moyens de travailler la manière d'aider l'enfant et ses parents à trouver une place convenable pour

chacun. On ne règle jamais une difficulté avec une attitude d'évitement. Or le placement d'un enfant revient bien souvent à ce type de solution. La mise à l'écart d'un enfant peut apporter un soulagement immédiat, mais ne réglera pas les problèmes de fond.
Certaines idées ont pourtant fait leur chemin. Ainsi le maintien du lien parent-enfant devient une règle administrative et juridique, même si celui-ci ne tient pas compte de la réalité quand les enfants sont placés à plusieurs dizaines de kilomètres du lieu d'habitation des parents. Cependant, cette règle perd petit à petit son sens profond. Elle se résume bien souvent à l'exercice d'une sorte de droit de visite accordé aux parents, les institutions devenant, à leur insu, une sorte de parent idéal de substitution.
Les indications et contre-indications peuvent être au demeurant les mêmes. Tout finit par dépendre de la lecture faite par l'examinateur (assistante sociale, expert, juge). L'évaluation complète d'une situation ne peut pas prendre comme référence ce que l'on avait déduit d'une situation précédente. Si on se rappelle la famille Dupont à laquelle on a retiré son enfant, et si on applique ce raisonnement à la famille Durand qui présente apparemment les mêmes symptômes, on se trompe. On devra, outre les faits d'observation directs eux-mêmes, prendre en compte le désir de collaboration venant de la famille, ses capacités à s'engager dans de nouvelles voies. Cela commencera par la reconnaissance par les familles des dysfonctionnements constatés : les travailleurs sociaux ne trouvent pas obligatoirement le mode de communication efficace. Ils peuvent utiliser des formules qui n'ont aucun sens pour les parents.

> Au cours d'une expertise, une mère déclare : « L'assistante sociale dit que j'ai une hygiène pas propre. » La remarque faite à cette mère de famille n'a pas pu être entendue par elle, même si les faits dénoncés peuvent renvoyer à de l'incurie. C'est une mère aimant ses enfants et s'en occupant selon ses propres critères. Ils vont bien sur le plan psychique. Dans mon rapport d'expertise, je me suis opposé au placement.

> Cette autre mère vit seule avec sa fille, Coline, depuis la

naissance de celle-ci. Elle est dans une confusion constante entre l'enfant et elle. Elle l'entraîne dans une vie repliée sur le domicile, interdisant à quiconque d'intervenir à propos de son enfant. Lorsque je les vois pour une première expertise, je ne prends en compte que ces éléments de la relation mère-enfant et préconise, pour la protection de celle-ci, le placement de Coline. Je rejoins en cela l'évaluation faite par les travailleurs sociaux et espère qu'elle pourra trouver la tiercéité nécessaire à son organisation psychique.

Venue pour une seconde expertise un an plus tard, de toute évidence Coline est déprimée. Elle s'est retrouvée seule dans le foyer où elle a perdu tous ses repères psychiques et affectifs. L'interruption intempestive de la relation à la mère a créé plus de dégâts que de bénéfices.

Je n'ai pas hésité alors à contredire les conclusions de ma première expertise en préconisant l'arrêt immédiat du placement. La réintégration au domicile maternel a été décidée rapidement tout en sachant qu'un long travail d'accompagnement de cette relation serait du coup nécessaire pour aider cette enfant à conquérir son autonomie psychique.

Le choix entre protection et placement est difficile. Nous ne sommes a priori pas favorables à la séparation des enfants et de leurs parents. Malgré tout, il faut savoir entendre certains parents quand ils en arrivent eux-mêmes à envisager le placement de leur(s) enfant(s).

Dans le cadre du CMP, j'ai ainsi suivi une famille des années durant. Cette jeune mère est âgée de trente ans ; elle a déjà deux enfants âgés de six et quatre ans. Elle a eu un parcours de vie très chaotique où l'on retrouve bien sûr des placements à l'adolescence, puis quelques années d'incarcération. À sa sortie de prison, une vraisemblable prostitution ; ses deux enfants sont nés de deux pères différents.

Progressivement, elle comprend que la relation qu'elle a organisée avec ses enfants est plus complexe et plus destructrice que ce qu'elle pensait. Pour faire un retour sur elle-même et sur sa propre histoire, elle demande au service de la DDASS de pouvoir lire son dossier puisqu'elle se rappelle avoir eu un suivi AEMO (aide éducative en milieu ouvert) durant sa tendre enfance — service dont l'intervention est toujours décidée par le juge des enfants, quand il pense nécessaire de les accompagner, les surveiller ou les protéger. Après cette période, alors adolescente, elle connaît plusieurs placements. Elle découvre (ou redécouvre ?) les faits suivants : bien avant sa naissance, alors que ses frères et sœurs aînés sont nés, le juge des enfants a prononcé leur placement au regard de la situation marginale de la mère qui, semble-t-il, se prostituait au domicile familial. Mais, fait un peu extraordinaire, l'ordonnance de placement prononcée comporte la mention : « placement de justice des enfants nés et à naître ».

Cette jeune femme n'est pas au bout de ses peines ni de ses découvertes ! Elle prend connaissance de plusieurs rapports d'enquêtes sociales concernant l'évolution de sa mère, dont l'un la concerne : « Lorsque nous nous rendons chez Mme X, on peut se rendre compte que l'appartement est bien tenu ; la petite Y est assise sur le tapis et joue tranquillement… » Arrivée à ce passage de la lecture, la jeune femme a un mouvement de recul et d'interrogation et s'exclame : « Mais alors, pourquoi ne m'ont-ils pas placée moi aussi puisque je suis née après l'ordonnance qui fixait le placement des enfants nés et à naître ? »

Elle réalise alors qu'elle n'a pas eu le droit, elle, au contraire de ses frères et sœurs aînés, à une juste protection si on considère la vie désordonnée et chaotique de sa mère. Et elle poursuit son cheminement. Est-elle, elle aussi, nocive pour ses enfants ? Et cette nocivité n'exigerait-elle pas qu'on les place afin qu'ils bénéficient d'une protection ? Elle est prête à demander ce placement pour leur éviter les drames qu'elle a connus. Elle reproche clairement aux services sociaux de l'époque d'avoir été négligents avec elle. Elle refuse cette répétition pour ses enfants.

C'est cette élaboration et ce questionnement qui m'ont paru devoir être mis au premier plan plutôt que de penser à une proposition de placement. Les services sociaux pensaient, eux, que le placement des enfants s'imposait devant le comportement colérique et versatile de la mère. Mais les avancées du discours maternel représentaient la juste protection à laquelle ses enfants avaient droit. Elle avait repris la voie de sa symbolisation, solution qui me paraissait la plus apte à protéger les enfants. Elle le prouve quand, quelque temps plus tard, elle se présente au CMP munie d'un petit recueil intitulé *Sources de sagesse japonaise.* Ce livre présente des proverbes de manière très esthétique avec des dessins et des reproductions de tableaux sur papier parchemin. Elle me l'offre et lit à haute voix celui-ci :

Si la haine répond à la haine,
Comment la haine finira-t-elle ?
C'est le pardon qui doit y mettre fin.

Cet exemple montre qu'il n'existe pas d'indication type de placement, l'étude doit être faite au cas par cas. Les meilleures intentions, y compris celles ayant pour but la protection de l'enfant, sont parfois les plus destructrices pour lui.

L'autorité parentale

Existe-t-il des signes objectifs pour définir l'autorité parentale ? Ne peut-elle se définir que comme une discussion ininterrompue entre deux parents ? C'est un concept complexe aux limites floues. Pourtant, il n'existe aucune expertise auprès du juge aux affaires familiales qui n'en demande l'étude.

Redéfinie par la loi du 4 mars 2002, sa définition est fixée en préambule : « L'autorité parentale est un ensemble de droits et de devoirs ayant pour finalité l'intérêt de l'enfant. » Parmi les dispositions remarquables, notons :

— l'obligation alimentaire est continue et ne cesse pas de plein droit avec la fin de l'exercice de l'autorité parentale ;

— l'exercice des droits de visite et d'hébergement ne peut être refusé au parent qui n'exerce pas l'autorité parentale que pour des motifs graves ;

— si la filiation n'est pas établie à l'égard d'un des parents après la naissance de l'enfant, l'autorité parentale n'appartient qu'à celui des deux parents qui a reconnu l'enfant le premier ;

— en cas d'adoption simple, l'autorité parentale est confiée au seul parent qui a adopté ;

— la séparation des parents est sans incidence sur l'exercice de l'autorité parentale ;

— le juge aux affaires familiales peut déléguer l'exercice de l'autorité parentale à un organisme d'aide à l'enfance, à un tiers ou encore à un parent. Ce fait est rarissime.

La loi de 2002 a constitué une réelle avancée en rendant légale l'expression « garde alternée ». Il n'y est plus question de « droit de garde » ou de « droit de visite et d'hébergement ». L'expression « hébergement alterné » a le mérite de replacer symboliquement les deux parents au même niveau. La discussion ne porte que sur le comptage des nuits que l'enfant passe chez l'un ou chez l'autre des deux parents.

Pour la loi, le fait de dormir chez le parent non gardien deux samedis par mois et la moitié des vacances représente un hébergement alterné. Mais ce parent se trouve souvent très frustré ; tous disent la même chose : « Je ne veux pas être un papa à temps partiel. » Et pourtant, la séparation des parents entraîne *ipso facto* une éducation à temps partiel. On a de plus en plus tendance à mettre en place l'hébergement alterné dit « paritaire », c'est-à-dire où l'enfant répartit équitablement son temps entre le domicile de chacun de ses deux parents.

Ce système a bien sûr ses inconvénients et ses avantages. Les avantages sont incontestables sur le plan d'une stricte égalité entre les deux parents. L'inconvénient majeur est que l'enfant est obligé de s'organiser entre deux maisons. Cependant, soit pour éviter des ennuis, soit pour manifester leur profonde affection, beaucoup d'enfants s'y plient de bonne grâce. Certains vont même jusqu'à en demander l'organisation.

Dans tous les cas, ce système exige une grande souplesse de la part des enfants, souplesse que peu d'adultes accepteraient s'il leur fallait changer de domicile une semaine sur deux.

Il m'est arrivé de penser que l'on aurait pu proposer encore un troisième mode d'organisation : les enfants resteraient au domicile familial et les parents y résideraient chacun à leur tour sur un rythme hebdomadaire. Mais je ne suis pas sûr que les adultes sauraient s'adapter à ce mode de vie fractionné… alors qu'il leur paraît évident de le mettre en place pour leurs enfants.

Certains parents ont cependant choisi ce système, à l'amiable. Tous témoignent d'une vie difficile à mener, chaotique. La plupart se trouvent soulagés lorsque les enfants atteignent leur majorité, prenant ainsi leur indépendance et rendant la leur à leurs parents.

Pour en revenir à l'autorité parentale, elle comporte tout d'abord des devoirs : alimentaire, éducatif, de protection, d'instruction… Elle concerne l'obligation, pour chaque parent, de mettre en place les conditions d'une éducation encadrée, attentionnée, prodiguant soin, surveillance, protection et instruction. Il n'y est pas décrit les modalités d'exercice qui sont, fort heureusement, laissées à la libre appréciation de chaque famille en fonction de son histoire et de sa culture.

Parallèlement, l'autorité parentale confère des droits au(x) parent(s). Ils ne sont en fait que la contrepartie des devoirs évoqués, c'est-à-dire qu'ils concernent la capacité de chaque parent à exercer ses devoirs. Pour ce faire, il doit être informé de l'état de l'enfant, de ses résultats scolaires, des diverses activités qu'il pratique. Les établissements scolaires ont d'ailleurs l'obligation de publier les résultats en double exemplaire, un pour chacun des deux parents, séparément dans le cas d'une séparation parentale.

Mais ce cadre ne peut fixer l'ensemble des choix éducatifs et/ou affectifs liant un parent à son enfant.

J'ai vu, en expertise, des parents demander la suppression de l'autorité parentale à l'autre parent au simple motif que celui-ci ne donnait pas une alimentation bio à leur enfant. C'est dire la complexité et le flou du concept d'autorité parentale.

Ces demandes de suppression de l'autorité parentale au parent non gardien sont de plus en plus fréquentes. Elles trouvent le plus souvent leur justification dans une simplification de la vie quotidienne. Ces demandes émanent du parent gardien, habituellement pour s'éviter d'avoir à demander l'avis de l'autre parent pour prendre une décision concernant leur enfant.

L'exercice de l'autorité parentale ne consiste, en fait, qu'à élaborer en commun toutes les discussions nécessaires à l'humanisation d'un enfant. Quand deux voix se font entendre, un débat s'ouvre. On peut l'appeler le « débat de la vie ». C'est dans l'espace symbolique créé par ce débat émanant de deux voix différentes que l'enfant créera l'espace psychique où il s'organise comme sujet.

La simplification apparente que représenterait la suppression de ce débat parental est dommageable à la construction d'une personnalité. L'enfant aurait, dans ce cas, un travail psychique très important à mener pour sortir d'une référence parentale unique.

Une crainte peut être formulée par certains parents : que l'autre ne profite du temps de vacances pour organiser un véritable rapt de l'enfant dès lors qu'il est, par exemple, détenteur d'une autre nationalité que la nationalité française. Parmi les droits donnés par l'exercice de l'autorité parentale, il y a celui de signer les papiers autorisant la sortie du territoire français d'un enfant. Ces situations sont délicates à analyser et à gérer par manque, dans le cadre d'une expertise, de réels signes objectifs pour apprécier si ces demandes d'autorité parentale exclusive sont le fruit d'une peur qui trouve son origine dans le fantasme du parent demandeur ou s'il s'agit d'une possibilité réelle qu'un parent étranger puisse passer à l'acte. Il faut ajouter à la complexité de cette situation que peu de pays ont harmonisé leur définition précise de l'autorité parentale, et l'application d'un pays à l'autre des décisions de justice prises dans un pays étranger.

L'exemple qui suit donne un aperçu assez fidèle des difficultés que l'on peut rencontrer :

> Cette discussion survient lors d'une expertise auprès du juge aux affaires familiales. Matéo, une dizaine d'années, manifeste de manière virulente le désir de ne plus se rendre en visite chez son père comme il le fait depuis la séparation de ses parents.
>
> Ce garçon a tendance à la boulimie et à la constipation. En week-end chez son père, il se rue sur le placard de la cuisine où sont rangées les tablettes de chocolat et en mange tant et plus. Le père interdit au garçon de continuer à manger le chocolat. L'enfant téléphone aussitôt à sa mère pour lui raconter la frustration dont il est victime du fait de l'interdiction paternelle. La mère n'hésite pas à faire, en voiture, les quinze kilomètres qui la séparent du domicile du père pour apporter du chocolat à son fils. Le père entre alors dans une grande colère. Il prie de manière brusque la mère de partir sur-le-champ et, poussé par

sa seule colère, il s'en prend à la voiture de celle-ci et tord un essuie-glace. Elle dépose plainte.

S'engagent donc à la fois une affaire correctionnelle et une affaire civile où il est demandé la suppression des droits de visite et d'hébergement du père. La mère valide cette demande de l'enfant en arguant, de surcroît, de la violence paternelle. C'est cela l'exercice de l'autorité parentale ! Et c'est comme cela qu'elle peut être bafouée par un des deux parents.

Lors de l'entretien le réunissant à son père plusieurs mois plus tard, Matéo ne peut désavouer son père. La mère, de son côté, s'est crue autorisée à ce désaveu en répondant à la demande immédiate de l'enfant. Pensait-elle sérieusement que cette privation momentanée de chocolat mettrait réellement son fils en danger ? Ou n'a-t-elle pas plutôt profité de cet épisode pour assurer à son fils qu'elle, la mère, était là pour répondre à ses moindres désirs ? Elle ne se rend pas compte qu'elle l'empêche d'accéder à la rencontre avec des interdits structurants et avec le symbolique du fait de la confrontation de son désir à l'interdit paternel.

Il n'existe ainsi aucun texte de loi qui puisse garantir à un parent cet exercice libre et entier de l'autorité parentale.

En ce qui me concerne, je m'en tiens à une formulation simple : l'autorité parentale est le droit à pouvoir continuer à parler, entre parents, de leur enfant. Parler ensemble, ce n'est pas se retrouver toujours en accord sur une décision ou une orientation ; on le voit bien même lorsque les parents ne sont pas séparés. Mais ce type de dialogue doit se poursuivre, même si cela passe par des modes différents de ceux utilisés avant la séparation. Cette acceptation du dialogue doit être le seul et réel critère d'appréciation de ce que les juristes appellent les capacités éducatives du parent, hormis quelques cas de pathologies avérées — qui sont exceptionnels.

Toutefois, les sentiments qui naissent entre des parents après leur séparation ne sont pas simples.

Je reçois, à mon cabinet, deux parents qui viennent demander de l'aide pour leur fille. Il s'agit de parents divorcés depuis plus de trois ans et je n'ai aucune information sur leurs éventuels conflits. Je décide de les recevoir sans l'enfant. Ils me disent avoir refait leur vie l'un et l'autre et s'y trouver bien. Une discussion facile s'engage. Ils décrivent les problèmes de l'enfant dans un accord et un souci parental communs. Malgré tout, quelques critiques émergent peu à peu dans les propos de la mère et la discussion s'anime. Le père essaie de convaincre la mère de son implication et, dans le feu de l'action, lui dit : « Enfin, chérie… » Ils entendent en même temps cette résurgence de leur ancienne relation et éclatent de rire ensemble.

Cette fois, le lapsus du père est sans conséquence grave. Pour d'autres parents, les conflits et les rancœurs se déplacent sur la scène judiciaire sous la forme d'une discussion à propos de l'autorité parentale.

Chacun est capable d'en étendre ou d'en restreindre le sens, à sa guise. L'autorité parentale n'est pas que le droit de recevoir le livret scolaire. C'est aussi le droit à la transmission. C'est le droit de s'opposer à l'institution quand celle-ci prend des décisions qui ne sont pas en conformité avec la symbolique familiale. D'où le parallèle qui s'impose entre les situations de placement et le droit à l'identité : le concept de l'autorité parentale, dans ces cas, en est une bonne illustration. C'est une question importante. Les institutions ne se rendent pas compte qu'elles se substituent au parent et qu'elles usent d'une autorité parentale qui ne leur a pas été donnée. Seul le juge aux affaires familiales a compétence pour statuer à son propos. Ce n'est pas du ressort du juge des enfants, dont les décisions concernent, dans ces cas, la surveillance ou le placement. Les parents ont le droit, au titre de l'exercice de l'autorité parentale, de s'opposer aux décisions prises par l'institution. Peu d'entre eux le savent.

Pour l'enfant, l'autorité parentale est le droit de percevoir la différence qui existe entre son père et sa mère. C'est le droit d'avoir deux parents même s'ils ne sont pas en accord à son propos et sur la décision à prendre. C'est dans la perception de cet écart que l'enfant a quelque chance de devenir lui-même un sujet.

Famille et modernité

Les nouvelles formes que prend la famille posent-elles de nouvelles questions ? Parle-t-on du droit d'avoir un enfant ou du devoir d'éducation ?

Chaque culture, chaque siècle crée ses images sur la composition et l'organisation d'une famille. Celle-ci connaît donc, au fur et à mesure de l'évolution, des transformations repérables. Il paraît logique d'évoquer toutes ces nouvelles formes de famille à l'aune de la conceptualisation psychanalytique. Les thérapeutes s'occupant d'enfants doivent exposer leur théorie à l'épreuve de la réalité pour en démontrer l'efficacité ou les limites éventuelles.

Jusqu'à présent, les repères sociologiques et les éléments proposés pour la présentation de la structuration de la personnalité reposaient sur une organisation ancienne et classique. Cette organisation était centrée sur le modèle familial classique mettant en scène une mère, un père et un(des) enfant(s).

Les nouvelles organisations vont-elles modifier profondément et réellement ces éléments de la structuration de la personnalité ? Ces nouvelles formes de la famille font l'objet d'un débat actuel relativement vif et doivent être considérées comme un fait de société important. Leur mise en discussion est inévitable.

La famille monoparentale

La famille mononucléaire n'est pas une forme nouvelle et est connue depuis plusieurs siècles. Dans la plupart des cas, il s'agissait d'une femme, souvent jeune, qui se retrouvait enceinte alors qu'elle n'était pas mariée ou ne se marierait pas avec le géniteur. L'enfant était alors désigné comme le « bâtard » — plus récemment, on l'a qualifié d'illégitime. On ne lui trouvait donc pas de place dans l'organisation légale. Un progrès a été accompli avec la notion d'« enfant naturel », dont les droits sont les mêmes que ceux des enfants légitimes. Il n'était pas donné non plus un statut d'adulte à la mère, qu'on appelait « fille-mère ». En cela elle était toujours référée à sa famille d'origine dont elle restait éternellement la fille, qu'elle vive ou non au domicile de ses parents.

L'enfant portait le nom de famille de son grand-père maternel. Il lui était donc impossible de trouver l'espace symbolique existant entre les deux noms de famille, celui de sa lignée paternelle et celui de sa lignée maternelle. C'est cet espace symbolique qui permet à l'enfant une mise en perspective de son identité car il fait faire des allées et venues constantes entre ses deux lignées, lui donnant accès à sa propre organisation. C'est également un espace de liberté psychique. À l'opposé, dans ce type de famille monoparentale à l'ancienne, il n'était pas rare de constater que c'était le grand-père maternel qui faisait figure d'image paternelle. L'enfant n'avait comme repère identitaire qu'un arbre à une seule branche et il pouvait avoir le statut d'enfant imaginaire entre sa mère et son grand-père maternel. Lorsque la mère et l'enfant vivaient seuls, tous les cas de figures possibles ont été retrouvés. Tout dépendait de la capacité qu'avait la mère à présenter à l'enfant les représentations possibles de la tiercéité symbolique. Le repli exclusif de la mère sur son enfant pouvait avoir des effets catastrophiques, parfois à l'origine d'un tableau psychotique. Cette tiercéité pouvait être représentée par le travail ou, bien souvent, par l'image mythique du patron. Notons que les mots « patron » et « père » ont la même étymologie.

Quand le tiers est une personne en chair et en os, peu importe la manière dont il fonctionne. La littérature ne manque pas d'exemples. Victor Hugo, dans *Les Misérables*, nous en offre un modèle devenu légendaire. Il expose les difficultés de Fantine se chargeant seule de l'éducation de sa fille Cosette. Quand Fantine confie Cosette aux Thénardier, elle ne se soucie guère du fonctionnement réel de cette famille. On les découvre maltraitants avec la fillette. Il est vraisemblable que ceux-ci représentent pour Cosette cette référence autre à la mère. D'ailleurs, la suite de l'histoire nous montre que Cosette réussit parfaitement à organiser sa personnalité puisqu'elle peut accepter très facilement par la suite un substitut paternel en la personne de Jean Valjean, et qu'elle construira sa vie de femme de manière harmonieuse. Au fond, peu importe la manière dont les Thénardier fonctionnent, y compris dans l'aspect sadique de leur relation à Cosette. Ils servent principalement de référence structurante opposée à la référence maternelle.

Ce ne sont pas ces formes classiques que nous propose l'actualité. Il s'agit le plus souvent de jeunes femmes élevant seules leurs enfants après une séparation intervenue assez rapidement après la naissance ou de jeunes femmes vivant dans une sorte d'errance affective et ayant eu des enfants de plusieurs hommes différents.

Ce qui a fondamentalement changé par rapport à ce qui se repérait dans les générations précédentes, c'est que le statut d'une femme, élevant seule son ou ses enfants, n'est plus marginal. Leur image est désormais entrée dans la norme. Cela a l'avantage incontestable de ne pas alourdir leurs difficultés par le poids d'une culpabilité qui ne fait qu'entraver les réelles capacités éducatives d'une mère. Mais la véritable difficulté est que ces mères sont absorbées par le poids de la vie quotidienne, le travail comme l'éducation. Elles sont psychiquement submergées par des problèmes de survie qui les empêchent de s'occuper de la vie à proprement parler. Leurs enfants présentent bien souvent des tableaux de carences affectives et éducatives. Certes, ils montrent une organisation de la personnalité suffisante sur le plan de la structure, mais fragile ou pauvre sur le plan de leurs élaborations intellectuelles.

Dans de nombreux cas, les enfants présentent des baisses importantes de leur efficacité intellectuelle ou des personnalités dont le fonctionnement principal vise à transgresser ou à contourner les limites fixées par la loi, donnant naissance à des tableaux cliniques à l'allure délinquante ou prédélinquante.

Ceux qui ont la chance d'échapper à la carence affective et intellectuelle ne sont pas, malgré tout, dans une reconnaissance réelle de la tiercéité symbolique, c'est-à-dire celle qui est garante des interdits structurants et dont le respect de la loi est l'un des représentants les plus palpables.

Parmi ce type de situations monoparentales peuvent s'ajouter les difficultés transculturelles : la mère élevée dans une autre culture que la culture occidentale et qui est très structurée par ses repères à sa culture d'origine. Ainsi lorsqu'elle se retrouve seule avec ses enfants, elle est perdue entre les repères de sa culture d'origine qui ne la soutiennent plus et les repères de sa nouvelle structure qu'elle n'a pas intégrés psychiquement. Elle a tendance à compenser cette difficulté par un débordement affectif où toute frustration ou interdiction est proscrite de la relation qu'elle a avec ses enfants. Ceux-ci se retrouvent rapidement avec le statut d'enfant roi et ont du mal à accepter une quelconque limitation de la réalisation de leur désir. La porte leur est ouverte vers le refus scolaire et social, habitués qu'ils sont à ne jamais être confrontés aux interdits.

La famille monoparentale expose donc principalement au risque d'une défaillance de la symbolisation, c'est-à-dire du processus psychique de reconnaissance des interdits structurants. Les problèmes sont identiques dans les familles monoparentales où le parent éducateur est le père. Cette organisation plus inhabituelle est souvent la conséquence soit de la disparition brutale et inattendue de la mère hors du foyer familial, soit d'un veuvage, soit — ce que j'ai pu observer — de la décompensation psychiatrique de la mère.

Ces pères ont bien du mal à ne pas s'emparer de la fonction maternelle dans son ensemble. Non seulement sur le plan de la prise en charge au quotidien, mais encore sur le plan affectif. Ils prennent souvent une allure de père-mère, privant ainsi l'enfant du même type d'opposition symbolique structurante née de la confrontation de deux espaces symboliques opposés et complémentaires. Ils s'opposent souvent aux rencontres entre la mère et l'enfant, malgré la demande de ce dernier.

L'homoparentalité

Il est nécessaire d'ouvrir la discussion sur ce thème puisqu'il fait partie des débats actuels. Là encore, il convient de ne pas poser de conclusions a priori et de se laisser guider par la parole des enfants eux-mêmes. Il s'agit de quatre cas quasi identiques qui m'ont été confiés par le juge aux affaires familiales. La séparation du couple a été déclenchée par le nouveau choix de vie d'un des deux parents, déterminé à réorganiser sa vie avec une personne du même sexe que lui (ou elle).

Ces quatre dossiers concernaient trois mères et un père. La thématique homosexuelle n'était pas centrale dans la mission qui m'avait été confiée. Elle était même évoquée de manière relativement discrète. Les conflits exposés s'apparentaient à ceux rencontrés habituellement lors d'une séparation.

Dans trois cas, les parents se disputaient la résidence de l'enfant. Dans le dernier, un parent voulait voir ses droits de visite et d'hébergement élargis.

Le discours tenu était à peu près identique chez les parents qui subissaient la séparation. Ils pensaient ne pas en être à l'origine et la subissaient de manière passive, voire imposée du fait de la nouvelle orientation de leur ex-conjoint(e). Les critiques concernant ces nouveaux choix n'étaient pas exprimées de manière directe, mais présentées sous la forme de sous-entendus ou d'évocations discrètes. Sur le plan des discours entendus, cette thématique ne pouvait donc pas être reconnue comme centrale.

Le discours des enfants a suivi le même schéma. À peine avaient-ils ébauché un : « La copine de maman, elle est gentille » ou : « Le copain de papa, il est gentil ». Aucun autre commentaire n'a été fait. Les enfants ont évoqué leur mode de vie au quotidien, leur choix ou les aménagements éventuels. Leur discours était comparable à celui tenu par des enfants inscrits dans une conflictualité opposant leurs parents quant au choix du lieu de résidence de l'enfant.

Il n'est donc pas clairement possible de dire si l'absence de développement de cette thématique est plutôt à comprendre comme une information de type banal concernant leur entourage habituel ou comme un évitement ou une impossibilité à aller plus avant dans la présentation de cette situation.

De toutes les façons, les conclusions de l'expertise ne portaient pas principalement sur cette thématique au regard des décisions à prendre. Elles ont suivi le même type de raisonnement que celui utilisé dans le cadre d'une séparation parentale habituelle.

Le cinquième exemple porté à ma connaissance a pu être développé de manière beaucoup plus riche puisqu'il s'agit de la psychothérapie d'un enfant présentant une inhibition scolaire importante. Ce symptôme était à l'origine d'une demande de psychothérapie formulée par la mère et conseillée par l'institutrice. L'enfant était au CE1 et n'avait pas encore réellement accédé à la lecture. Ce cas ouvre, dans de nombreux registres, des questions qui peuvent se poser dans le cadre de l'homoparentalité.

> Jeanne et Marie vivent ensemble depuis de nombreuses années dans une liaison stable. Elles décident d'avoir chacune un enfant. Jeanne s'accorde avec Paul, un ami, homosexuel lui aussi. Ulysse naît. Élevé par sa mère et par Marie, il est reconnu par son père, mais déclaré seulement sous le nom de famille de sa mère. L'amitié perdure entre les parents d'Ulysse. Paul leur rend visite de manière irrégulière et ne prend pas réellement part à l'éducation de son fils même s'il est bienveillant et amical avec lui. Ulysse sait que Paul est son père.
>
> Marie, elle, fréquente un couple, Olivier et Valérie, parents de trois enfants, Marc, Antoine et Julie. Les adultes décident qu'Olivier fera un enfant à Marie. C'est ainsi que naît la petite Maud, quelques mois après Ulysse.
>
> Jeanne, Marie, Ulysse et Maud organisent une vie familiale habituelle.
>
> Lorsque Ulysse est conduit en psychothérapie par sa mère, il est âgé de sept ans et demi. Jeanne et Marie sont désormais séparées depuis plusieurs mois. Maud et Marie sont parties à plusieurs centaines de kilomètres.
>
> La psychothérapie a beaucoup de mal à démarrer. Ulysse vient

à ses séances. Il est souriant, dessine volontiers mais ne parvient pas à s'installer dans le dialogue. Il paraît perdu et donne l'impression de ne pas savoir ce que l'adulte attend de lui. Les résultats scolaires et l'empêchement à la lecture persistent.
Les séances ont tendance à s'enliser jusqu'au jour où, soudain, Ulysse dit : « J'ai vraiment envie de voir ma sœur Maud et… mon frère Marc. » Devant cette déclaration, je décide de travailler avec Ulysse sur la filiation et la généalogie. Commence alors un long travail, sur plusieurs séances, où nous réalisons tous les deux une sorte d'arbre généalogique en essayant de mettre sur chaque situation le mot ou le qualificatif le plus approprié à ce qu'Ulysse décrit ou évoque.
Nous décrivons ainsi, ensemble et avec méticulosité, les diverses formes de lien existant entre les différentes personnes présentes dans l'histoire d'Ulysse. Cela peut être : « Maman [Jeanne] et Marie ont un lien d'amour, mais elles ne peuvent pas faire d'enfant ensemble puisqu'elles sont deux femmes. » Ou encore : « C'est donc Paul, ton papa, qui t'a fait avec Jeanne, ta maman. »
L'histoire de Maud, qui fait partie intégrante de la sienne, est également évoquée, ce qui permet de lui donner des informations assez simples sur les lois de la fécondation. « Olivier et Valérie sont mariés ; ils forment une famille avec leurs trois enfants, Marc, Antoine et Julie. Olivier et Marie ont eu un rapport sexuel pour faire venir Maud au monde… » Après toutes ces explications, je recherche avec Ulysse le mot qui pourrait qualifier le plus justement les liens qu'il a avec les différentes personnes de son histoire. « Maud peut être pour toi une sœur de cœur, mais ni une sœur de sang ni une sœur légale. Paul est ton père de sang, ton papa, mais pas ton père légal. » Comme Ulysse n'a aucun lien ni de sang ni légal avec Olivier, et encore moins avec Valérie, « leurs trois enfants, Marc, Antoine et Julie, ne peuvent pas être tes frères et sœur, ni de sang ni légaux ». Quant à Marie, « elle est la maman de Maud, elle l'a portée dans son ventre et lui a donné son nom de famille et elle l'éduque ». Et puis : « Maud a deux demi-frères et une demi-sœur de sang, Marc, Antoine et Julie…

Toi, tu n'as ni lien de sang, ni lien légal avec eux ni avec Marie. »
Pour compléter ce travail, il fallait entendre la demande d'Ulysse. Il était perdu et dépressif. Dépressif d'être séparé de Marie et de Maud et de ne plus avoir de contact avec elles. Ayant pris conscience de cette difficulté, Jeanne contacte Marie. Elles décident d'organiser, à l'amiable, des week-ends ou des temps de vacances d'Ulysse chez Marie, comme dans le cadre d'un droit de visite et d'hébergement classique.
Paul se rend plusieurs fois au cabinet du thérapeute. La question de la reconnaissance légale d'Ulysse par Paul se pose précisément. Et parallèlement, Ulysse prend goût aux acquisitions scolaires, notamment à l'apprentissage de la lecture.

Ce travail de formulation méticuleuse a non seulement permis à Ulysse de lire sa propre histoire mais, en lui donnant les mots les plus justes, a ouvert l'espace symbolique propre à créer en lui les voies de l'humanisation et de la culture. L'origine de la dépression d'Ulysse n'a toutefois pas été clairement établie. Deux hypothèses sont plausibles : soit il était affecté par l'éclatement de la cellule familiale dans laquelle il avait vécu depuis sa naissance ; soit il perdait, avec le départ de Marie, ce qu'on pourrait appeler « un bout de mère psychique », sentiment de perte psychique qui l'aurait rendu dépressif.
Sa dernière séance a été la preuve du travail de symbolisation effectué pendant sa thérapie : il a passé tout le temps de la séance à se chercher une signature. Il avait acquis une identité de sujet et voulait la signifier de la manière la plus adéquate et la plus esthétique selon lui.
Quant à l'adoption d'un enfant par un parent célibataire, elle masque en fait souvent l'adoption par un couple homosexuel. Il faut lever le voile d'hypocrisie qui cache des pratiques répandues aujourd'hui. Cette forme d'adoption est désormais reconnue par la loi. Dans de nombreux dossiers, l'adoption est faite, conformément à la loi donc, par un parent déclaré célibataire et seul.
Il n'est pas rare que ce parent adoptant vive depuis longtemps avec une personne du même sexe que lui. Il s'agit donc bien d'une

éducation prodiguée par deux parents du même sexe, étant entendu que seul le parent adoptant pour la loi sera détenteur de l'autorité parentale. Cela crée une dissociation entre la réalité quotidienne de l'enfant et sa réalité légale. Il est effectivement éduqué par deux adultes de même sexe mais l'un des deux n'est pas reconnu comme ayant un ascendant officiel sur lui. L'adoption officielle par les deux adultes aurait au moins l'avantage d'organiser une harmonisation entre la réalité quotidienne et la réalité légale.
Il convient également de supprimer les fantasmes qui entachent cette discussion sur la scène sociopolitique. Le non-dit, qui obscurcit le raisonnement, est que ces parents homosexuel(le)s risqueraient d'avoir sur leurs enfants adoptifs des comportements déviants. Deux remarques peuvent être faites : d'une part, la probabilité du comportement déviant d'un parent sur un enfant n'est pas prédictible, quel que soit le mode de vie du parent ; d'autre part, les sévices physiques et sexuels, tels qu'on les connaît actuellement, sont l'apanage de familles composées clairement d'un père et d'une mère vivant le plus souvent ensemble.
La seule question qui demeure au centre du débat est celle de la capacité éducative des parents homosexuels. On sera notamment attentifs à la manière dont, à l'instar de tout parent, ils seront capables de prodiguer leur éducation avec la plus grande ouverture d'esprit possible. Outre leur capacité à ouvrir l'enfant à l'instruction et à la culture, sauront-ils l'initier sur le plan psychique à la reconnaissance de la différence des sexes et à leurs complémentarités obligatoires pour la procréation ? Cette complémentarité biologique incontournable est redoublée par la complémentarité symbolique renvoyant à l'inscription psychique de la différence des sexes.

Les autres formes de famille

Le raisonnement est strictement le même concernant l'adoption. La seule démarche valide est celle du droit à l'identité. Un enfant a le

droit d'être dépositaire de tous les éléments de son histoire, c'est ce qui le constitue comme sujet.
C'est à partir de cela que chaque sujet crée les voies de sa propre construction comme de celle qui le mène à une symbolisation efficace. Peu importe les difficultés qu'il risque d'y rencontrer. Tout sujet se construit sur l'élaboration de ce qui lui est propre dans une histoire dont il a à devenir l'auteur et l'acteur.

> Max, né au Mali, a été adopté à l'âge de six mois. Ses parents adoptifs me l'amènent alors qu'il est âgé de huit ans, car il présente des colères intempestives pour des motifs futiles. Il le reconnaît, mais il explique que c'est plus fort que lui et que, dans ces moments-là, il lui est impossible de se contrôler.
> J'ai l'idée de le faire parler du Mali et de sa famille d'origine. Aussitôt, Max me répond : « Je ne voulais pas quitter le Mali, moi. » Avec beaucoup de conviction, tout en sachant qu'il n'avait que six mois à l'époque, je rétorque : « Tu n'avais qu'à le leur dire ! » Il éclate en sanglots et me dit : « Je ne savais pas parler. » Je continue : « Maintenant que tu sais, le plus important, c'est que tu aies pu formuler ton regret d'avoir quitté ton pays et tes parents de naissance. »
> À la séance suivante, Max m'apprend qu'il ne fait plus de colères et que tout va bien. La suite confirmera cette amélioration.

En fait, j'ai accepté de me situer dans la logique du discours que présente l'enfant. L'idée qu'il expose serait-elle une construction a posteriori ? En tout cas, la vérité, elle, est au présent ; quelqu'un devait l'entendre.
Il s'agit là d'une reprise de la symbolisation. La chaîne des symboles de ce petit garçon, celle qui organise tout le symbolique, s'était interrompue. Cette absence de mots l'obligeait à manifester sa tristesse en se servant uniquement de son corps, sous la forme de colères. Mon intervention lui a permis de se réapproprier sa place de sujet. Il s'autorise désormais à parler, assuré que sa parole aura un sens. L'ensemble de l'édifice symbolique peut désormais fonctionner.

Évoquons aussi les familles recomposées. Faut-il également prendre en compte les droits des beaux-parents ? Chaque histoire de couple, chaque séparation, a ses caractéristiques spécifiques. Serait-il possible de trouver une loi qui puisse répondre à tous les cas de figures existant ?
Parfois, l'un des deux parents disparaît définitivement sans plus jamais donner de nouvelles. Dans d'autres cas, le parent gardien a réorganisé sa vie en fondant une nouvelle famille et cherche, souvent de manière inconsciente, à exclure le parent non gardien. Ou bien, une nouvelle séparation intervient entre le parent et le beau-parent. Certains enfants sont indifférents, d'autres satisfaits de cette séparation. D'autres encore souffrent de cette seconde séparation qui réactive en eux l'éventuel sentiment d'abandon qu'ils avaient déjà éprouvé lors de la séparation de leurs propres parents. Tous ces cas sont dépendants de la dimension psychoaffective de chacun des acteurs.
J'ai envie d'évoquer ici trois cas qui montrent assez bien les différentes situations que les enfants peuvent vivre au sein d'une famille recomposée.

> Rémi, âgé de dix ans passés, m'est amené en consultation au CMP.
> Enfant agréable, souriant, apte au dialogue, il présente toutefois, notamment à l'école, des moments de colère incontrôlable qui atteignent même la violence quand, sans raison apparente, il frappe ses camarades. Voici son histoire.
> Son père quitte la maison quasiment au moment de sa naissance, abandonnant ainsi Rémi, son frère aîné et la mère. Celle-ci se remarie assez rapidement avec un homme que les enfants appellent immédiatement « papa ». Cet homme est d'une rigidité et d'une sévérité assez rares ; il brutalise les enfants et fonctionne, dans l'éducation, sur le mode du commandement pur et simple.
> Quand Rémi atteint l'âge de dix ans, ce couple, qui entre-temps a eu un enfant, se sépare. Les adultes décident d'organiser le même droit de visite pour les trois enfants sur le mode d'un week-end sur deux et la moitié des vacances scolaires.

La mère se met en ménage avec un troisième homme, un ami d'enfance du père des deux aînés qu'ils n'ont jamais revu depuis la séparation de leurs parents. Ce nouveau compagnon de la mère est surpris par la situation. Le père des deux aînés est recontacté et propose de reprendre ses deux fils en vacances. Au retour, Rémi est tout content d'avoir fait enfin la connaissance de son père et refuse désormais de se rendre en visite chez son beau-père avec lequel il a, depuis, interrompu toute forme de relation. Ce resurgissement de son identité réelle réconcilie Rémi avec lui-même.

Le deuxième cas démontre bien comment un enfant sait préserver, coûte que coûte, l'espace symbolique nécessaire à l'organisation de sa personnalité, et ce malgré l'apparente interdiction formulée par ses parents éducateurs.

Des parents se séparent alors qu'ils ont deux enfants ; l'aîné, Henri, a quatre ans et demi, son jeune frère, Georges, a huit mois. La mère, partie avec un autre homme, fait l'objet d'un bannissement total, organisé de surcroît par ses propres parents. Ainsi les enfants n'auront-ils plus jamais de nouvelles de leur mère. Le père se remarie lorsque Georges a cinq ans trois quarts. Il lui est imposé rapidement d'appeler cette belle-mère « maman ». Tout doit disparaître des éventuelles traces laissées dans la maison par la mère. Il est même inventé une nomination spécifique pour éviter de la désigner comme « maman ou mère ». La seule appellation autorisée sera « l'autre ».

L'aîné, Henri, a fréquenté sa mère en cachette, alors que Georges n'a plus jamais eu de contact avec elle. Devenu adulte, Georges, à vingt-deux ans, part à la recherche de sa mère. Il la retrouve et la fréquente alors de manière régulière. En fait, cette appellation de « l'autre » a suffi au jeune enfant qu'il était pour créer l'espace symbolique nécessaire à l'organisation de sa personnalité.

Il existait donc réellement une « autre » à la belle-mère. C'est à partir de cet espace symbolique que l'enfant a pu forger des représentations maternelles.

Évoquons maintenant le cas d'Ernest, neuf ans et demi, amené par sa mère au CMP parce qu'il présente une baisse de son rendement scolaire. Voici son histoire.

> Juste après sa naissance, sa mère vit avec un nouvel homme, Jean-Pierre, qui exerce la profession de conducteur de bus ; ils se séparent quand Ernest a huit ans, après que Jean-Pierre l'a effectivement élevé comme s'il était son propre fils.
> La mère, usant légitimement de son autorité parentale, fait interdiction à Jean-Pierre de rencontrer désormais Ernest.
> Tous les matins, Ernest va devant une des stations de bus de la ligne où Jean-Pierre est conducteur et attend son passage. Tous les matins, ils se fixent droit dans les yeux et se sourient, sans se dire un mot. La tristesse de l'enfant et celle de son beau-père sont incontestables ; de surcroît, il est demandé à cet enfant de faire, une nouvelle fois, un réel travail de deuil sur l'image paternelle. Qui s'étonnera donc, désormais, de son peu d'intérêt pour la sphère scolaire ?

Il ne fait aucun doute que lorsqu'on partage la vie d'un enfant on a tout simplement un devoir d'aide, d'assistance et d'éducation envers lui. Les questions soulevées par ces formes modernes de la parentalité sont strictement les mêmes que celles qui se posent habituellement pour toute construction identitaire. Il n'est pas question, dans ce type de discussion, de se perdre dans des interrogations inutiles.
L'erreur ne consisterait-elle pas à mettre en balance ce qui procède des choix personnels que peut être amené à faire n'importe quel adulte et le droit à l'identité propre de l'enfant ? Des discussions oiseuses pourraient se développer sur des critères de valeur concernant ces choix ; elles ne viendraient répondre qu'à l'idéologie suivie et aux choix faits par celui-là même qui y présenterait des critiques ou des solutions.
Le seul registre qui mérite qu'on s'y attarde est celui de la parentalité auquel vient répondre celui du droit à l'identité, élément intangible pour la construction subjective. Tout enfant doit être dépositaire des motivations et des paroles ayant présidé à sa venue au monde.

Au lieu d'évoquer l'égalité de chaque citoyen devant la loi, notamment au regard du désir de devenir parent, il conviendrait plutôt de se montrer résolument en faveur du « devoir de parentalité ». Ce devoir comporte l'accompagnement de l'enfant dans son quotidien avec tous les modes de prise en charge qui en découlent. Il doit également tenir compte des exigences que toute construction identitaire impose. Chaque parent a le devoir d'ouvrir l'enfant non seulement aux aspects spécifiques et originaux de son histoire, mais encore à la tiercéité symbolique structurante.

Peu importe les modalités qu'empruntera cette tiercéité symbolique dans la réalité. Ce qui est essentiel ne se joue pas dans le mode de vie choisi, mais dans la possible perception pour l'enfant qu'il existe un ailleurs, un extérieur au(x) parent(s) éducateur(s).

C'est donc bien de deux pôles de référence dont un enfant a besoin : le parent éducateur, d'un côté, et une instance symbolique représentative de toutes les formes de différences. C'est entre ces deux pôles que se développera l'espace symbolique nécessaire, répétons-le, à toute construction identitaire et subjective.

Les médiations : médier ou remédier ?

Médiation pour qui ? Pour les parents ou pour l'enfant ? Sait-on vraiment ce qu'on y fait ? Un outil pour faire quoi ?
« Médier ou remédier ? » Ce titre suggère d'emblée qu'il s'agit d'un problème complexe : « médier » renvoie à l'exercice de la médiation ; « remédier » comporte un double sens : trouver un vrai remède ou pallier un manque.
J'en parlerai principalement à partir de mon expérience d'expert. Les médiations sont de plus en plus préconisées par le juge, mais que recouvre exactement ce concept ? Créer cet outil et s'apercevoir après coup qu'il est inefficace, voire non adapté au problème qu'il est censé gérer, parce qu'on l'a mal défini, serait absurde. Il convient donc de le définir avec précision.

Définition et cadre

« La médiation familiale est un processus de construction du lien familial axé sur l'autonomie et la responsabilité des personnes concernées par des situations de rupture ou de séparation dans lequel un tiers impartial, indépendant, qualifié et sans pouvoir de décision — le médiateur familial — favorise, à travers l'organisation d'entretiens confidentiels, leur communication, la gestion de leur conflit dans le domaine familial entendu dans sa diversité et dans son évolution. » Voici la définition adoptée par le Conseil national consultatif de la médiation familiale (2002).

Y a-t-il une ou des exigences pour délimiter un cadre où seraient respectées les conditions du développement psychique harmonieux de l'enfant, autrement dit les éléments incontournables de l'intérêt supérieur de l'enfant ? Chacun d'entre nous, en tant que sujet, se sent préoccupé par cet intérêt supérieur de sa place, garant de cet intérêt.

Dans l'autonomie identitaire historique qui est enfin reconnue à l'enfant, nous sommes passés de « mon corps est à moi » à « ma vie psychique est à moi ». Parmi les conditions de la construction identitaire, l'appui indispensable sur les deux images parentales, paternelle et maternelle, doit toujours être respecté. C'est pourquoi nous nous penchons sur les cas présentant une trop forte collusion entre l'enfant et un de ses parents. Ce sont les cas où l'enfant refuse de voir le parent non gardien.

Contrairement à une idée reçue, il semble assez facile d'éliminer de la discussion tous les cas où il existe une dangerosité réelle. En effet, la réponse est alors simple : une suspension définitive ou provisoire des droits de visite et d'hébergement. On se trouve là dans le cadre de la protection de l'enfance et non dans celui de la médiation.

Les critères de dangerosité sont toutefois fluctuants et parfois difficiles à établir. Ils peuvent même être différents selon le professionnel qui fait l'estimation : le juge, l'enquêteur social, l'expert peuvent avoir des avis extrêmement divergents. Être malade mental n'est pas en soi un critère de dangerosité. La violence d'un parent non plus, si elle ne s'est exprimée que vis-à-vis de l'autre parent dans le cadre du conflit les opposant.

Donc, si un intervenant pose, selon les critères de sa profession, le diagnostic de dangerosité, les réponses sont faciles : placement, retrait, suspension, suppression des droits de visite et d'hébergement, AEMO (action éducative en milieu ouvert), visites surveillées.

Voici quelques exemples cliniques pour tracer le contour de ces situations.

> Un jeune enfant, dont le père est éthylique, m'explique qu'il a sur lui une carte téléphonique. Et il m'explique que, pendant ses visites à son père, il est parfaitement capable, lorsqu'il repère les moments où ce dernier bascule, de trouver une cabine téléphonique pour demander à sa mère de venir le chercher.

Dans ce cas, l'enfant formule clairement son désir de continuer à fréquenter son père. Pour l'expert, aucun aménagement n'est nécessaire. Pourtant, le juge a cru bon, en opposition avec les conclusions de l'expertise, de supprimer le droit de visite libre du père et s'est fait l'écho du seul désir maternel. Il a préconisé des rencontres dans un centre.

J'avais mis pour ma part l'accent sur les capacités intellectuelles et affectives de l'enfant. Le juge s'en est tenu à des critères sociaux habituels quant à la dangerosité éventuelle pour l'enfant. Il lui a dénié toute autonomie de la pensée et de ses efforts de symbolisation.

> J'ai eu à entendre en expertise des enfants opposés, de manière virulente, aux rencontres avec leur père. Ils me disaient, très en colère, que l'éducateur chargé de la rencontre verrouillait les portes du local à clé parce qu'ils voulaient s'en échapper. Sans émettre une seule critique sur cette attitude, vraisemblablement guidée par la violence de la situation, personne ne peut être sûr de l'efficacité de cette technique. Et surtout, personne ne s'interroge sur la colère des enfants, sur leur refus.

> Une mère délirante se croit le centre d'un complot international où seraient mêlés le KGB, la CIA, la police secrète d'une principauté proche… Mais l'enfant n'est pas inclus dans ce délire. De fait, il est même le seul que la mère ne désigne pas encore comme un ennemi.
>
> Après expertise, j'ai cependant préconisé une suspension du droit de visite de la mère, en me disant que le jour où, par extension du délire, l'enfant acquerrait le statut d'ennemi

imaginaire de la mère, il serait en danger. Il s'agissait d'une suspension temporaire, cessant le jour où la mère accepterait un traitement pour son délire.

J'ai présenté ici trois cas un peu extrêmes où, de toute évidence, nous ne sommes pas dans le cadre des indications d'une médiation mais simplement dans l'aménagement et l'organisation des modes de rencontre entre un enfant et son parent. L'erreur principale consisterait à donner une sorte de réponse universelle alors que les réponses ne peuvent naître que d'une étude approfondie du cas et ne convenir qu'à ce cas et à aucun autre.

La médiation à proprement parler

Comprendre ce concept de médiation et, par là, l'outil que nous essayons de mettre en place exige de rappeler des définitions simples. Le verbe « remédier » a un double sens : donner un remède, proposer un traitement ; mais également l'idée de trouver un palliatif, un expédient. Quel sera l'axe que nous privilégierons en posant l'indication de la médiation ? Il va sans dire que si nous sommes du côté du palliatif ou de l'expédient, notre réponse n'est pas satisfaisante.
Notre réflexion s'oriente alors vers le sens du mot « médian » et de ses dérivés. Est « médian » ce qui se trouve au milieu de deux points, de deux positions. Son extension au sens moral est évidente : est « médian » ce qui ne penche ni d'un côté ni de l'autre, la médiatrice d'un segment, c'est la droite perpendiculaire en son milieu.
Puisque nous avons évoqué dans la partie précédente les trois pôles de « conflits » concernés par le juge aux affaires familiales — le père, la mère et l'enfant —, force est de constater qu'il ne peut y avoir de médiatrice entre trois points.
La médiation aurait donc pour but de servir d'intermédiaire entre deux parties qui sont les parties en présence face au juge aux affaires familiales. Il est bien difficile de préciser s'il y a deux ou trois parties.

Si l'on considère qu'il existe trois parties, on se trouvera devant le père, la mère et l'enfant. Si l'on évoque deux parties, on sera obligé de délimiter le champ de la manière suivante : parent gardien contre l'autre.

Dans ce cas, on se rend compte que l'on accrédite immédiatement la collusion qui peut exister entre le parent gardien et son enfant. Cette collusion entraîne le plus souvent le rejet de l'autre parent et le rejet des rencontres avec lui.

La médiation peut être décidée de manière volontaire par les parents, mais c'est rare, du fait de leur conflit. Le plus souvent, elle est prescrite par une ordonnance de justice. Le juge aux affaires familiales pense ou espère que les parents sauront, grâce à la médiation, trouver eux-mêmes la solution concernant leur enfant. En réalité, le juge aux affaires familiales propose des « points rencontre », qui ne sont pas des médiations au sens strict. Il s'agit de lieux neutres, c'est-à-dire situés hors du cadre familial, où on encourage la reprise du lien entre l'enfant et le parent rejeté. Cependant, peut-on encore parler de neutralité si le lieu est imposé à l'enfant et si, lors de ses venues dans ce lieu, il est soumis à des émotions extrêmement violentes ? Cette neutralité ne peut pas non plus être demandée aux parents puisque c'est justement son absence qui a présidé à l'indication de « point rencontre ».

Si nous donnons notre accord de principe à l'indication de la médiation, il faut nous interroger sur l'objectif recherché. Le but est que les rencontres parent-enfant aient lieu et que, à terme, ces rencontres deviennent autonomes, sans médiation.

On repère une sorte de graduation des différentes situations dans l'esprit du magistrat. Il peut désirer l'encadrement des rencontres, leur aménagement, leur surveillance, la modification des relations parents-enfant.

Pour ce dernier point, nous sommes déjà presque dans une démarche psychothérapeutique, qui vise à obtenir des modifications psychiques sur un ou plusieurs sujets. De surcroît, on en arrive au paradoxe que les personnels (éducateurs, assistantes sociales) qui se retrouvent à réaliser ce type de psychothérapie n'en ont absolument pas la formation, et qu'ils sont des représentants de la justice !

L'ordonnance de justice devient *ipso facto* une ordonnance médicale puisqu'elle vise à remédier, à apporter un remède à une situation. Par extension, on se retrouve quasiment dans le cadre d'une injonction thérapeutique — dont on sait qu'elle est aussi difficile pour le patient que pour le thérapeute.

Le but que l'on aura en posant l'indication dépendra également du choix du lieu et du type de personnel encadrant la médiation. Les choses se passeront différemment si l'on choisit parmi les professionnels des éducateurs, des assistantes sociales ou des psychiatres, des psychologues et des psychothérapeutes. Il est au demeurant bien difficile de savoir si le personnel est là pour éduquer, pour accompagner socialement, ou pour soigner le ou les parents, ou l'enfant.

Le professionnel chargé de s'occuper d'une famille où règne une conflictualité importante se trouve envahi immédiatement par des processus psychiques complexes. Nécessairement, il s'identifie à la famille dont il a la charge à des niveaux différents, voire à différents moments selon qu'il s'identifie, à son insu, à un des parents, aux deux parents ou à l'enfant lui-même. Les conflits familiaux sont ainsi relayés par le professionnel et ne font que les accentuer, au lieu de les apaiser.

La médiation se joue sur la scène judiciaire : elle est préconisée par une ordonnance de justice. Le service de médiation a l'obligation de fournir ses conclusions au juge qui en tiendra compte pour la rédaction de son ordonnance définitive. Les paroles qui y sont tenues ne peuvent donc pas avoir le même caractère de confidentialité ou de liberté que si elles se déployaient dans un cadre défini comme entièrement libre, tel le cadre thérapeutique.

En aucun cas les animateurs ne peuvent se poser comme psychothérapeutes de l'enfant ou de sa famille, dans la mesure où ni leur formation ni le cadre de leurs interventions ne sont compatibles avec une psychothérapie.

On voit le nombre important de questions que soulève la médiation. Les véritables problèmes de fond n'ont pas été débattus avant la mise en place de cette pratique, comme si l'on attendait que l'expérience ouvre une voie suffisante. Voici quelques exemples des problèmes que pose la médiation.

Le discours adressé par ces enfants à leur mère est d'une simplicité évidente. Ils lui déclarent : « Tu nous as abandonnés, maintenant on t'abandonne. » Les enfants reprochent à leur mère d'avoir quitté le domicile familial et de projeter de retourner dans son pays d'origine, hors d'Europe. Ils la traitent désormais comme une « étrangère », mot qu'ils emploient pour parler d'elle.

Au cours de l'expertise, je découvre qu'en fait les parents sont cousins issus de germains. La mère est donc beaucoup moins « étrangère » que ce que les enfants décrivent.

Nous sommes même dans le cœur du conflit, rééditant un conflit fraternel qui opposait les deux grands-mères respectives des parents et dont les différents intervenants se sont faits les porteurs inconscients. Il ne s'agit plus d'un simple conflit mère-enfants ou père-mère ; c'est un exemple typique de « transmission transgénérationnelle ». Les acteurs actuels sont les porte-parole inconscients de ce qui avait à l'époque opposé deux sœurs, les grands-mères de chaque parent.

Cet autre enfant me demande de transmettre ce message à l'animatrice des rencontres : « Tu lui diras que si je ne casse plus les jouets dans les points rencontre, ce n'est pas parce que cela va mieux, c'est parce que je n'ai pas de raison de lui casser ses jouets à elle, mais je peux recommencer si on ne comprend pas que je ne veux plus voir mon père. »

Il veut expliquer qu'il est un enfant bien éduqué. Il n'a pas de raison de s'en prendre au personnel ou au matériel du point rencontre. Il a bien perçu le projet de l'équipe qui veut obtenir une réconciliation entre son père et lui, mais il n'y est pas prêt. Une psychothérapie serait certainement plus adaptée, mais on ne pourra l'envisager qu'au moment où il y sera favorable. La réponse sur la scène sociale ne vient pas régler les difficultés qui se passent sur la scène psychique.

Le père de ce bébé est parti tout de suite après la naissance pour reprendre la vie marginale à laquelle il était habitué. Ils ne se sont donc jamais rencontrés. Il n'est pas pensable d'imaginer un point rencontre pour mettre un si jeune enfant en face de cet adulte étranger. La seule solution possible consiste à organiser les rencontres chez les grands-parents maternels, qui les ont acceptées assez volontiers. Cette solution a eu pour avantage de ne pas extraire le bébé de son milieu habituel et ainsi de ne pas créer de situation traumatisante ou anxiogène. Ce n'est pas une médiation, c'est l'élaboration commune de deux parents qui gèrent eux-mêmes l'originalité de leur situation.

Le parloir médiatisé

Le parloir médiatisé est aujourd'hui encore exceptionnel. Les visites en prison sont strictement encadrées, par la loi comme par le règlement interne propre à l'administration pénitentiaire.

Quand le motif qui a amené un parent en prison renvoie à une infraction commise à l'égard d'un bien ou d'une personne extérieurs à la famille, les visites au parloir posent moins de difficultés qu'il n'y paraît. Il suffit de trouver les mots justes et adaptés à l'âge de l'enfant (ou des enfants). Si on a bien formulé les éléments les concernant, les enfants acceptent volontiers de rendre visite au parent incarcéré dans le cadre d'un parloir habituel. La disposition se complique lorsque l'incarcération d'un des deux parents intervient alors que le couple parental est déjà séparé. Dans ces cas, il faut organiser un droit de visite qui est réglementé par le juge aux affaires familiales.

Techniquement, les choses sont beaucoup moins simples lorsque doivent être prises en compte les données pénales et les données civiles si elles se contredisent. Les règles de l'administration pénitentiaire ou de l'exécution des peines ne sont pas soumises aux décisions du juge aux affaires familiales passées ou à venir.

J'ai eu à répondre à trois ou quatre demandes d'expertise de cette nature. Hélas, aucune des missions ne pouvait raisonnablement correspondre à l'exercice normal d'une expertise en psychiatrie infanto-juvénile. En effet, l'entretien d'expertise réunissant le parent incarcéré et l'enfant durant les opérations d'expertise était impossible, voire interdit. Dans ces quelques cas, j'ai préféré me récuser en estimant qu'aucun travail réel en profondeur n'était possible.

Aucun débat sérieux avec les magistrats n'est actuellement ouvert. Il conviendrait, à mon sens, d'accepter l'idée de missions d'expertise extrêmement spécifiques pour des dossiers qui le sont au moins tout autant. Ces missions devraient tenir compte de la double exigence judiciaire et pédopsychiatrique. Espérons qu'elles seront prochainement à l'étude.

Il faut enfin signaler les dossiers très particuliers où le parent incarcéré se rappelle soudainement qu'il a eu un ou des enfants bien des années auparavant. Plusieurs explications peuvent être avancées pour donner sens à ce brutal retour de l'histoire antérieure. Soit le délinquant incarcéré accomplit un retour en profondeur sur lui-même et, par un véritable travail psychique, cherche à se reconstruire en prenant en compte tous les éléments de son identité ; ses enfants en font réellement partie. Soit ce parent incarcéré a l'espoir qu'un statut parental adapté pourrait jouer favorablement en sa faveur dans l'esprit du magistrat qui sera amené à le juger. Il s'agit là de dossiers extrêmement complexes qui répondent plus à la mise en place d'un parloir médiatisé qu'à l'organisation d'un simple parloir habituel.

D'un point de vue pratique, le parloir médiatisé est l'organisation d'une médiation familiale dans le parloir d'une maison d'arrêt. Son indication est assez simple et correspond, dans l'ensemble, à deux types de situation :

— soit il suffit d'organiser un droit de visite en faveur du parent incarcéré, dans le cadre d'un conflit l'opposant à son ex-conjoint. Le motif de l'incarcération n'a, dans ce cas, aucune relation directe ou indirecte avec la scène familiale ;

— soit le parent est incarcéré pour un motif directement lié à des exactions qu'il a commises au sein de la famille, en général différentes formes de sévices (physiques ou sexuels). On se retrouve face à la situation habituelle du travail de médiation familiale mais, en même temps, l'incarcération du parent interdit que ce travail se passe au centre de médiation lui-même. C'est donc le centre de médiation qui se déplace à la maison d'arrêt pour organiser un parloir médiatisé. Ce travail de reconstruction et de restructuration est capital pour l'enfant. La mise à distance et l'interdiction de fréquentation du parent fautif ne règlent aucune difficulté en profondeur. Bien au contraire, cela aggrave les processus destructeurs en favorisant un refoulement important chez l'enfant et cela peut être à l'origine d'une culpabilité psychique majeure. Il est bien plus efficace et bien plus authentique de mettre en place un travail de médiation qui aidera progressivement et le parent et l'enfant à une possible inscription psychique des interdits.

Quant à la déchéance parentale, c'est un jugement qui n'est rendu que de manière exceptionnelle. Nous n'évoquons ici que des cas où le parent n'est pas déchu de son autorité parentale. Il doit donc apprendre, ou réapprendre, à exercer cette autorité parentale non pas à la seule fin d'en éprouver du plaisir (ou de la jouissance), mais principalement dans un projet de transmission, transmission double : de l'histoire familiale, notamment celle du parent lui-même, et des interdits structurants.

Chloé, une dizaine d'années, a été victime d'inceste de la part de son père pendant de nombreux mois. Elle fréquente le centre de médiation afin de trouver les voies de sa reconstruction. Durant les séances, elle formule le désir d'entretenir une correspondance avec son père incarcéré qui, de son côté, a manifesté le désir de cette correspondance. À la stupeur générale, voici le texte intégral de la lettre qu'elle a préparée pour son père et qu'elle a donné à lire au personnel du centre de médiation.

Prière d'abandon de Charles de Foucauld
« Mon Père, je remets mon esprit entre vos mains. C'est la dernière prière de notre Maître, de notre Bien-Aimé… Puisse-t-elle être la nôtre… Et qu'elle soit non seulement celle de notre dernier instant, mais celle de tous nos instants :

> « Mon Père, je me remets entre vos mains ; mon Père, je me confie à vous ; mon Père, je m'abandonne à vous ; mon Père, faites de moi ce qu'il vous plaira ; quoi que vous fassiez de moi, je vous remercie ; merci de tout, je suis prêt à tout ; j'accepte tout ; je vous remercie de tout ; pourvu que votre volonté se fasse en moi, mon Dieu, pourvu que votre volonté se fasse en toutes vos créatures, en tous vos enfants, en tous ceux que votre cœur aime, je ne désire rien d'autre, mon Dieu ; je remets mon âme entre vos mains ; je vous la donne, mon Dieu, avec tout l'amour de mon cœur, parce que je vous aime, que ce m'est un besoin d'amour de me donner, de me remettre en vos mains sans mesure ; je me remets entre vos mains avec une infinie confiance, car vous êtes mon Père. »

La lecture de ce texte se passe de commentaire tant il est clair qu'il traduit l'état psychique de la fillette. Elle n'est plus sujet mais se vit comme l'objet de la jouissance paternelle à laquelle elle s'abandonne, corps et âme. La demande exagérée de correspondance entre la fillette et son père a fini par imposer d'elle-même la mise en place d'un parloir médiatisé.

Sur le plan technique, la mise en place d'un parloir médiatisé est complexe et fait intervenir des professionnels de toutes les institutions concernées : centre de médiation, thérapeute de l'enfant, personnel pénitentiaire, SMPR (service médico-psychologique régional de la maison d'arrêt), AEMO (action éducative en milieu ouvert), éventuellement services sociaux… Chacun doit trouver avec subtilité sa place ainsi que ses niveaux et modes d'intervention.

Il n'est pas question d'un jugement de valeur sur les actes commis. C'est un travail long qui s'engage afin qu'un véritable cheminement psychique puisse s'accomplir. Le but recherché est délicat et peut être formulé simplement : leur apprendre ou leur réapprendre à devenir parent ou enfant, en acceptant notamment de renoncer à tous les privilèges et plaisirs éventuels qu'ils avaient connus jusqu'alors.

On confond fréquemment les différents centres de médiation : point rencontre, centre de médiation, accueil parents-enfants. Certains sont désignés pour des dossiers posés sur la scène familiale, d'autres ont une orientation pénale. Le référent théorique ou technique utilisé n'est jamais évoqué clairement. On peut y mêler travail éducatif, psychothérapeutique familial ou individuel, travail social, évaluation. Si l'on a à l'esprit que l'enfant, pour le droit, n'est pas partie au procès, il ne peut occuper une quelconque place dans la médiation. S'il était adulte, on dirait qu'elle « ne lui est pas opposable ».

En revanche, une idée simple peut être développée : le plus souvent, l'enfant est le porte-parole inconscient d'un des deux parents. Il a pris fait et cause pour lui, il a endossé ses peurs et ses angoisses. Il suffirait donc de se montrer favorable, voire d'imposer des séances de médiation aux seuls parents. Porteurs du procès, ils doivent être conscients qu'ils ont à trouver, ensemble, les voies qui amèneront l'apaisement chez leur enfant. Ils seront alors convaincus de l'exercice commun et indispensable de leur parentalité. Cette proposition simple n'est pourtant jamais retenue puisque le magistrat se contente le plus souvent d'une réponse superficielle concernant l'enfant et un de ses deux parents, sans accepter l'analyse structurelle proposée par l'expert en pédopsychiatrie.

Si tous ces problèmes ne sont pas posés, ne finira-t-on pas par passer de l'idée des « points rencontre » à celle de « point de rencontre » !

De l'intérêt de l'enfant à l'intérêt de la société

Qu'est-ce qu'une parole vraie ? La vérité sort-elle de la bouche des enfants ? Faut-il sacraliser cette parole ou la nier ? Agit-on toujours dans l'intérêt de l'enfant ?
Ce concept d'intérêt cristallise les différences entre le juriste et le psychanalyste. Pour le juriste, c'est un concept central, notamment en ce qui concerne l'enfant, d'autant plus si on le réfère à la notion d'intérêt supérieur de l'enfant. Pour le psychanalyste, ce concept n'appartient pas à ses outils théoriques. Il ne peut donc que tenter de le considérer sous toutes les facettes que sa théorie lui révèle afin d'essayer d'en dégager quelques aspects dont le juriste pourrait s'emparer dans sa propre doctrine.
Le constat de l'avocat de l'enfant est relativement simple : la parole de l'enfant est reçue très différemment selon la juridiction qui le concerne. D'une manière générale, il y a une tendance naturelle à croire les enfants lorsque leur parole s'épanouit dans le cadre d'une instance civile (juge aux affaires familiales, par exemple) alors que, la plupart du temps, leurs propos ne sont pas validés ou reconnus comme vrais dans les instances pénales.
Une question en découle : qu'est-ce qui fait recevoir la parole d'un enfant comme vraie ou fausse ? La parole d'un enfant n'est pas reconnue comme vraie lorsque l'intérêt général de la société est mis en cause par ses actes. Il faut rester au plus près de cela en se demandant ce qui permet de qualifier qu'une parole est vraie. On ne peut

que constater l'écart existant entre cette formulation et celle, dictée par le juriste, amenant à la notion d'intérêt individuel puis à celle d'intérêt de la société.
De toute façon, cette première réflexion permet d'apprécier combien la pluridisciplinarité est importante lorsqu'on s'occupe d'enfants, tant les modes d'approche et les types d'évaluation proposés seront différents.
Le psychanalyste, lui, abordera le débat en posant deux questions : existe-t-il une définition de la parole vraie ? La vérité sort-elle de la bouche des enfants ?

Existe-t-il une définition de la parole vraie ?

Tout expert, et encore plus s'il est psychanalyste, tient pour acquis que peut être définie comme vraie une parole émise par le sujet et qui serait au plus près de l'expression de son désir. Cette parole a d'autant plus de chance d'être vraie qu'elle respectera ou, tout au moins, tiendra compte de l'ensemble de l'équation identitaire du sujet.

> Il y a quatre ans, dans le cadre d'une consultation banale, je reçois une mère accompagnée de sa petite fille de huit ans, Emma. Je comprends rapidement que les difficultés de l'enfant s'épanouissent dans la situation de séparation du couple que la mère m'expose. Il se peut d'ailleurs que, plus ou moins directement, elle me demande un certificat pour attester les difficultés de l'enfant.
> Emma lui coupe la parole et intervient brutalement en disant : « Elle me frappe. » La mère essaie de la reprendre, la petite fille n'en démord pas. La mère éclate alors en sanglots : « Pourquoi tu dis ça, pourquoi tu dis ça ? »
> Je reste à la fin de cette consultation dans une réserve prudente, très interrogatif sur la réalité, mais ayant plutôt tendance à apporter du crédit aux paroles maternelles tant sa réaction émotionnelle m'a semblé directe, non calculée, authentique.

Je les revois quatre ans plus tard, dans une tout autre configuration. Les deux parents accompagnent ensemble Emma et demandent pour elle une psychothérapie afin qu'elle sorte de la réserve et de la timidité dans lesquelles elle s'est désormais enfermée, notamment dans la vie sociale.

Je commence notre dialogue en lui demandant directement : « Est-ce que tu te rappelles ce que tu m'avais dit il y a quatre ans ? » Sans hésiter, elle me répond se rappeler parfaitement m'avoir dit que sa mère la frappait, alors que cette information était tout à fait fausse.

Les parents, ayant élaboré leur séparation et leur conflit, la fillette n'a plus besoin de prendre position en faveur de l'un ou de l'autre.

Claire, dix ans, arrive à sa séance avec une ecchymose sur la tempe gauche. La mère, pour une fois, assiste à l'entretien. Je demande à la fillette, sans trop savoir pourquoi, alors que je n'ai pas l'habitude de fonctionner de cette manière dans une psychothérapie : « Qu'est-ce que tu t'es fait, là ? » Elle éclate de rire et relate, avec de nombreux détails, l'histoire suivante. Son discours est gai, rieur ; des gestes appuient son récit et le rendent très vivant : « Comme d'habitude, on jouait avec mon frère et on se bagarrait un peu. On était dans le couloir. Là il y a ma chambre, là il y a la chambre de mon frère [elle accompagne son discours de la description dans l'espace avec ses mains] et là le couloir tourne. Je courais pour échapper à mon frère. Je portais des tongs et, comme je sortais de la salle de bains, le dessous était mouillé. Alors j'ai glissé sur le carrelage du couloir et je me suis cognée. »

La mère dit alors à sa fille : « Tu as fini ? » Claire acquiesce. La mère se tourne vers moi et dit : « Je suis complètement ébahie. C'est pour ça que je l'ai laissée raconter cette histoire jusqu'au bout. Maintenant je vais vous dire ce qui s'est réellement passé. » Et la mère raconte une tout autre histoire : « Les enfants se bagarraient et j'étais très énervée. Je leur ai demandé d'arrêter, sans résultat. Comme j'avais mon portable dans la main, dans un mouvement de colère, je l'ai lancé dans leur direction. Claire a bougé de l'endroit où elle était et elle a reçu le téléphone portable sur la tempe. » L'ensemble du discours est tenu sur un ton calme, simplement explicatif. À la fin, elle se tourne vers sa fille et lui dit : « Mais pourquoi as-tu inventé toute cette histoire ? » Sans hésiter, Claire répond : « C'est pour te protéger, maman. »

Il convient d'ajouter que la thérapie engagée pour cette enfant n'avait strictement rien à voir, de près ou de loin, avec une suspicion de sévices ou de maltraitance. Cet exemple est caractéristique. De nombreux enfants, quoi qu'ils subissent, ont la prescience d'une difficulté qui pourrait advenir à leurs parents et font le choix de les protéger, à leurs dépens. C'est d'ailleurs l'un des temps de la formation du non-dit qui entoure la majeure partie des sévices à l'enfant. Dans le cas présent, on est à peu près sûr que l'on n'a pas affaire à des sévices réels puisque c'est la mère qui réagit immédiatement pour interdire à son enfant de s'enfermer dans ce type de mensonge. Non coutumière de ce genre de fait mais prise elle-même dans un débordement coléreux passager, elle tient à ce que toute la lumière soit faite sur l'incident. Retenons toutefois de cet exemple le souci très fréquent qu'ont les enfants de protéger leurs parents et de leur manifester toute l'affection dont ils sont capables.

Dans le cadre d'un conflit opposant des parents au cours d'une séparation, je reçois un père et sa fille ensemble dans le temps d'expertise prévu pour cet entretien commun. De toute évidence, le père veut que sa fille formule des doléances très précises. Il la questionne, la somme de redire certaines choses vraisemblablement dites avant le rendez-vous, mais sans pour autant fournir lui-même la réponse.

La petite fille ne comprend pas bien ce que son père attend d'elle. Elle me regarde, embarrassée, et me dit : « Je ne sais pas ce qu'il faut dire ! » Et elle appuie sur la prononciation de « faut ».

Les enfants ne mentent pas au sens strict. Ils cherchent à manifester l'affection égale qui les lie à chacun des deux parents et ne prennent en compte que l'immédiateté de la situation. Parfois, cette attitude a des effets très néfastes. Ce colportage de paroles de l'un à l'autre attise les conflits qui les opposaient ou les opposent encore. Un enfant m'a même déclaré : « Ça m'est égal qu'ils se disputent ; au moins ils parlent encore de moi ensemble ! »

De la même manière on peut entendre des propos plus inquiétants : « Si vous me placez en foyer, je fuguerai… je me suiciderai. » Menaces qu'il faut toujours prendre au sérieux.

Ces exemples démontrent la contradiction suivante : toutes les paroles d'enfant sont l'expression d'un désir, celui de privilégier un parent, la relation avec les deux, d'échapper à un placement dans un foyer… Ce désir et ces paroles, et par là leur évaluation, doivent toujours tenir compte du contexte où elles s'épanouissent : séparation familiale, menace de placement… Un propos, si vrai qu'il paraisse, ne peut être entendu en dehors de la situation dans laquelle il émerge.

La notion d'« intérêt » ne fait donc pas partie des concepts psychiatriques ou psychanalytiques. Il en va de même pour le concept de vérité comme outil de référence. Il n'y a qu'une seule chose qui intéresse un sujet, c'est la satisfaction de son désir. Ce sera une tout autre affaire pour lui que de choisir les modes d'expression de ce désir ou les voies de satisfaction.

Il s'agit de la classique opposition constitutive de tout sujet opposant le principe de plaisir au principe de réalité. Ainsi il y aurait une sorte de contresens fondamental dans l'expression « l'intérêt de l'enfant », si l'on pense qu'elle renvoie à quelque chose d'individuel. Il faut accepter l'idée que l'enfant en est le seul garant.

À l'opposé, si l'on pense que l'on a à tenir compte de tous les facteurs qui feront de cet enfant un citoyen en accord avec lui-même et avec les règles sociales, on se situe automatiquement du côté de ce qu'on appelle habituellement l'« intérêt supérieur de l'enfant », qui renvoie à une notion de collectif et non pas à une notion d'individuel.

La vérité sort de la bouche des enfants

Le mot latin *infans* signifie « celui qui ne parle pas ». Alors, comment déclarer vraie la parole de celui qui ne parle pas ? Seul le sujet peut être le garant de sa propre parole, donc de sa propre vérité. Il n'est pas suffisant, pour faire le tour de la question, d'indiquer que l'on a bien tenu compte des circonstances où cette parole s'est épanouie.

Il faut également prendre en compte la relation entre le développement du langage et celui de la structuration de la personnalité. Il existe un parallèle entre les capacités de langage, d'une part, et les différentes phases d'évolution de la personnalité, d'autre part.

La psychanalyse décrit les trois principales phases de ce développement : la phase orale, la phase anale et la phase œdipienne. Chacune apporte ses propres marques dans les capacités de langage de l'enfant.

Lors de la phase orale, l'enfant apprend à mettre à distance la satisfaction de ses désirs immédiats et à supporter progressivement les moments de séparation avec la mère.

Pourtant, quand une jeune anorexique nous dit : « Je n'ai pas faim », nous ne la croyons pas et nous lui disons : « Mange ! » À l'opposé, quand une jeune fille boulimique nous dit : « J'ai faim », nous ne la croyons pas non plus et nous disons : « Arrête de manger. »

Ces paroles sont incontestablement vraies. Mais nous ne les croyons pas au nom de ce que nous pensons être leur intérêt. C'est un exemple flagrant de l'opposition existant entre le discours inconscient et son évaluation consciente par un tiers.

Lors de la phase anale, l'enfant intègre, par l'apprentissage de la propreté, ce qui sera le fondement des règles sociales, ce qui est bien et ce qui n'est pas bien, ce qui est beau et ce qui n'est pas beau, ce qu'il faut faire et ce qui est interdit…

Ainsi, lorsque, dans les conflits intrafamiliaux, un enfant traverse de nouveau une période d'énurésie nocturne, chacun aura tendance à le plaindre et à penser qu'il exprime par cette voie son malaise. C'est oublier que ce comportement implique de l'agressivité et qu'il manifeste clairement un refus des interdits.

Lors de la phase œdipienne, l'enfant intègre, progressivement, les règles de la vie en collectivité, et ce de manière de plus en plus fine. La fonction discriminatoire du langage se met alors en place. Récemment, une vieille dame me racontait une histoire qui lui était arrivée petite fille et qui illustre parfaitement mon propos.

> Elle est alors scolarisée en classe de cours préparatoire. Sa mère, institutrice, est également son enseignante. Alors qu'elle est chez elle, elle voit sa mère se préparer et mettre un chemisier. Le père, passant près de là, s'approche de la mère et lui tapote le bras.
> À quelque temps de là, la mère pose à l'ensemble de ses élèves la question suivante : « Quels sont ceux parmi vous dont le père frappe la mère ? » Sans aucune hésitation, la petite fille lève précipitamment le doigt et dit : « Moi ! » La mère-maîtresse s'emporte presque et lui dit : « Mais qu'est-ce que tu racontes… Ce n'est pas vrai ! »
> L'histoire ne dit pas si elle a ajouté : « Attends ce soir, on réglera nos comptes. »

Soixante-quinze ans plus tard, la vieille dame m'a expliqué qu'en un éclair elle a compris tout ce qui lui était arrivé. Son erreur d'interprétation de la scène, le fait qu'il y avait entre les parents des rapports physiques et affectueux dont la lecture lui avait échappé, que les gestes d'adultes ont des interprétations différentes selon les situations…

Les différentes phases de l'acquisition du langage et de la structuration de la personnalité amènent donc l'enfant à mettre de plus en plus ses propres affects et émotions à distance et, d'une certaine manière, sa vérité. C'est ce que l'on appelle la secondarisation des affects, opposée à leur état primaire qui réclame une satisfaction et un passage à l'acte immédiats. Malheureusement, cette secondarisation ne garantit pas qu'on parvienne à présenter sa vérité à l'autre.

J'utilise souvent l'exemple suivant pour démontrer à quel point les effets de la secondarisation peuvent être ravageurs. Il y a de très nombreuses années, une mère délirante, pour laquelle j'avais demandé la suspension des droits de visite et d'hébergement de son enfant, m'a adressé une lettre. Après avoir lu mon rapport d'expertise, elle m'écrit ceci :

> Monsieur le docteur,
> Serait-il possible que vous cessiez de me faire prendre conscience de toutes les autres possibilités offertes par « la machine », s'il vous plaît ? Aller plus loin serait anormal.
> Le principe, l'idée première, le raisonnement, l'utilité, les applications, les services vous sont totalement dévoués, sans exception aucune ; voilà pour le fond.
> Par contre, je me permets de vous demander de bien vouloir arrêter le processus de compréhension (directe, par ricochets, regroupements, analyses, logiques, calculs, recherches, superpositions, parallèles, évidences, familles, preuves, démonstrations, répétitions infraliminaires, professorat, subliminal, énorme transparence des « trois soi » et vice versa…) car je voudrais, dans la mesure du possible, conserver mes facultés élémentaires, dites « basiques » : enfants, artistes, philo, c'est-à-dire autiste social.
> Qui sont mes portes de secours internes, déviations, écheveaux, spirales ou tremplins me permettant de suivre un code de bonne et saine conduite générale.
> Recevez, Docteur, mes « multiples » remerciements tout de même ! Et mon immense respect.

Le message semble à première vue complexe. Il l'est beaucoup moins qu'il n'y paraît et comporte deux aspects : d'une part, les remerciements de cette mère prouvent que l'expert a perçu la difficulté qu'elle rencontre dans l'exercice de sa maternité et que la suspension momentanée des droits de visite s'impose ; d'autre part, elle exprime fortement qu'elle tient à conserver pour elle seule ce qui concerne sa propre subjectivité. Elle a bien compris le but de cette expertise. Seuls comptent les éléments de nature objective servant à la juste évaluation d'une éventuelle dangerosité dans la relation, possiblement délirante, qu'elle peut avoir avec son enfant. Son analyse rejoint celle de l'expert. En revanche, elle ne veut rien livrer de ce qui lui appartient en tant que sujet et qui n'a pas sa place dans un lieu où seul doit être entendu l'exercice de parentalité. La forme alambiquée de son écrit est une tentative de mise à distance de ses affects. La secondarisation, l'abstraction viennent ici jouer leur rôle de défense. Le langage ne lui sert plus à se présenter à l'autre. Elle ne veut pas être comprise, bien au contraire l'autre représente un danger dont elle doit se préserver.

On ne peut clore le débat sans se poser la question suivante : existe-t-il une relation entre intérêt et vérité ?

Pour l'expert qui se réfère à la psychanalyse, la vérité est quelque chose de l'ordre de l'immédiat. Elle est en relation directe avec les éléments composant le narcissisme du sujet, l'image qu'il a et veut donner de lui-même.

La notion d'intérêt, quant à elle, est quasiment à l'opposé. Il suffit d'en considérer l'étymologie : *inter est*, « quelque chose entre ». Quelque chose qui se situe comme une moyenne « entre », d'une part, l'authenticité et l'immédiateté d'une parole émise et, d'autre part, l'évaluation à long terme des conséquences de cette parole.

Le sens du mot « intérêt » peut également s'entendre comme une sorte de lien entre le sujet et l'autre. C'est ce qui nous fait dire : « Ce que tu dis m'intéresse. » Il s'agit donc bien là de l'intérêt éveillé chez l'autre par les paroles du sujet.

L'évaluation stricte ne se fait jamais par le sujet lui-même, l'enfant, mais toujours par les adultes familiers ou les professionnels chargés de son éducation ou de l'évaluation de ses comportements.

L'enfant saura-t-il — et ce quelles que soient les difficultés qu'il rencontre — préserver le capital qui lui est donné à sa naissance pour en toucher les intérêts devenu adulte ?

CONCLUSION

UN CHANTIER POUR L'AVENIR

Devant l'étendue des difficultés que j'ai rencontrées depuis les tout premiers temps de mon exercice de pédopsychiatre et, ensuite, d'expert en pédopsychiatrie, je pourrais être tenté de dresser un bilan alarmiste en ne faisant référence qu'aux problèmes exposés dans les pages qui précèdent.

J'ai voulu montrer comment la méconnaissance des spécialistes, les uns vis-à-vis des autres, était source d'erreurs et de malentendus. En témoigner ne peut être que bénéfique à l'enfant et au sort qui lui est réservé sur la scène judiciaire. Mais ce bilan négatif ne tient pas compte des progrès très importants réalisés par ailleurs depuis vingt-cinq ans.

Ces progrès ont pu, notamment, être réalisés grâce à la reconnaissance, puis à la codification de la psychiatrie infanto-juvénile parmi les spécialités médicales. C'est grâce à elles que l'on a pu faire avancer la reconnaissance générale des sévices physiques et sexuels. Les sévices psychiques, eux, ne sont pas encore assez identifiés par les non-spécialistes et n'ont pas trouvé de réel écho sur la scène judiciaire quand ils font l'objet d'un signalement. Ils restent encore méconnus et sans effet.

Il faut également comprendre qu'un signalement n'est pas une fin en soi. Il n'est que le début d'une prise en charge souvent longue, car les faits déclencheurs doivent être interprétés sans passion ni évaluation moralisante. Bien au contraire, ils doivent être reconnus comme l'appel à l'aide d'un sujet débordé par ses pulsions et sa carence symbolique.

Il reste à évoquer un problème qui ne concerne actuellement que les psychiatres, en espérant qu'il ne touchera pas plus tard les autres psys… Le nombre de psychiatres et de pédopsychiatres formés dans notre pays va bientôt diminuer. Cette dégradation sera particulièrement sensible lorsque les psychiatres appartenant à la génération du baby-boom cesseront d'exercer. Les choix politiques vont réduire, à terme, leur nombre d'au moins 75 % !

D'une manière plus large, il convient également de s'inquiéter des attaques que subit la psychanalyse et de la montée en puissance des techniques de rééducation comportementaliste et cognitive. Elles laissent espérer des résultats rapides, mais perdent de vue le sujet. Plus on se rapproche d'un travail psychanalytique, en revanche, plus le processus « thérapeutique » est lent, et plus il est, en fait, difficile. La promesse de bénéfices thérapeutiques faciles et rapides risque d'envahir les prétoires. Le magistrat finira par demander, lui aussi, des « recettes » pour que toutes ses décisions à propos d'un enfant soient efficaces et définitives. Cette efficacité n'a de sens et de valeur que si elle peut aider un enfant à trouver ou à retrouver les voies de la symbolisation qui l'avait amené à avoir affaire à la justice.

Il en va de même pour les parents qui, comme cela est le cas dans leurs conflits, n'ont pas su trouver entre eux les modalités de dialogue propres à leur faire poursuivre la position éducative commune qui était la leur du temps de leur union.

Il convient de ne pas oublier — que cela se passe sur la scène des affaires familiales ou devant le juge des enfants — que les causes réelles qui amènent un ou des sujets à devenir justiciables renvoient toujours pour certains, voire pour tous, à ce que nous appelons un défaut de symbolisation. C'est-à-dire qu'ils espèrent qu'un tiers leur donnera la réponse qu'ils n'ont pas su élaborer eux-mêmes. Il faut trouver là les causes réelles des déceptions et des frustrations qui s'installent en eux lorsque la décision de justice est rendue.

Seul le sujet lui-même — parent ou enfant — est capable de trouver les mots ou la parole les plus aptes à se représenter à lui-même et à autrui. Aucun tiers ne peut faire cette élaboration à sa place. C'est

pourquoi les professionnels de la justice devraient savoir faire preuve de délicatesse et de mise à distance de leurs affects personnels.
Trop d'actes de procédure viennent encore obscurcir la compréhension des véritables phénomènes psychiques en cause quand ils ne sont présentés que pour répondre aux attaques procédurales faites par l'autre partie. Il n'est pas rare, dans le cas d'une séparation parentale, de découvrir l'existence de deux plaintes, chacune déposée contre l'autre. Par exemple, une plainte pour conduite perverse contre une plainte pour violence.
Bien souvent, les parents ne sont ni rédacteurs ni initiés aux actes de procédure. Ils ne se sentent pas auteurs de ces écrits et de leurs conséquences sur la scène judiciaire. Dans la pratique de l'expertise, certains parents se livrent avec une relative sincérité et finissent par dire : « Vous ne le direz pas à notre avocat ! » Ils donnent l'impression de se trouver en faute par rapport à ce professionnel.
D'autres déclarent : « Mon avocat m'a dit de demander beaucoup pour obtenir un peu. » Ainsi, un droit classique de week-end et de vacances se trouve-t-il présenté au magistrat sous la forme d'une demande de garde alternée qui n'a comme effet direct que de jeter le désarroi dans l'esprit des enfants.
La pratique des avocats spécialistes de l'enfant a, elle aussi, à affiner sa position d'accompagnement de l'enfant. Certes, dans la justice française, l'enfant n'est pas partie au procès. Ce n'est pas une raison pour que sa parole ne soit pas entendue, car plus une parole est authentique, plus elle permet l'élaboration psychique nécessaire aux professionnels s'ils veulent prendre des décisions qui ne soient pas néfastes ou destructrices pour les enfants.

> Après un signalement diligenté par les services sociaux, une mère se retrouve convoquée devant le juge des enfants, qui a notamment à statuer sur un possible retrait de son fils Samuel, âgé de cinq ans, et sur son placement en foyer ou en famille d'accueil.
> Je reçois la mère et l'enfant. La mère me demande si Samuel doit être présent à l'audience. Je lui explique que c'est bien la place de l'enfant que d'assister à une audience

où son sort risque d'être décidé de manière brutale, notamment si cette audience débouche sur son placement en institution. Peut-être aura-t-il lui-même quelque chose à en dire au magistrat ?

Au cours de son audience, le magistrat prend la sage décision de surseoir mais il n'omet pas d'ajouter dans son ordonnance la phrase suivante : « Mme X a été entendue ce jour, en présence de l'enfant qui, bien que non convoqué, a accompagné sa mère... »

Sur le plan strict du fonctionnement judiciaire, cette remarque est tout à fait pertinente. On ne peut se présenter devant un magistrat que si l'on y a été dûment convoqué. On doit tout de même faire remarquer que cette position n'est pas conforme à la Charte internationale des droits de l'enfant, dont la France est signataire, qui autorise l'enfant à assister à toute audience administrative ou judiciaire le concernant, seul ou accompagné d'un représentant (voir annexe I). Cependant, dans ma position de psychanalyste, je n'ai pu imaginer un seul instant qu'on puisse parler d'une décision aussi importante pour l'enfant hors de sa présence.

C'est cela, l'écoute et le respect de la parole d'un enfant. C'est accepter de lui parler en le considérant comme un sujet à part entière. Aucune décision ne peut être prise « à la sauvette », en son absence. Cela n'a rien à voir avec le fait qu'il soit ou non partie au procès. Il n'y a pas d'âge pour parler de soi, il n'y a pas d'âge pour être entendu. Il existe une sorte d'accord unanime sur le fait qu'il serait plus difficile de parler à un enfant qu'à un adulte. Dans certains cas, il est même proposé une « expertise de discernement » afin de vérifier si un enfant est capable de prendre la mesure exacte de ce qui lui arrive dans la réalité. C'est oublier que le discernement renvoie non seulement à des données objectives (le niveau du développement du langage, l'appréhension de la réalité, la conscience de soi...), mais également à des éléments subjectifs et affectifs indépendants de l'âge et qui peuvent enlever à chacun — enfant ou adulte, même professionnel — ses capacités d'évaluation.

Les temps modernes risquent également de nous mettre devant des situations inconnues jusqu'alors. Les modes de communication changent à une très grande vitesse. Les enfants les utilisent tous, notamment Internet. Nous voyons arriver dans nos consultations des familles amenant des enfants qui ont été l'objet de séduction ou de propositions perverses par l'intermédiaire d'Internet. Certains adolescents font même des fugues pour se rendre à plusieurs centaines de kilomètres du domicile parental afin de retrouver quelqu'un qu'ils n'avaient « rencontré » jusqu'alors que de manière virtuelle. D'autres encore se sont fait photographier nus et retrouvent leurs photos diffusées sur Internet ou sur les téléphones portables de leurs camarades de collège.

La nouveauté de ces techniques nous désoriente un peu. Mais elle ne doit pas nous empêcher de réfléchir et de fournir le travail psychique nécessaire à toute élaboration.

À coup sûr, la position répressive ne sera pas le meilleur garant d'une jeunesse équilibrée. Bien au contraire, il faut — comme à chaque génération — savoir faire confiance à cette jeunesse et l'aider à se servir de ces nouveaux outils de communication de manière adaptée et à l'appui de leur créativité. La modernité mènera ainsi tout un questionnement dont les contours nous sont encore inconnus aujourd'hui.

Choisir des méthodes répressives, ce serait comme si l'on avait interdit la lecture à l'époque de la découverte de l'imprimerie ! Les solutions répressives ne sont jamais celles qui ouvrent la voie des symbolisations efficaces.

Par ailleurs, de nombreux pays ne sont pas encore signataires de la Convention internationale des droits de l'enfant. Certains appartiennent même au monde occidental (y compris dans la sphère américaine) et ne s'engagent pas, condition indispensable à la signature de cette convention, à supprimer la peine de mort pour les mineurs.

N'est-on pas en droit de s'inquiéter lorsque l'on voit, en France, disparaître purement et simplement celui qu'on appelait le défenseur des enfants (créé par la loi de mars 2000) ? Le défenseur des enfants assurait la promotion des droits de l'enfant et organisait des actions d'information sur ces droits et leur respect effectif. À l'occasion de la Journée internationale des droits de l'enfant, tous les 20 novembre, il présentait au président de la République et au Parlement un rapport annuel dans lequel il établissait le bilan de son activité. Il avait la charge de représenter officiellement, donc symboliquement, les enfants et leurs droits. Sa disparition peut s'interpréter comme la volonté de ne plus garantir à l'enfant ni l'écoute de sa parole ni le respect de ses droits.

Le même sort sera-t-il réservé à l'ordonnance de 1945 qui organise, aujourd'hui encore, toute la justice des mineurs ? Il existe un projet d'instauration d'un jury populaire au sein des tribunaux correctionnels et des tribunaux pour mineurs (projet de loi du 9 janvier 2011). Le but est d'« améliorer » la procédure de jugement. Cette réforme étendrait aux mineurs la convocation par l'OPJ (officier de police judiciaire) afin qu'ils puissent être jugés plus rapidement. Les mineurs seraient alors jugés selon la même manière que les majeurs. Cela équivaudrait à une disparition du juge des enfants dans son exercice actuel pour ces procédures. Tous les professionnels de l'enfance craignent une primauté du répressif sur l'éducatif, qui était la philosophie primordiale de l'ordonnance de 1945.

Parallèlement à ce respect de ses droits, une réelle formation de l'enfant devrait être entreprise sur ce que doivent être, en conséquence, ses obligations. Et cela passe, sous l'effet des interdits structurants, par l'appropriation du langage. En effet, le langage porte en lui toutes les règles qui organisent les relations entre humains. L'enfant apprend à parler dans sa famille qui se retrouve, de fait, le premier lieu de transmission de la loi. Les parents ont également à signifier à l'enfant qu'ils ne sont pas, eux-mêmes, les auteurs de la loi ; ils s'y soumettent également, comme tout sujet. C'est parce qu'ils la respectent qu'ils peuvent la lui présenter. Par identification, processus naturel de l'évolution personnelle, l'enfant comprendra qu'il ne s'agit pas d'une sorte de caprice parental, mais bien d'une reconnaissance et d'une acceptation communes des règles générales. Il en déduira ses droits et ses devoirs.

Certaines propositions peuvent également laisser interrogateurs : centre éducatif fermé, interdiction de sortir le soir pour les mineurs délinquants de moins de treize ans, abaissement de l'âge possible de l'emprisonnement… Ces solutions méconnaissent que l'humanisation se fait toujours et obligatoirement par une rencontre avec le langage et avec les lois qu'il transmet.

Quant aux prisons, dans celles possédant un quartier des mineurs, la scolarisation (malgré la loi qui la rend obligatoire jusqu'à seize ans) n'y est pas proposée ni imposée comme elle l'est partout ailleurs.

C'est donc bien plutôt sur la scolarisation, la culture, l'éducation qu'il convient surtout de s'interroger et sur la mise en mots dans un travail psychique réel pour faire évoluer notre société.

Il n'est de sujet que dans la parole ! Dès sa naissance, un sujet se met à parler. Sa parole ne ressemble en rien à celle d'un autre. C'est de cela que l'expert, quand il est psychanalyste, doit convaincre le magistrat : trouver une réponse qui n'a jamais été proposée jusqu'à présent et qui s'adresse à un sujet original parmi les autres. Parler à un enfant, écouter un enfant est chose facile. L'enfant est très proche de sa vérité, il est capable de la formuler à condition toutefois que sa parole soit accueillie dignement et, dans le même temps, sans complaisance.

Quel que soit l'âge du sujet, son désir sera toujours pris entre deux impératifs apparemment opposés : l'obligation où il est de faire vivre son désir et celle qui le renvoie aux exigences du langage et de ses lois grâce à l'appropriation des interdits structurants.

On s'est beaucoup interrogé sur l'âge auquel les enfants pouvaient être, de manière utile, entendus directement par le magistrat. Je n'ai jamais bien compris les fondements de cette discussion. Tout sujet a le droit d'être entendu, quel que soit son âge. Pour tout sujet, il existe des limites symboliques bénéfiques à la réalisation d'un désir. Ce n'est jamais un traumatisme que de se faire entendre. C'est au contraire bénéfique de faire entendre sa parole.

Il est parfois difficile, effectivement, de prendre la décision qui laissera à l'enfant toutes les chances de son bon développement. Parler à un enfant, dès lors que l'on sait qu'on s'adresse à un sujet, est évident.

Quant à moi, j'ai toujours pensé que c'est surtout aux adultes qu'il est difficile de parler.

Annexes

Annexe I

Convention relative aux droits de l'enfant (extraits)

Les extraits choisis servent à expliquer les références quotidiennes des professionnels de l'enfance, particulièrement dans le cadre de l'expertise. On y verra que tous les aspects de l'identité y sont respectés (vie, nom, éducation, culture, parents, protection, soins, parole).

Au sens de la Convention, un enfant s'entend de tout être humain *âgé de moins de 18 ans*, sauf si la majorité est atteinte plus tôt, en vertu de la législation qui lui est applicable.

Les États parties s'engagent à respecter les droits qui sont énoncés dans la présente Convention et à les garantir à tout enfant relevant de leur juridiction, *sans distinction aucune*, indépendamment de toute considération de race, de couleur, de sexe, de langue, de religion, d'opinion politique ou autre de l'enfant ou de ses parents ou représentants légaux, de leur origine nationale, ethnique ou sociale.

L'intérêt supérieur de l'enfant doit être une considération primordiale.

Les États parties s'engagent à assurer à l'enfant la *protection* et les *soins* nécessaires à son bien-être.

Les États parties *respectent la responsabilité, le droit et le devoir qu'ont les parents* ou, le cas échéant, les membres de la famille élargie ou de la communauté, comme prévu par la coutume locale.

Les États parties reconnaissent que tout enfant a un *droit inhérent à la vie.*

L'enfant est enregistré aussitôt sa naissance et *a le droit à un nom*, le droit d'acquérir une nationalité et, dans la mesure du possible, le droit de connaître ses parents et d'être élevé par eux.

Les États parties veillent à ce que *l'enfant ne soit pas séparé de ses parents contre leur gré*, à moins que les autorités compétentes ne décident, sous réserve de révision judiciaire et conformément aux lois et procédures applicables, que cette séparation est nécessaire dans son intérêt supérieur.

Les États parties s'emploient de leur mieux à assurer la reconnaissance du principe selon lequel les *deux parents ont une responsabilité commune* pour ce qui est d'élever l'enfant et d'assurer son développement.

Les États parties respectent le droit de l'enfant séparé de ses deux parents ou de l'un d'eux d'entretenir régulièrement des *relations personnelles et des contacts directs avec ses deux parents*, sauf si cela est contraire à l'intérêt supérieur de l'enfant.

Les États parties garantissent à l'enfant qui est capable de discernement le *droit d'exprimer librement son opinion* sur toute question l'intéressant, les opinions de l'enfant étant dûment prises en considération eu égard à son âge et à son degré de maturité.

On donnera à l'enfant la possibilité d'*être entendu dans toute procédure judiciaire ou administrative* l'intéressant, soit directement, soit par l'intermédiaire d'un représentant.

L'enfant a *droit à la liberté d'expression.* Ce droit comprend la liberté de rechercher, de recevoir et de répandre des informations et des idées de toute espèce, sans considération de frontières, sous une forme orale, écrite, imprimée ou artistique, ou par tout autre moyen du choix de l'enfant (sauf restrictions qui sont prescrites par la loi).

Les États parties respectent le droit de l'enfant à la *liberté de pensée, de conscience et de religion.*

Les États parties reconnaissent les droits de l'enfant à la *liberté d'association* et à la *liberté de réunion pacifique.*

Les États parties reconnaissent l'importance de la fonction remplie par les médias et veillent à ce que l'enfant ait *accès à une information* et à des matériels provenant de sources nationales et internationales diverses, notamment ceux qui visent à promouvoir son bien-être social, spirituel et moral ainsi que sa santé physique et mentale.

Les États parties prennent toutes les mesures législatives, administratives, sociales et éducatives appropriées pour *protéger l'enfant contre les guerres* ainsi que contre *toutes formes de violence, d'atteinte ou de brutalités physiques ou mentales, d'abandon ou de négligence, de mauvais traitements ou d'exploitation, y compris la violence sexuelle*, pendant qu'il est sous la garde de ses parents ou de l'un d'eux, de son ou ses représentants légaux ou de toute autre personne à qui il est confié.

Tout enfant qui est temporairement ou définitivement privé de son milieu familial, ou qui dans son propre intérêt ne peut être laissé dans ce milieu, a droit à *une protection et une aide spéciales de l'État.*

Les États parties prennent les mesures appropriées pour un enfant qui cherche à obtenir le *statut de réfugié.*

Les États parties reconnaissent que les enfants *mentalement ou physiquement handicapés* doivent mener une vie pleine et décente, dans des conditions qui garantissent leur dignité, favorisent leur autonomie et facilitent leur participation active à la vie de la collectivité.

Les États parties reconnaissent le droit de l'enfant de jouir du *meilleur état de santé possible* et de bénéficier de services médicaux et de rééducation.

Les États parties reconnaissent le *droit de l'enfant à l'éducation*, et en particulier en vue d'assurer l'exercice de ce droit progressivement et sur la base de l'égalité des chances.

Les États parties reconnaissent à l'enfant le *droit au repos et aux loisirs*, de se livrer au jeu et à des activités récréatives propres à son âge, et de participer librement à la vie culturelle et artistique.

Les États parties reconnaissent le droit de l'enfant d'être *protégé contre l'exploitation économique* et de n'être astreint à aucun travail comportant des risques ou susceptible de compromettre son éducation ou de nuire à son développement physique, mental, spirituel, moral ou social.

Les États parties prennent toutes les mesures appropriées sur les plans national, bilatéral et multilatéral pour empêcher *l'enlèvement, la vente ou la traite* d'enfants à quelque fin que ce soit.

Les États parties veillent au fait que *l'arrestation, la détention ou l'emprisonnement d'un enfant* doit être en conformité avec la loi, ne doit être qu'une mesure de dernier ressort et être d'une durée aussi brève que possible.

Tout enfant privé de liberté doit être traité avec *humanité et avec le respect* dû à la dignité de la personne humaine.

Les enfants privés de liberté ont le droit d'avoir rapidement accès à l'*assistance juridique* ou à toute assistance appropriée, ainsi que le droit de contester la légalité de leur privation de liberté devant un tribunal ou une autre autorité compétente, indépendante et impartiale, et à ce qu'une décision rapide soit prise en la matière.

Les États parties reconnaissent à tout enfant suspecté, accusé ou convaincu d'infraction à la loi pénale le droit à un traitement qui soit de nature à *favoriser son sens de la dignité et de la valeur personnelle*, qui renforce son respect pour les droits de l'homme et les libertés fondamentales d'autrui, et qui tienne compte de son âge ainsi que de la nécessité de faciliter sa réintégration dans la société et de lui faire assumer un rôle constructif au sein de celle-ci.

Nul enfant ne fera l'objet d'*immixtions arbitraires ou illégales dans sa vie privée*, sa famille, son domicile ou sa correspondance, ni d'atteintes illégales à son honneur et à sa réputation.

Dans les États où il existe des minorités ethniques, religieuses ou linguistiques ou des personnes d'origine autochtone, un enfant autochtone ou appartenant à une de ces minorités ne peut être privé du droit d'avoir *sa propre vie culturelle*, de professer et de pratiquer *sa propre religion* ou d'employer *sa propre langue* en commun avec les autres membres de son groupe.

Annexe II

L'enfant et la loi : repères chronologiques principaux (extraits, document transmis par Pierre Kazarian)

À la naissance

Droit à un nom et à une nationalité.
Droit à connaître ses parents.

Trois ans

Droit d'être accueilli dans une école maternelle ou une classe enfantine.

Six ans

Droit et obligation de scolarisation.

Huit ans

Fin de l'autorisation de circulation à vélo sur les trottoirs piétonniers.

Neuf ans

Éligibilité (de neuf à vingt-cinq ans) au conseil d'enfants et de jeunes d'une collectivité locale.

Dix ans

Rétention dans les locaux de police ou de gendarmerie pendant douze heures au maximum, prolongeable une fois.
Condamnation à des sanctions éducatives.

Douze ans

Ouverture d'un Livret jeune et droit d'y déposer des sommes sans intervention du représentant.

Droit d'être membre de la commission chargée de concevoir et de réaliser un projet collectif de développement ou de promouvoir des activités physiques et sportives, au sein et sous le contrôle et la responsabilité d'une association sportive, jeunesse ou d'éducation populaire agréée.

Treize ans

Garde à vue dans les locaux de police ou de gendarmerie pendant vingt-quatre heures, prolongeable jusqu'à trente-six heures.
Mandat d'arrêt européen.
Placement sous contrôle judiciaire ou en détention provisoire, condamnation à une peine de prison ou autre prévue par la loi.
Droit d'opposition à l'adoption plénière.
Droit d'opposition au changement de son nom ou de son prénom (demandé par ses parents).
Droit d'opposition du mineur né en France de parents étrangers à la réclamation faite par ceux-ci en son nom en vue de l'obtention de la nationalité française.

Quatorze ans

Droit de travailler pendant la moitié des vacances scolaires. Entrée en formation d'apprenti junior, apprentissage junior sous statut scolaire.
Droit de conduire un cyclomoteur (scooter, vélomoteur) à condition de passer le brevet de sécurité routière.

Quinze ans

Droit de consentir à certaines relations sexuelles (sous réserve de certaines prohibitions spéciales à la minorité).
Droit de demander la convocation du conseil de famille et de demander à assister à ses séances.
Contrat d'apprentissage sous la condition d'avoir effectué la scolarité du premier cycle.

Seize ans

Accusé de crime, est passible de la cour d'assises des mineurs.
Jouissance des revenus du travail et du patrimoine.
Ouverture d'un compte en banque fonctionnant sous sa seule signature.
Disposition d'une carte de retrait limitée.
Délivrance d'un carnet de chèques portant mention de la minorité.
Droit de percevoir personnellement les prestations en espèces et en

nature de l'assurance-maladie pour le mineur bénéficiaire de la couverture maladie universelle et en rupture avec sa famille.

Faculté pour le mineur placé sous tutelle de demander au juge des tutelles la convocation du conseil de famille et d'y assister dans ce cas.

Capacité testimoniale sur la moitié du patrimoine.

Fin de l'obligation scolaire.

Conclusion d'un contrat d'apprentissage même si la scolarité du premier cycle n'est pas terminée.

Droit de travailler.

Droit à l'immatriculation autonome à la sécurité sociale.

Droit à l'imposition séparée.

Droit de conduire une motocyclette de cylindrée de 50 à 125 cm^3 et de moins de 11 kW de puissance à condition d'être titulaire du permis A1.

Droit d'acheter ou de recevoir du tabac et des boissons alcoolisées de seconde catégorie (vin, bière, cidre) dans les débits de boissons et tous commerces ou lieux publics.

La faute inexcusable du mineur victime d'un accident de la circulation automobile peut être retenue contre lui pour exonérer le conducteur de sa responsabilité.

Inscription automatique au Fijais (fichier judiciaire automatisé des auteurs d'infractions sexuelles).

Droit de demander, sans autorisation des parents, l'acquisition ou la perte de la nationalité française ou la réintégration dans cette nationalité.

Droit du mineur né en France de parents étrangers de réclamer la nationalité française.

Dix-sept ans

Conduite accompagnée d'un véhicule et droit de préparer son permis B.

Engagement dans l'armée.

Dix-sept ans et demi

Droit du mineur né à l'étranger de parents dont l'un au moins est français de répudier la nationalité française.

Droit du mineur dont un seul des parents est né en France de répudier la nationalité française.

Droit du mineur qui prouve avoir la nationalité d'un État étranger de décliner la nationalité française.

Annexe III

Missions concernant le juge aux affaires familiales

Variante 1. Confusion entre psychologique et pédopsychiatrique. Questions précises orientées sur le père

Décrire les troubles psychologiques, voire psychiatriques, que chacun des membres de la famille pourrait présenter et indiquer les mesures ou traitements propres à traiter ces troubles.

Dire si l'enfant présente tous les signes d'un bon développement de la personnalité tant au plan psychoaffectif que cognitif.

Dire si l'enfant présente tous les signes d'un bon développement quand il est en présence de chacun de ses parents. Y a-t-il une discordance de relations entre l'enfant et son père ? Entre l'enfant et sa mère ?

Dire si le comportement du père (déplacement et voyages fréquents et parfois longs, comportement obsessionnel sur la répartition des disponibilités de l'enfant entre chacun des parents) avec l'enfant ne développe pas chez ce dernier une personnalité non authentique.

Dire si le père est un adulte référent pour l'enfant. Même question pour la mère.

Dire si l'un des parents présente une personnalité de nature psychiatrique qui nuirait à l'évolution de l'enfant.

Indiquer si l'examen met en évidence des signes propres à évoquer une inadaptation sociale du père, de la mère par rapport à l'âge de l'enfant et de ses besoins.

Dire si des mesures sont à prendre pour protéger l'intérêt de l'enfant.

Dire si les parents sont toujours en souffrance de leur séparation et si l'enfant est l'otage de cette souffrance.

Plus généralement, fournir au juge tout renseignement qui lui paraîtrait utile, au vu de son examen, pour statuer sur les modalités du droit de visite et d'hébergement du parent non gardien.

Variante 2. Confusion psychologique et psychiatrique. Fratrie séparée

Décrire les troubles psychologiques, voire psychiatriques, que chacun des membres de la famille pourrait présenter et indiquer les mesures ou traitements propres à traiter ces troubles.
Dire si d'éventuels troubles peuvent contre-indiquer l'exercice par l'un ou l'autre des parents des modalités de l'autorité parentale.
Faire toutes observations utiles.
Plus généralement, fournir au juge tout renseignement qui lui paraîtrait utile, au vu de son examen, sur le droit de visite et d'hébergement de la mère sur l'aînée et du père sur la cadette.

Variante 3. Problèmes de santé de l'enfant. Transfert de la résidence

Décrire les problèmes de santé de l'enfant.
Décrire les troubles psychologiques, voire psychiatriques, que chacun des membres de la famille pourrait présenter et indiquer les mesures ou traitements propres à traiter ces troubles.
Dire si d'éventuels troubles peuvent contre-indiquer l'exercice par l'un ou l'autre des parents de l'autorité parentale.
Faire toutes observations utiles.
Plus généralement, fournir au juge tout renseignement qui lui paraîtrait utile, au vu de son examen, pour statuer sur le transfert de résidence éventuel et sur ses conséquences sur le droit de visite et d'hébergement du parent non résidant.

Variante 4. Rupture des relations père-enfant

Dire si l'enfant présente tous les signes d'un bon développement de la personnalité tant au plan psychoaffectif que cognitif.
Décrire les troubles psychologiques, voire psychiatriques, que chacun des membres de la famille pourrait présenter et indiquer les mesures ou traitements propres à traiter ces troubles.

Dire si la décision du père de cesser toute relation avec son fils a ou aura des répercussions sur le développement et l'équilibre de l'enfant.
Dire si le père est un adulte référent pour l'enfant.
Indiquer si l'examen met en évidence des signes propres à évoquer une inadaptation sociale du père, de la mère par rapport à l'enfant et à ses besoins.
Dire si des mesures sont à prendre pour protéger l'intérêt de l'enfant.
Dire quelles modalités sont à suivre pour permettre à l'enfant de renouer des liens avec son père.
Plus généralement, fournir au juge tout renseignement qui lui paraîtrait utile, au vu de son examen, pour statuer sur les modalités d'un droit de visite et d'hébergement du parent non gardien.

Variante 5. Conflits mère-père

Dire si la mère est dans une situation de règlement de comptes par rapport au père ou si elle relève d'un profil psychologique.
Dire si les parents sont toujours en souffrance de leur séparation et si l'enfant est l'otage de cette souffrance.
Décrire les troubles psychologiques, voire psychiatriques, que chacun des membres de la famille pourrait présenter et indiquer les mesures ou traitements propres à traiter ces troubles.
Plus généralement, fournir au juge tout renseignement qui paraîtrait utile, au vu de son examen, pour statuer sur les modalités du droit de visite et d'hébergement du parent non gardien.

Variante 6. Entendre et examiner ?

Entendre les parents et les trois enfants.
Examiner les parents et les trois enfants.
Décrire la relation qu'entretiennent les parties entre elles et la relation qu'entretiennent les enfants avec chacun des deux parents.
Dire si le conflit parental a entraîné des troubles chez les enfants. Dans l'affirmative, les décrire.
Dire si l'état de santé de chacun des parents est compatible avec l'éducation des enfants mineurs ou, au contraire, de nature à les perturber dans leur développement futur, voire les mettre en danger.
Donner son avis sur les aptitudes de chaque parent à prendre en charge les enfants.

Proposer des mesures relatives à l'autorité parentale, à la résidence et au droit de visite et d'hébergement les plus conformes à l'intérêt des enfants mineurs et à leur équilibre.
Plus généralement, fournir au juge tous les éléments d'information utiles en vue de prendre les mesures appropriées à l'intérêt des enfants.

Variante 7. Expertise d'un seul parent. Les enfants et la mère ne sont prévus qu'en ajout à l'expertise (ici, surprenant : un exemple d'expertise avec mission trop précise)

Examiner le père.
Se faire communiquer par la partie la plus diligente le rapport d'expertise psychiatrique établi en septembre 2006 par le docteur X en Grande-Bretagne.
Donner son avis sur l'état actuel du père, sur l'évolution de sa pathologie et le suivi de son traitement.
Dire si une extension du droit de visite et d'hébergement du père, telle qu'il l'a sollicitée, est compatible avec son état et conforme à l'intérêt des enfants.
Dire que pour l'accomplissement de sa mission, l'expert pourra, s'il l'estime nécessaire, entendre la mère et les enfants.

Annexe IV

Mission auprès du juge des enfants

Mission type concernant l'enfant

Décrire l'état de développement de l'enfant du point de vue somatique et psychologique.
Dire s'il présente un retard ou des signes de carences quelconques et les décrire.
Donner toutes indications utiles sur leurs causes éventuelles et notamment leur relation avec une éventuelle pathologie de la mère et/ou du père.
Donner toutes indications utiles sur l'état de la relation mère-enfant et de la relation père-enfant.
Donner son avis sur l'opportunité d'ordonner des mesures éducatives au bénéfice du mineur, AEMO, accueil de jour, accueil préventif en crèche… ou retrait de l'enfant de sa famille et donner toutes indications utiles à ce sujet, particulièrement sur l'opportunité d'une mesure de séparation et, dans ce cas, sur les modalités qu'il conviendrait de privilégier pour l'organisation des relations avec l'enfant.

Mission type concernant les parents

Dire si le père et/ou la mère présentent des troubles psychiques ou neuropsychiques ou des troubles de la personnalité et les décrire.
Dire dans quelle mesure ils sont susceptibles d'affecter leurs capacités éducatives et de compromettre la santé, la sécurité ou le développement affectif, physique, intellectuel ou social de l'enfant.

Dire s'ils nécessitent des soins et, le cas échéant, en préciser la nature.
Donner toutes indications utiles sur les perspectives d'évolution des intéressés et de leurs capacités éducatives. Dire si un traitement doit être préconisé. Si oui, lequel ?

Variante qui pose des questions concernant la révélation par l'enfant, faite dans un contexte de conflit parental

Procéder à une expertise psychiatrique de l'enfant mineur et prendre connaissance de la procédure.
Relever les aspects de la personnalité du mineur, dire s'il présente une pathologie ou des troubles susceptibles d'affecter son équilibre psychique ; indiquer son niveau d'intelligence.
Analyser les circonstances et le contexte de la révélation, rechercher les facteurs éventuels de nature à influencer ses dires ; en particulier, vous analyserez l'hypothèse selon laquelle l'enfant serait influencé dans ses dires par un adulte (sa suggestibilité).
Analyser les incidences de la séparation parentale et du contexte dans lequel elle a lieu.

Annexe V

Mission pour le juge d'instruction

Exemple de mission concernant les agresseurs et/ou délinquants

L'examen du sujet révèle-t-il des anomalies mentales ou psychiques ? Le cas échéant, les décrire et préciser à quelles affections elles se rattachent.
L'infraction qui est à reprocher au sujet est-elle ou non en relation avec de telles anomalies ? Le sujet représente-t-il un état dangereux ?
Le sujet est-il accessible à une sanction pénale ?
Le sujet est-il curable ou réadaptable ?
Le sujet était-il atteint, au moment des faits, d'un trouble psychique ou neuropsychique ayant soit aboli son discernement ou le contrôle de ses actes, soit altéré son discernement ou le contrôle de ses actes, au sens de l'article 122-1 du Code pénal ?

Exemple de mission concernant les victimes

Procéder à l'examen psychiatrique de la victime.
Relever les aspects de sa personnalité, dire si elle présente des troubles ou des anomalies susceptibles d'affecter son équilibre psychique ou intellectuel et notamment la crédibilité de ses déclarations.
Dire s'il existe un traumatisme consécutif aux faits poursuivis, s'il y a eu modification de son comportement ou de sa personnalité.
Le cas échéant, formuler un pronostic sur les conséquences des faits.

Variante (un seul dossier)

Il s'agit d'un fait exceptionnel : les parents sont dans l'expertise ; thème proche du tribunal pour enfants.
Procéder à l'examen mental de la mineure.
Au besoin, entendre le père et la mère de la mineure.
Dire si cette mineure présente des troubles ou déficiences psychiques susceptibles d'influencer son comportement.
Dire si les troubles ou déficiences constatés rendent nécessaires une mesure de protection de sauvegarde ou de rééducation particulière, un traitement ou des soins spéciaux.

Déjà publiés
dans la collection *sur le champ*

Philippe Chaillou, *Violence des jeunes. L'autorité parentale en question*

Pierre Guillet, *Le dialogue des âges. Histoires de bien-vieillir*

Georges Juttner, *Papa, maman, le juge et moi. Le travail d'un pédopsychiatre expert auprès des tribunaux*

Pierre Kammerer, *Adolescents dans la violence. Médiations éducatives et soins psychiques.* Préface de Caroline Eliacheff

Pierre Kammerer, *L'enfant et ses traumatismes. Huit psychanalyses en CMPP.* Préface de Heitor O'Dwyer de Macedo

Myriam Szejer, *Des mots pour naître. L'écoute psychanalytique en maternité*

Maurice Titran, Thérèse Potekov, *Vies de famille. Un autre regard sur l'exclusion*

Maryse Vaillant, *La réparation. De la délinquance à la découverte de la responsabilité.* Préface de Boris Cyrulnik

Denis Vasse, *Se tenir debout et marcher. Du jardin œdipien à la vie en société*

Composition IGS-CP à L'Isle-d'Espagnac (16).
Achevé d'imprimer
sur Roto-Page
par l'Imprimerie Floch
à Mayenne, le 27 août 2012.
Dépôt légal : août 2012.
Numéro d'imprimeur : 82909.
ISBN 978-2-07-012858-7 / Imprimé en France.

173267